職業安全衛生管理

Occupational safety and Health Management

曾傳銘 著

序 *foreword*

　　本書是作者繼《工業安全衛生管理與實務》（合著）、《工業火災爆炸防範實務》等兩本書，由揚智文化事業股份有限公司所出版之第三本書。回憶起作者於1991年將撰寫完竣之《工業安全衛生管理與實務》手稿，拜託揚智文化事業股份有限公司出版時，因為當時國內職業安全衛生相關科系屈指可數，致使其銷售市場遭到存疑相待，幸賴葉總經理忠賢之高瞻遠矚，且不計較日後之市場銷售情形，所幸出版後銷售不錯且獲佳評如潮，直到現在對其仍深存感激。當時作者的一個簡單理念，那就是人命比地球重，並且認為職業安全衛生是一種實用性的生活科技，值得大家來學習，並深入生活化。

　　目前我國之勞工安全衛生中央主管機關行政院勞工委員會，下設勞工安全衛生研究所，且國內各公私立大學、科技大學，正如雨後春筍般的設立職業安全衛生相關科系，由此可見國內職業安全衛生之研究，在學術領域上，有逐漸成為顯學之趨勢。此外，全台各地亦普遍設置職業安全衛生教育訓練機構，且報名參加職業安全衛生教育訓練之人數極為踴躍，其所受到之重視可見一斑。

　　作者出身技職教育體系，深知職業安全衛生之重要，因為人們常因不安全的行為或動作，致使一時的小疏忽，造成終身的遺憾，或致使家庭的不幸。作者亦回憶起在工業專科學校求學時，每星期要上二天工廠實習，當時作者的實習老師在上課前，一定會三令五申，如有發現不安全的行為或動作，一律二話不說，死

當不及格。在學中之學生，縱然有實習老師來監督其職業安全衛生，還是於近年來陸陸續續發生幾件實習學生之感電、爆炸等不幸事件，職業安全衛生課程亦列為理工科系新生之必修學分。

　　作者在八十一年全國公務人員高考工業安全類科及格後，分發至勞動檢查所擔任勞動檢查員，每次在執行勞動檢查工作時，必定告知事業單位之雇主或事業經營負責人，要將勞工視為是一項重要的人力資源，而照顧勞工的首要工作，就是做好工作場所之職業安全衛生，並避免發生職業災害。作者亦深深地感慨，相對於美國等職業安全衛生等先進國家，對於職業安全衛生之重視。反觀國內目前勞工爭取職業安全衛生權益之案例，真是少之又少。

　　本書的內容是作者這幾年來，有關研究所之職業安全衛生專題研究報告、畢業論文、公務出國考察報告、發表於國內各職業安全衛生雜誌之文章等，予以修訂後，再集結彙編。因為職業安全衛生之範疇實在是太廣泛了，本書計分成各國職業安全衛生現況、職業災害、職業安全衛生管理、職業安全衛生技術等四個範疇。

　　作者雖然從事職業安全衛生多年，然學無止境，亦以本身才疏學淺，本書引述如有錯誤、遺漏之處，仍在所難免，且利用公餘閒暇時間撰寫本書，因此尚請國內之職業安全衛生前輩予以教之，以匡不逮，並請多多指正，無任感激。謹於本書付梓印行之際，作者要特別感謝揚智文化事業股份有限公司葉總經理忠賢之鼓勵及提攜，並且感謝總編輯林新倫、吳曉芳小姐之校對及編輯。

曾傳銘　謹識

Contents 目錄

職業安全衛生管理

Occupational Safety and Health Management

Contents

Chapter 1
第一章

各國事業單位勞工安全衛生委員會

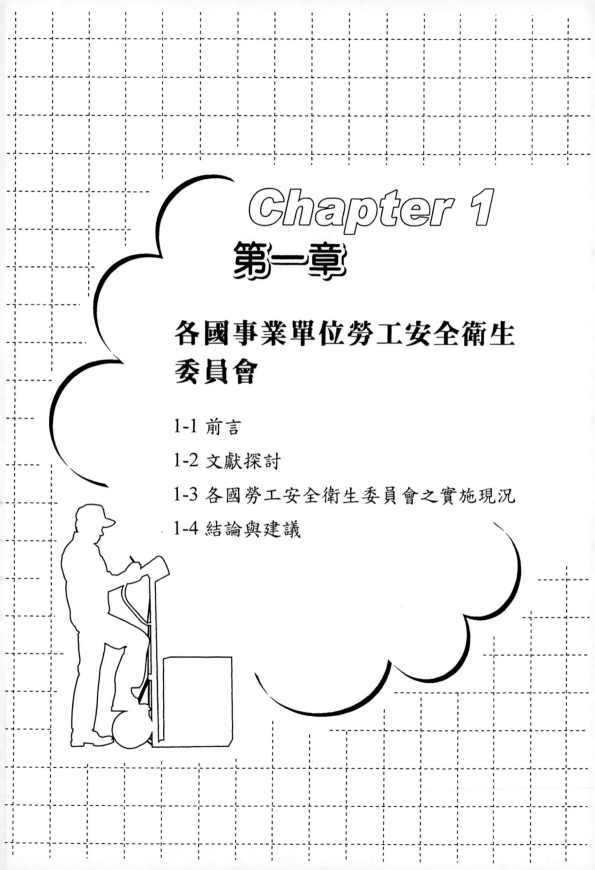

(1-1) 前言

　　目前各國之勞動安全衛生制度，大致上可包含勞動安全衛生法令標準之制訂及修正、職業災害補償、勞動監督檢查、勞動者參與等四項，前三項在政府各級勞工行政機關之推動下，已有相當的成效，但在勞動者參與安全衛生方面，似乎仍不盡理想。現今勞動安全衛生管理之理念有朝向全方位品管之趨勢（Total Quality Management, TQM），故對於在作業環境中可能造成危害勞動者之安全衛生問題，紛紛制定各種勞動保護政策，以改善工作生活品質（the Quality of Working Life, QWL），如勞動者可拒絕在不安全衛生之環境下工作之權利、有效運用事業單位之安全衛生委員會，以及選派安全代表參與監督檢查等措施。本文擬就我國、日本、加拿大（安大略省）、瑞典、英國、法國、美國等國事業單位勞工安全衛生委員會之組織型態、運作方式等項目予以探討。

(1-2) 文獻探討

1-2-1 安全衛生委員會在安全衛生管理體系之角色

　　安全衛生管理體系之建立係為執行安全計畫，以防止職業災害，保障勞工安全與健康，進而達到工作安全災害歸零之目標。在安全衛生管理體系中，可將其成員依所扮演的角色與功能予以

職業安全衛生管理
Occupational Safety and Health Management

區分為：提供資本的雇主、提供勞動力的勞動者及提供專業技術的主管人員及勞工安全衛生管理人員。

就安全衛生管理體系而言，美國 Rees. Joseph 將其大致區分為四類（Joseph, 1988）：

1. 直接政府管理（Direct Government Regulation）：即管理規則的規定與執行皆集中於政府機構之手。

2. 自願性自我管理（Voluntary Self-regulation）：即管理規則的制定與執行皆民營化，由業者本身負責推動，不受政府直接的控制。

3. 委任式完全的自我管理（Mandated Full Self-regulation）：即將管理規則的制定和執行私有化，企業內管理計畫是受政府監督，必要時政府會採取必要之作為以確保計畫實施之有效性。

4. 委任式部分的自我管理（Mandated Partial Self-regulation）：其將管理規則的制定和執行功能的其中一項予以私有化，亦即企業制定管理規則並由政府監督執行或政府監督企業執行政府所制定的管理規則。

大部分國家之事業單位安全衛生管理體系皆類似於委任式部分的自我管理策略，如我國勞工安全衛生法規定事業單位凡僱用勞工人數在一百人以上者，需設置具有直線職權（direct authority）功能的勞工安全衛生管理單位，亦即主管對其部屬擁有發布命令及執行決策的能力；及具有職能職權（functional authority）功能的

勞工安全衛生委員會，亦即一種屬於某一個部門的職權，而非屬於某一個人的職權，此種職能職權多為事關某一特定的政策、實務或程序，而執行工作則由其他單位擔任，常委由某一個人或部門來行使（許是詳，1989）。

勞工安全衛生管理單位在企業組織架構中具有特殊之地位，因它是事業單位的一級機構，必須規劃及辦理雇主交辦之一切勞工安全衛生事務。然而它雖是一級機構，但對其他一級機構之部門而言，又具有超越之地位。

勞工安全衛生委員會具有諮詢研究性質，而且是事業單位研議、協調及建議勞工安全衛生有關事務之機構。同時委員會之組織成員含括雇主、勞工安全衛生人員、各部門之主管人員、醫護人員、工會或勞工選舉之代表，可知委員會對安全衛生事項的討論是要透過各委員的專業知識與經驗使得委員會所研議、協調及建議事項易於執行。勞工安全衛生委員會只對安全衛生有關之業務提出建議，同時其決議事項，並不直接交由各部門去執行，而是交由安全衛生管理單位執行。

因此勞工安全衛生管理單位及勞工安全衛生委員會兩者間的相互關係。簡而言之是相輔相成。因為勞工安全衛生管理單位為事業單位之一級機構，其直接之指揮者為雇主。而勞工安全衛生委員會以雇主為主任委員來綜理會務。因此，兩者均獲雇主之授權，而能充分地發揮各自之功能（曾傳銘，1997）。

1-2-2 安全衛生委員會之型態

事業單位之安全衛生委員會之組織型態，大致可分為兩種型態：一為特別性委員會（special committee），特別委員會係為分析某項問題或完成某項計畫研究之後，即予以解散。另一為常設性委員會（standing committee），常設性委員會是一種永久性之組織，此種委員會是不解散的，且具有諮詢之性質。目前各國事業單位所設置之勞工安全衛生委員會應屬於上述之常設性委員會，而且各國在安全衛生法令中，均有設置勞工安全衛生委員會之類似組織的法令規定。

由於委員會之功能為創造及維持各項安全衛生工作之推行、加強激勵安全衛生之意識、增進安全衛生之溝通管道、加強勞工安全衛生教育訓練等（戴基福，1990）。故事業單位通常會依照其設置之目標或需要，來設置適合其本身的安全衛生委員會。依照前述之功能，大致可分為下列三種型態：政策性委員會（policy committee）、檢查性委員會（inspection committee）及教育性委員會（education committee）。

✚ 政策性委員會

此種委員會主要是促使管理階層能重視事業單位之安全衛生，定期聽取安全衛生管理人員報告有關公司及各部門之勞工發生職業災害或職業病案例，並進而實施調查發生之原因。其亦有向雇主建議修改安全衛生計畫及確認各部門之權責工作、裝置機械防護措施、使用防護裝備、審核生產製程之危害因子、勞工之教育

訓練，以及對於因從事工作而遭遇職業災害時，督促雇主依照職業災害補償之相關規定或採取其他的行政措施。其組織成員的挑選依照事業單位之需要及大小而定，主要有雇主或事業之經營負責人、安全衛生管理人員、勞資關係或人事經理、廠務經理、現廠工程師、採購人員、資深技工或領班、醫護人員等。而安全衛生管理人員為委員會之執行秘書。此外，有關工會或勞工代表在此委員會也有極高之參與地位。同時，為使組織不要過於龐大，使議事之效率降低、或是委員有濫權之行為，所以組織之運作仍由一些主要的執行人員來擬定策略或決定實施。委員會通常是每一個月開會，或是委員會之主席或安全衛生管理人員提議召開會議時。

✤ 檢查性委員會

此種委員會主要是發現不安全之作業環境，及糾正勞工之不安全作業習慣。此種委員會由事業單位各部門之安全衛生管理人員及勞工所組成，藉由勞工本身來發現作業環境之安全衛生缺失，並促使雇主能以人道立場來保障勞工之身心健康，及提供舒適的工作環境。在小型的公司，只要有一至三人即可實施；而在大型的公司，則可能要在不同的部門設置許多之此種委員會來實施。

✤ 教育性委員會

此種委員會主要是使勞工對安全衛生計畫產生興趣，並遵照其規定。同時，藉由教育性委員會來灌輸一些不重視安全衛生之勞工或管理人員具有正確理念。其實施之方法有定期之上課、實例探討及政府機關之法令宣導等。

從上述三種委員會之功能而言，較大型之企業組織，可能分別設立政策性、檢查性及教育性委員會。而在小型之企業組織，則可能只設一個委員會，其同時具有三種功能。目前由上述之功能所衍生之委員會有許多的不同名稱，如決策委員會、廠中央委員會、公司委員會、管理者委員會、部門委員會、領班委員會及勞工委員會等（Grimald, Simonds, & Richard, 1984）。

1-2-3 安全衛生委員會之運作

　　勞工安全衛生委員會之運作良否，和安全衛生管理之成效有著極密切的關係，事業單位若是只依勞工安全衛生之法令來設置，卻不加以經營運作，則此組織就形同虛設了。安全衛生委員會之運作方式並無任何硬性的規定，端看事業單位本身之實際狀況及特殊需要而定。所以勞工安全衛生委員會猶如電腦之硬體設備，而軟體設備就是參加人員、討論主題、會議召開方式及會議時間等項目。有關對於勞工安全衛生委員會之運作，主要應從明訂委員會之組織章程、審慎遴選委員會之成員及建立有效的會議規範等三點來著手。

✚ 明訂委員會之組織章程

　　一般而言，委員會之組織章程應包括下列之項目：委員會的會址、必要之庶務費用、目標、任務，委員會之權限、人數，委員之任期、產生方式、會議召開方式及紀錄等。尤其是委員會的權限、委員會的召開時期與次數、議事的進行及議事紀錄等重要事項，必須事先規劃好（呂本山，1989）。

✤ 審慎遴選委員會之成員

為使委員會能發揮集思廣益、激勵部屬參與安全衛生計畫或決策之擬定，以及便利計畫推行時易於協調及資料的傳送等。所以委員會之組成人選必須審慎遴選，真正對於安全衛生具有熱忱者。

✤ 建立有效的會議規範

委員會之許多提案或建議，要藉由舉行會議來進行，主席及各委員等參與人員一定要遵守會議規範。

美國職業安全衛生署（OSHA, 1975: 2231），為使安全衛生委員會能有效地運作，訂有指導方針（guidelines）（Colvin, 1992）：

1. 儘量維持安全衛生委員會的組織不要過大，使得每一位委員均能充分地參與。

2. 若是大公司裡有熟悉安全衛生委員會之某項業務者，可邀請其列席各種委員會。

3. 事業單位可依本身之需要及實際情形，設立各種輔助性的委員會，其成員由各委員會自行選擇。

4. 各種輔助性的委員會應發揮其設立之目標及功能。

5. 要牢記委員會之委員並不是天才，什麼事情皆知道，其仍然須要被教育及訓練。

6. 雇主應訂定委員會之方向、目標和限制。

7. 為維持委員們的興趣，委員會應至少每一個月召開一次。

8. 為完成雇主所賦予的任務，應鼓勵委員提出有關工廠安全衛生危害的研究。

9. 在每次會前之前，委員會之秘書應給每位委員一份通知書，甚至在通知書裡附上前次的會議紀錄。委員會之秘書也應草擬一份下次會議之議程給主席知悉，並徵詢其意見。

10. 會議時間不要超過一個鐘頭。同時為使會議能順利地進行，委員會之秘書應準備緊湊議程，及控制好時間。

11. 建立良好的會議規範。

此外，對於會議之規範，亦訂定有安全會議指導（Conducting the Safety Committee Meeting）：

1. 訂定整年度的安全衛生計畫和定期召開會議。

2. 公告會議的日期、時間及地點：應於兩星期或至少十日前公告會議的日期、時間及地點，並確認重要的議事項目。

3. 準備會議進行程序和設定會議結束時間：會議召開理由，研讀和認可前次的會議紀錄，聽取各部門安全委員會的報告，審議前次未完成之研議事項並提出新的議題，其他有關安全事項之臨時提議，告示下次會議的時間，提議散會。

4. 即刻地開會：不要使出席者久候。

5. 確立議程的主題：研擬題綱要點，鼓勵與會者踴躍發言，提出結論，堅持到會議的最後一分鐘。

6. 允許充分的參與：不允許主席主導議事之結果，應給予每一位委員有表達其看法的合宜時間。但是要遵守議事之規責，如對任何人均要謙恭，每次一個主題，讓少數人的意見受到重視，同時少數人要服從多數人。

7. 準備會議報告。

8. 確定下次會議的日程。

9. 發表會議的結果：如利用員工大會、公告欄及廠內刊物。

(1-3) 各國勞工安全衛生委員會之實施現況

本節擬介紹我國、日本、加拿大（安大略省）、瑞典、英國、法國、美國等七國事業單位勞工安全衛生委員會之實施現況予以比較研究。

1-3-1 我國

有關我國勞工安全衛生委員會之最早設立時間，應屬1952年時內政部有鑑於礦場災變的頻傳，為使事業經營負責人能遵守「工廠法」，並促使勞資雙方能共同合作，以降低職業災害之發生，使礦場之作業環境合乎安全衛生，故由內政部勞工司訂定「礦場安全衛生委員會設置辦法」，並於1952年6月16日公布施行。由於施行成效不錯，遂將其適用範圍擴大到工廠、林場等場所，於1968年12月10日修改為「廠場安全衛生委員會設置辦法」，1970年5月5日又修改為「各業安全衛生委員會設置準則」，並取消此組織章程須要呈報主管機關及工礦檢查機關之規定，只要在設置之初擬定好送交雇主或事業之經營負責人核可後，即可實施。

直到1974年4月16日公布施行「勞工安全衛生法」之後，遂將以前發布之辦法廢止，於1975年5月24日另訂「勞工安全衛生

職業安全衛生管理
Occupational Safety and Health Management

組織及管理人員設置辦法」；並於1982年3月10日修訂為「勞工安全衛生組織管理及自動檢查辦法」；1991年5月17日隨著勞工安全衛生法第一次修訂，將原辦法之內容重新修改並於1991年12月30日公布施行，設置勞工安全衛生委員會時，應製作勞工安全衛生委員名冊留存備查，且不必陳報當地檢查機構備查（行政院勞工委員會，1996）。

目前我國法規上規定勞工參與安全衛生事務之權利或管道有申訴、工廠會議、勞資會議、安全衛生工作守則、勞工安全衛生委員會、團體協約、勞工安全衛生諮詢委員會等七種（行政院勞工委員會勞工安全衛生研究所，1993）。其中要以勞工安全衛生委員會為最重要且最專門之機構。因我國勞工安全衛生法第十四條規定：「雇主應依其事業之規模、性質，實施安全衛生管理；並應依中央主管機關之規定，設置勞工安全衛生組織、人員。」其所謂之勞工安全衛生組織，依勞工安全衛生施行細則第二十四條規定：「包括規劃及辦理勞工安全衛生業務之勞工安全衛生管理單位；及具諮詢研究性質之勞工安全衛生委員會。」故事業單位基於業務的需要或法令的規定，均依「勞工安全衛生組織管理及自動檢查辦法」之規定來設立勞工安全衛生委員會。

依照勞工安全衛生法第二十八條規定，勞工安全衛生委員會為事業單位內研議、協調及建議勞工安全衛生有關事務之機構。另依勞工安全衛生組織管理及自動檢查辦法第十二條規定，委員會置委員七人以上，除工會或勞工選舉之代表規定者外，由雇主視該事業單位之實際需要指定下列人員組成：事業經營負責人或

其代理人；勞工安全衛生人員；事業內各部門之主管、監督、指揮人員；與勞工安全衛生有關之工程技術人員；醫護人員；工會或勞工選舉之代表（應占委員人數之三分之一以上）。

委員任期為二年，並以雇主為主任委員，綜理會務。委員會由主任委員指定一人為秘書，輔助其綜理會務。事業單位設有綜理全事業之總機構者，於總機構所設地區性事業之委員會外，雇主認有必要時，得於總機構設委員會。

事業單位之勞工安全衛生委員會應每三個月開會一次，研議下列事項並應置備紀錄：

1. 研議安全、衛生有關規定。
2. 研議年度安全、衛生教育實施計畫。
3. 研議防止機械、設備或原料、材料之危害。
4. 研議作業環境測定結果應採取之對策。
5. 研議健康管理事項。
6 與該事業有關雇主交付之勞工安全衛生管理事項。

前項委員會議由主任委員擔任主席，必要時得召開臨時會議。

1-3-2 日本

日本近年來發生職業災害之受傷勞工人數雖然有增加，但是在重大職業災害及死亡千人率方面則有下降之趨勢。其除了確實執行 1972 年訂定之「職業安全衛生法」（JOSHA）相關法令規定外；並且倡導工作環境權（Work Environment Rights），其成效雖不

及歐美之先進國家，卻提昇了勞工參與安全衛生的層次，如從擁有知的權力（Right to Know）、表達安全衛生條件的意見、到共同參與安全衛生計畫。欲達上述目標之最有效方法，即是透過勞工安全衛生委員會中勞工或工會代表來表達。

職業安全衛生法亦規定凡事業單位僱用勞工在五十人以上者，須設立職業衛生委員會；而特定之行業，依照第十七條第一項規定係指僱用勞工在五十人以上之林業、礦業、建築業、木材及木製品製造業、化學工業、鋼鐵業、金屬製品製造業、運輸業、輸送用機械器具製造業、清洗業等，或僱用勞工一百人以上之通信業、水電燃氣業、旅館及高爾夫用品之零售業、商品、家具、家電之大盤與零售業等，雇主須設立職業安全委員會。當然亦可只設立職業安全衛生委員會，以取代個別的職業安全或衛生委員會（野原石松，1987）。

上述之三種委員會之功能及職責，最主要是在調查及審議工作場所的安全衛生事項。日本勞動部亦曾有解釋指出，安全衛生委員是讓雇主及工會代表共同審議勞工之安全衛生事務組織，而不是要擔任團體協商的角色。所以委員會給事業單位之雇主去瞭解勞工可能面臨到的勞工安全衛生問題，以尋求勞資雙方之合作，共同防止安全衛生之危害。有關勞工安全衛生委員會之組織運作依職業安全衛生法第十七條第二項之規定，委員會的委員由下列人員構成：事業主、工會或勞工代表、安全或衛生管理員、產業醫生、作業環境測定員、具有安全或衛生之經驗者，有關工會或勞工代表之委員人數可於勞動契約中另行規定。委員會必須每一

個月開會一次，有關委員會之重要議事項目，應作成紀錄，並且保存三年。有關職業安全或衛生委員會之主要功能與作為分述如下（行政院勞工委員會，1988）：

✚ 安全委員會

1. 採取因應措失來防止職業災害及事故。
2. 有關安全問題的原因及預防事故再發生的事宜。
3. 草擬安全規定事項。
4. 制定安全教育的實施計畫事項。
5. 防範新近引進之機械、工具、設備或新原料所引起的危害。
6. 有關前述各單位首長所發布之命令、指導、建議等事項。
7. 負責有關化學資料報表事宜。
8. 上述事項之外的其他重要危險預防事項。
9. 有關舒適工作環境權事宜。
10. 留意工作場所的安全事項。

✚ 衛生委員會

1. 防範勞工健康受侵害，及相關的因應事宜。
2. 處理危害健康的原因，並提出因應對策以預防事故再發生。
3. 擬訂衛生教育計畫。
4. 草擬相關的衛生保健規定。
5. 對作業環境進行偵測，依據偵測之結果，制訂因應對策。
6. 調查工作場所之毒性化學物質，根據調查結果擬訂對策。

7. 實施健康檢查，根據檢查結果，制訂因應措施。

8. 制定維護及促進勞工健康的必要計畫書。

9. 預防新引進之機械與原料對健康之侵害。

10. 處理勞動部長、地區勞動基準署長、地方勞動基準署長、
    地方勞動基準監督長、勞動基準監督長或工業衛生專員就
    勞工健康防範事項所發布之命令、指令、建議或指導。

11. 負責有關化學資料報表事宜。

12. 留意勞工之工作環境權事宜。

13. 除上述事項之外的其他有關勞工健康維護事項。

在職業衛生委員會中，關於勞工有權知道及有權介入管理決
策的重要事項是上述提及的第 5 項、第 7 項、第 8 項、第 10 項、
第 11 項。

1-3-3 加拿大（安大略省）

由於加拿大最早規範職業安全衛生的第一種法律，可說是安
大略省之「工廠法」（The Ontario Factory Legislation of 1884），故本
文以安大略省之職業安全衛生法為主。安大略省之職業安全衛生
法規定每一工作場所需要設立一個由雇主與勞工雙方所組成的勞
資安全衛生委員會，以討論安全與衛生之議題，並發展新的安全
與衛生政策。雇主對於勞資安全衛生委員會與勞工安全衛生代表
在執行其任務時，應提供必要之協助與合作。職業安全衛生委員
會至少應設成員二人，其中至少半數應由能代表勞工之勞工推舉
無管理責任之勞工出任之，如有工會或能代表勞工之其他工會者

得由工會或能代表勞工之其他工會選派之。代表勞工之職業安全衛生委員會之委員應派一名勞工代表檢查工作場所之實際情況，每月不超過一次或依檢查處長指示之次數檢查之，雇主或勞工有責任提供其為執行其檢查目的所要求之一切資料與協助（台灣省政府勞工處，1993）。

勞資安全衛生委員會至少每三個月開會一次，並得依勞工部長之命令集會。勞資安全衛生委員會之委員為參加委員會議，或檢查工作場所之實際情況，或調查職業災變之任務時，時間應視同工作時間，並應由雇主發給正常或優惠工資。勞資安全衛生委員會之會議紀錄應保存，以便檢查員之查閱。

工作場所發生災變，導致勞工死亡或嚴重傷害時，勞資安全衛生委員會應推派一名或一名以上之勞工代表調查該案。工作場所有人死亡或重傷，未經檢查核可，任何人不得干擾、攪亂、毀壞、變更或取走任何現場或與事故有關之一切殘留物、物件或物品。但下列情形不在此限：

1. 勞工有性命危險或減低受傷者之痛苦。
2. 維護重要公用設施或公共運輸系統。
3. 防止器具或其他財產之不必要損毀。

營造業者或雇主所設置之勞資安全衛生委員會之工作地點及其成員之姓名，於最明顯之處所或勞工最常去而能引起其注意之處所公布並保持之，以使員工周知。雇主應於下列各場所成立並保持一個勞資安全衛生委員會（行政院勞工委員會，1990）。

1. 經常僱用勞工在二十或二十人以上之工作場所。

2. 受指定物質規章管制之工作場所。

3. 檢查處長依職業安全衛生法下達予雇主之書面命令。工作場所有使用或企圖使用指定物質，或其存在於工作場所或其使用之方法，檢查處長認為有危及勞工之健康之虞，檢查處長以書面命令雇主，就其使用、企圖使用、存在或使用方法，採取行政管理措施、作業方法、工程管理措施及時間限制等處理方法。雇主收到檢查處長下達之書面命令，應以其一份副本送勞資安全衛生委員會、安全衛生代表與工會；並應以另一份張貼於工作場所最明顯之處所，此種處所通常為可影響勞工健康之指定物質使用、存在或企圖使用之處，而又為勞工經常出入且容易引起勞工注意之場所。

職業安全衛生法規定勞資安全衛生委員會之主要工作如下：

1. 鑑定工作場所可能存在之危險因素及危害勞工之情況。

2. 向營造業者或雇主與勞工提供改善勞工安全衛生事項之建議。

3. 向營造業者或雇主與勞工建議有關勞工安全衛生方案、措施與作業程序等之建立保存與監測事項。

4. 向營造業者或雇主取得下列資料：

（1）物料、製造或器具之潛在或現存危害因素之鑑定。

（2）營造業者或雇主對於類似工作場所或其他工業之安全衛生經驗、現場作業及其標準等知識。

1-3-4 瑞典

瑞典在1949年即訂頒勞工保護法，而現行工作環境法（Working Environment Act）（1977: 1160 法案），與工作環境條例（Working Environment Ordinance）（1977: 1166 法案），均係於1978年經國會通過，並於1979年7月1日施行，其後曾經多次修正最近一次修正為1991年。該法規定雇主與勞工應共同合作建立一個良好之工作環境，且為促進勞雇雙方勞資關係之和諧，應設適當且有組織之安全活動。凡僱用勞工達五十或五十人以上之每一工作場所，均應設置安全委員會（Safety Committee），但若經由勞工要求，僱用少於五十人之工作場所亦得設置。勞工代表得由當地工會組織，或即時習慣上曾與雇主簽有團體協約之工會組織中指定，如無工會組織得由全體勞工選任之。工作場所未能依規定設置安全委員會者，勞工檢查機構得視實際需要，核准從當地工會之勞工外圍團體指派一名安全代表（safety delegate），或由勞工相當機構（地區勞工安全代表）擔任之。

安全代表之職責為代表勞工關切安全事務與使勞工在滿意之安全環境中工作，其有效停止危害生命或健康之工作。同時安全委員會為監督廠場內工作環境中之中央諮商機構，雇主未經諮詢安全委員會意見，不得作出任何關係工作環境之決定；同樣地，安全代表在未經諮詢安全委員會意見，亦不得作出涉及管理之決定。安全委員會之委員人數依現場僱用勞工人數、工作性質與工作條件而定，可能時其中一人應為經理級或相當經理階層者，並

應包括當地勞工組織執行委員會之代表一人,及一位或一位以上之安全代表所組成。安全委員會集會時,事業單位主管衛生人員應出席。安全委員會之主席與記錄應由雇主指定,主席通常係由經理人員擔任,但另有協議者不在此限。安全委員會至少每三個月開會一次。雇主於成立安全委員會,應以書面向勞工檢查機構報備,同時將安全委員會成員之姓名公告於工作場所。安全代表或安全委員會之成員不得利用職務之便竊取事業單位生產機密。安全委員會之主要工作如下(行政院勞工委員會,1993):

1. 規劃與監督各工作場所之安全工作。
2. 保持對導致危害健康與意外事故防止之正常發展管道,建立滿意安全條件。
3. 有關職業安全衛生服務。
4. 規劃新廠房。
5. 設備、製造流程與製造方法,或現存者之變更,足以導致危害健康或意外事故之物質之使用。
6. 有關工作環境方面之資訊與訓練事宜。

1-3-5 英國

英國於 1802 年公布「學徒健康與道德法」(Health and Morals of Apprentices),這亦是世界上最早的勞動保護政策,及至 1974 年公布「職業安全衛生法」(The Health and Safety at Work etc. Act),1977 年發布「安全代表及安全委員會設置規則」(The Safety Representatives and Safety Committees Regulations)規定工會可以指定安

全代表來代表工人與雇主協商工作安全衛生問題。

英國安全衛生組織原先係採取自主組織權之原則，亦即其不受法律之限制，但是後來在工會之要求下將安全衛生組織予以法律化。如在 1977 年發布「安全代表及安全委員會設置規則」其規定工會可以指定安全代表以代表工人與雇主協商工作安全衛生問題，工會推派出之安全代表應具有三年以上的現場工作經驗，但目前大多具工會舉辦之安全衛生訓練資格（蘇德勝，1991）。

工會安全代表之職責有（Miosh, Strank, & Flosh, 1988）：調查作業場所之危害因素、調查任何工人對安全衛生問題之申訴案件、代表勞工與中央職業安全衛生檢查署（HSE）之檢查員協商安全衛生問題、接獲勞工檢查機構製發給事業單位之檢查通知書、代表勞工參加安全委員會等。安全委員會之委員由雇主、生產經理、人事經理、工業安全官、工業衛生專家、醫護人員及勞工代表等所組成，其中勞工代表之人數應占一半以上。委員之人數則視事業單位規模、潛在危險性及工作時間等因素而定。如僱用十人以上之事業單位，只要有兩位以上的工會安全代表提出設置安全委員會時，雇主應將申請予以公布，並且在三個月內成立該安全委員會組織。安全委員會亦得視需要設置分會，委員會主席之職務一般由勞資雙方代表各擔任一年。安全衛生委員會之主要工作如下（Stranks & Dewis, 1986）：

1. 調查職業災害、職業疾病案件，並統計分析其發生趨勢。
2. 檢查安全衛生自動檢查紀錄。

3. 審核工業安全代表或政府檢查員之現場檢查資料，並要求雇主將檢查結果公布三個月。

4. 要求政府檢查機構至現場實施安全衛生檢查，並與之保持密切聯繫。

5. 辦理工人安全衛生訓練，溝通安全意識。

6. 訂定安全守則及協助建立工作安全系統。

1-3-6 法國

　　法國對於企業安全衛生之有關規定，有 1841 年的「青年勞工保護」、1892 年設立工廠檢查制度、1930 年的「雇主對於勞工安全的責任法」、1939 年的「機械製造安全法」及 1983 年的「安全代表訓練法」等 （行政院勞工委員會，1993）。另外在勞動法典中亦對企業內之勞工安全衛生保護及促進措施，有極詳細之規定。

　　企業單位依事業單位之規模及所僱用員工人數，來設置勞工安全衛生保護或促進組織，法國政府規定事業單位平時僱用勞工人數在五十人以上者，應設安全管理員；而僱用人數在三百人以上者，應設置「衛生與安全委員會」（CHS）。至於僱用幾個員工之小企業，沒有設置之必要，其安全衛生之工作可由人事部門兼任。委員會應包括下列之成員：企業單位的主管人員如總經理、勞動醫師、人事主任、訓練主任、安全服務主任兼委員會秘書、勞工代表等。上述之勞工代表，依照企業內之勞工人數比例選派，五百人以下者三人（其中一人為職員代表）、五百零一人至一千五百人以下者六人（其中二人為職員代表）、一千五百人以上者

九人（其中三人為職員代表），其餘依比例增加之。委員會之秘書的工作，有編擬委員會會議日程、會議紀錄之彙編、職業災害事件之參與及調查報告之撰寫、安全衛生訴訟案件之出庭及訴訟過程與判決案之編製等。

委員會之委員的任期為三年，得連選連任，委員會之委員名單應張貼於顯目之公共告示板。委員會至少每三個月開會一次，或是在嚴重災害事故及人事單位兩人之要求時得舉行之。委員會之會議由企業之主管人員擔任主席，會議之研議事項有安全衛生計畫、對外參加相關會議之代表人員選派事宜、前次會議所決議之事項執行與處理情形。委員會會議舉行前十五日，委員會之秘書應通知該地區勞動檢查員，以便其列席參加，並將會議紀錄及事業單位之安全衛生統計報告與圖表，於會後寄送勞動檢查機構及區域健康保險基金會（CRAMs）。衛生與安全委員會之主要工作如下：

1. 參加企業內災害或嚴重職業災害事件之調查研究。
2. 參與企業內之勞動檢查。
3. 工作場所之安全衛生改善事項。
4. 勞工安全意願之推行與激勵事項。
5. 勞工安全教育與訓練之催促及協助事項。
6. 企業內消防、急救組織之催促及協助事項。

1-3-7 美國

美國在五〇年代初期至六〇年代末期，企業單位極為廣泛地

使用安全委員會，利用其來防範工作場所之不安全狀況和減少職業災害之發生。到了七〇年代，企業興起了一股削減預算和併購之熱潮，經營之策略以最低成本來獲得最高報酬，事業經營者常徘徊於是否要投資安全衛生設備以減低職業災害所產生之直接或間接損失，抑或只要企業成長而漠視勞工之生命財產安全，故此時期之安全委員會似乎沒有發揮其功能。直到八〇年代，由於政府正視勞工之職業災害問題，於是訂定了許多的職業安全衛生法令，經由法令之強制規定雇主須要提供舒適安全工作環境，並將其視為最有效的損失控制工具（Barenklau, 1989）。

九〇年代在柯林頓總統上台後，更提出了許多勞工政策，如勞資雙方應共同參與安全衛生計畫之擬訂，及成立安全衛生委員會等（Safety & Health, 1993）。美國現在之大企業多有設立安全衛生委員會等類似組織，多採取中央委員會（Central Safety Committee, CSC）及依照事業本身之需要設置一些個別的委員會（subcommittee），所以常見之委員會有總公司委員會（統轄公司內各廠）、廠中央委員會（各廠設置）、部門安全委員會（各部門設置）、領班委員會、工人委員會、勞工經理共同委員會、安全檢查委員會、教育執行委員會、專門委員會（如意外事故調查委員會、交通安全委員會）。大企業可能有好幾種委員會，而較小之企業組織則可能只有一種公司委員會或廠場委員會。美國「職業安全衛生法」（Occupational Safety and Health Act of 1970）於 1992 年修正公布，要求僱用超過十一位以上勞工的雇主必須組成安全衛生聯合委員會，此委員會由人數相同之勞工代表和雇主代表所組成。勞

工代表可由工會或直接由勞工中挑選出來。委員會有權審查雇主提出的安全衛生計畫，規劃、調查執行情形，並提出勸導性的建議。委員會之主要工作如下（Small Business Report, 1987）：

1. 建立委員會所提的建議或研議事項之處理程序。
2. 建立安全責任區域並且每月實施檢查。
3. 指導委員會會議所討論的意外事故及職業病預防方法、促進安全衛生對策、職業災害紀錄等。
4. 調查意外事故的真相或原因以防止再發生。
5. 對勞工提供安全衛生工作實務上的資訊。
6. 建議換發或改進防護衣、防護設備。
7. 發展或修訂安全衛生標準。
8. 對委員會之委員施以安全常識和急救訓練。
9. 激發全體勞工之安全衛生興趣。
10. 協助勞工之安全教育訓練。
11. 對勞工宣導安全衛生政策之重要性。

(1-4) 結語與建議

綜合前述各章節，各國對於事業單位之勞工安全衛生委員會的法令依據、組織成員、設置要件、舉行頻率及委員人數等，雖然有些許不同，但各國皆利用其來改善作業環境、促進勞工及雇主參與安全衛生工作是相同的。茲將其比較表列如表 1-1 所示。

我國事業單位需要設置勞工安全衛生委員會之法令規定已施行多年，但勞工參與之程度似乎不夠，使其功能無法充分發揮，本研究擬對我國事業單位勞工安全衛生委員會之發展及走向，提出下列幾點個人淺見，以供勞工行政機關及事業單位參考：

1. 目前有關事業單位之安全衛生委員會之設置，係依據「勞工安全衛生組織管理及自動檢查辦法」第十一條規定事業單位僱用勞工人數在一百人以上時，應設置該委員會。但根據相關統計資料顯示，國內企業結構大多屬於僱用勞工一百人以下，三十人以上之中小型企業，因此許多企業依法均可免設置該組織，故應參考各國之設置條件，修正降低至僱用勞工人數在五十人以上即應設置，以增加勞工參與安全衛生事務之機會。

2. 根據「勞工安全衛生組織管理及自動檢查辦法」第八十二條規定設立勞工安全衛生委員會時，應製作勞工安全衛生委員名冊留存備查。但有關勞工安全衛生委員會之會議紀錄不需公告周知，及向檢查機構核備等，故有許多事業單位之安全衛生委員會幾乎形同虛設。

3. 有關勞工安全衛生委員會之研議事項，已於「勞工安全衛生組織管理及自動檢查辦法」第十三條規定，對於研議事項已經清楚地明列，乍看之下幾乎包含所有之安全衛生項目，但有關事業單位之推行安全衛生運動及教育、自動檢查、職業災害處理等，並未明確其任務內容。

4. 有關勞工安全衛生委員會之委員，已於「勞工安全衛生組織管理及自動檢查辦法」第十二條規定，但目前有許多委員無安全衛生之理念或熱忱，根本是虛設罷了。

5. 為使事業單位勞工安全衛生委員會能確實發揮其功效，勞工行政機關應舉辦觀摩示範之研討會，使一些推行該委員會成效卓著者將經驗分享給其他事業單位。

表 1-1　各國事業單位勞工安全衛生委員會之比較表

	法令依據	組織成員	設置條件	舉行頻率	委員人數
我國	1.勞工安全衛生法 2.勞工安全衛生組織管理及自動檢查辦法	雇主、勞工安全衛生人員、醫護人員、工會或勞工代表、事業內各部門之主管或監督或指揮人員、與勞工安全衛生有關之工程技術人員	僱用勞工人數在一百人以上者	每三個月開會一次	七人以上
日本	職業安全衛生法	雇主、工會或勞工代表、安全或衛生管理員、產業醫生、作業環境測定人員、具有安全或衛生經驗者	僱用勞工人數在五十人以上者	每一個月開會一次	可於勞動契約中另行規定
加拿大	職業安全衛生法	雇主、無管理責任之勞工	凡工作場所有僱用勞工者均需設置	每三個月開會一次	至少二人
瑞典	工作環境法	雇主、當地勞工組織執行委員會之代表、安全代表、經理階層	僱用勞工人數在五十人以上者	每三個月開會一次	依現場僱用勞工人數、工作性質與工作條件

（續）表 1-1　各國事業單位勞工安全衛生委員會之比較表

	法令依據	組織成員	設置條件	舉行頻率	委員人數
英國	1.職業安全衛生法 2.安全代表及安全委員會設置規則	雇主、生產經理、人事經理、工業安全官、工業衛生專家、醫護人員及勞工代表	僱用十人以上之事業單位並經兩位以上的工會安全代表提出	無相關規定	視事業單位規模、潛在危害因素及工作時間
法國	勞動法典	企業內之主管人員如總經理、勞動醫師、人事主任、訓練主任、安全服務主任及勞工代表	僱用勞工人數在三百人以上者	每三個月開會一次、嚴重災害事故或人事單位兩人要求時	依事業單位之規模及所僱用員工人數
美國	職業安全衛生法	雇主代表、技術人員、醫護人員及三分之一勞工代表之規模	僱用勞工人數在十一人以上者	無相關規定	依事業單位之規模

參考文獻

①台灣省政府勞工處（1993）。《赴加拿大考察自動檢查技術及方法報告》。台中：台灣省政府勞工處。

②行政院勞工委員會（1988）。《中日美英四國勞工安全衛生法》，31-34。台北：行政院勞工委員會。

③行政院勞工委員會（1990）。《瑞典、加拿大、德國及歐洲共同市場有關勞工安全衛生法律》，47-55。台北：行政院勞工委員會。

④行政院勞工委員會（1993）。《法國企業勞工安全衛生制度》，1-3。台北：行政院勞工委員會。

⑤行政院勞工委員會（1993）。《瑞典職業安全推行實務研討會》，86-99。台北：行政院勞工委員會。

⑥行政院勞工委員會（1996）。《勞動安全衛生制度之比較研究》，60。台北：行政院勞工委員會。

⑦行政院勞工委員會勞工安全衛生研究所（1993）。《勞工安全衛生之國際比較研究：工作環境權展望之探討》，114。台北：行政院勞工委員會。

⑧呂本山（1989）。《安全管理》，137。台北：書泉出版社。

⑨許是詳（1989）。《企業管理：理論、方法、實務》，178-183。台北：中華企業管理發展中心。

⑩野原石松（1987）。《安全管理の實務、事例による災害防止手法》，141-150。綜合勞動研究所。

⑪曾傳銘（1997）。〈事業單位勞工安全衛生委員會之介紹〉。《台灣勞工》，36，28-33。

⑫戴基福（1990）。〈如何發揮勞工安全衛生委員會的功能〉。《中華民國工業安全衛生協會》，13，35-39。

⑬蘇德勝（1991）。《英國勞工安全衛生與檢查制度》，7-8。台北：行政院勞工委員會。

⑭ Barenklau, K. E. (1989). "Safety committee can be effective loss control tool," *Business Insurance*, 56.

⑮ Colvin, R. J. (1992). *The Guidebook to Successful Safety Programming.* Lewis Publishers Inc., 57-61.

⑯ Jh V. Grimaldi, Simonds, R., Richard D. (1984). *Safety Management* (4th Ed.), IRWIN, Inc., 161-168.

⑰ Malcolm Dewis Llb. Miosh and Jeremy Strank Msc. Mieh. Flosh. (1988). *Tolley's Health and Safety at Work Handbook* (2th ed.), 381-382. Tolley Publishing Company Ltd.

⑱ Rees. Joseph(1988). "Self regulation: An effective alternative to direct regulation by OSHA," *Policy Studies Journal, 16(3)*, 602-614.

⑲ Safety & Health (1993). *The Comprehensive Occupation Safety and Health Reform Act*, 41-43.

⑳ Small Business Report (1987). *Promoting workplace safety: Preventive measures will reduce costs,* 30.

㉑ Stranks, J. and Dewis, M. (1986). *Health and Safety Practice*, 30. Pitman Publish Ltd.

Chapter 2
第二章

歐洲職業安全衛生

(2-1) 前言

　　推行勞工安全衛生及勞動檢查工作是關懷勞工生命的最佳保障，對維持優秀的勞動力很有助益，更是國家提升競爭力不可或缺之一環。鑑於經濟之持續發展，社會大眾也因過分重視經濟活動，而付出了相當的代價，諸如工業污染和職業災害等。特別是勞工發生職業災害之案例日益增多，行政院勞工委員會自1987年成立以來，在安全衛生工作方面，先後研訂「加強勞工安全衛生方案」、「工作安全災害歸零方案」、「勞動安全產業升級方案」等，及訂定「安全化的工作環境中程施政計畫（2001 至 2004 年度）」。另透過政府與民間共同努力之下，我國職業災害千人率由1987年之5.91降至1998年的3.86，已略具成效，但以1998年為例，全產業勞工罹災人次有 29,095 人次，平均每小時就有 3 名勞工因工作而受傷、殘廢或死亡，勞工保險給付更高達 68.5 億元，造成的直接與間接經濟損失更難以估計，顯示因社會環境之改變，勞工安全衛生問題日趨複雜，政府亟需積極尋找因應對策以謀解決之道。

　　本次計畫主題為「歐洲職業安全衛生檢查與國際安全衛生驗證趨勢」，主要以瞭解歐洲各國政府在推行職業衛生檢查工作之重要政策及相關執行措施，及事業單位如何運用國際職業安全衛生驗證（如OHSAS18001）來提昇職業安全衛生管理，並保障勞工生命安全並維護勞雇雙方權益。由於本次考察計畫之天數僅有十

二天，期間自 2000 年 10 月 30 日至 11 月 9 日止，故僅能依主題提出之需求選定赴瑞士、德國、荷蘭等三國，參訪有關政府機關及企業機構：瑞士聯邦政府勞工部門、世界衛生組織、國際勞工組織；德國漢堡市政府勞工部門，因其擁有該國的心臟——漢堡港，並且為工業大城；荷蘭則以參訪最具代表性之菲利浦照明總部及半導體廠之職業安全衛生管理系統及現場稽核、Draka 電線電纜製造廠之職業安全衛生實務、KEMA 驗證公司以瞭解 OHSAS-18001 之驗證趨勢。

因為這是第一次出國，而且又是自己一個人因公至歐洲，一切從拜會機關、廠商，都要自己去張羅，所幸拜 E-mail 方便所賜，一切行程在出發前就規劃完竣。於是 2001 年 10 月 29 日下午自己拎著行李，至桃園中正國際機場搭乘 6 點 30 分新加坡航空公司的班機，經新加坡樟宜國際機場再轉機飛瑞士蘇黎士國際機場，由於在十二個小時的飛行旅程，所劃的座位皆是經濟艙裡的座位，因此都無法入眠，且亦恐懼「經濟艙症候群」，定時的補充水分和適度的伸展運動，直到飛機降落蘇黎士國際機場已是 10 月 30 日上午 6 點 30 分了。

2-2 世界衛生組織

世界衛生組織（World Health Organization, WHO）曾於 1948 年對於健康予以定義：健康是一種身體、心智和社會安寧的完全狀態，而不只是不生病而已（Health is a state of complete physical, mental and social will-being and not merely the absence of disease or infirmity）。

筆者於 2000 年 10 月 30 日上午，自瑞士蘇黎士飛機場轉乘飛機前往日內瓦機場，並從機場搭乘巴士前往日內瓦火車站，裝行李安頓在車站前的SAVOY旅館，馬上前往世界衛生組織。本次拜會世界衛生組織多謝日本國派駐瑞士日內瓦世界衛生組織的佐藤博士的親切接待，由於其本身為公共衛生專家，故特別針對該組織 2000 年世界衛生研究趨勢，作一深入的介紹。綜觀該組織 2000 年世界衛生研究趨勢介紹，內容包含：

1. 全球健康研究論壇：概論（The global forum for health research: An overview）。
2. 對於優先設定之健康研究之補充研究：回顧與遠景（Complementary approaches for priority setting in health research: Review and perspectives）。
3. 研究方法議題之發展（Progress in methodological issues）。
4. 健康研究之優先範圍（Priority area in health research）。
5. 選定優先之研究範圍（Advances in selected priority areas）。
6. 前端性研究之範圍（Progress in initiatives）。
7. 健康研究之能力發展（Capacity development for health research）。

筆者亦參觀該組織之圖書館，發現有關衛生之領域，實在是太廣泛，光是公告欄之研究論文，予以歸納就有：

1. 交通危害。

2. 飲用水衛生。

3. 人因工程。

4. 環境職業流行病學。

5. 職業衛生實務。

6. 游離輻射及非游離輻射。

7. 毒理學及生物偵測。

8. 職業病通報。

9. 健康促進。

10. 職業災害。

11. 健康風險認知。

12. 工業衛生。

13. 職業衛生調查。

14. 臨床案例。

(2-3) 國際勞工組織

2000 年 10 月 31 日下午拜會國際勞工組織（International Labor Organization, ILO），國際勞工組織為保障其會員國之勞工能在安全及舒適的作業環境下工作，已逐漸將研究重心轉至職業安全衛生管理，並且已成立安全工作（Safe Work）部門，亦逐漸地完成安全、衛生、環境保護之各項指引計畫，其主要指引包括：

1. 意外事故與疾病資訊（Accident and Disease）。

2. 危險性工作（Hazardous Work）。

3. 化學安全（Chemical Safety）。

4. 職業衛生（Occupational Health）。

5. 勞工健康促進（Labour Health Promotion）。

6. 輻射保護（Radiation Protection）。

7. 勞動檢查（Labour Inspection）。

8. 職業安全衛生管理系統（Occupational Health & Safety Management Systems）。

9. 職業安全衛生資訊中心（Occupational Health & Safety Information Center）。

　　此次拜會國際勞工組織除對於安全化的作業環境計畫訂定情形予以瞭解，並特別針對職業安全衛生管理系統指引草案（ILO Draft Guidelines on Occupational Safety and Health Management Systems, ILO OSH-MS）予以探討，因為該組織所制訂之職業安全衛生管理系統極有可能成為二十一世紀的國際標準。有關該指引草案係參考國際衛生協會（International Occupational Hygiene Association, IOHA）對世界二十五個國家、單位之職業安全衛生管理系統資料研擬完成。

　　該草案已於 2000 年 10 月 5 日上網，且於 2000 年 12 月發表，預定 2001 年送請ILO理事會確認後，即可正式印製出版，爾後ILO之職業安全衛生管理系統，將成為各國政府、事業單位及工會團體之依據，有關該草案之內容包括：

職業安全衛生管理
Occupational Safety and Health Management

簡介

1. 一般項目

　1.1 目的

　1.2 範圍

2. 國際職業安全衛生管理系統架構

　2.1 國家層次之政策與原則

　2.2 職業安全衛生管理系統指引

　2.3 職業安全衛生管理系統指引之政策與原則

3. 職業安全衛生管理系統政策

　3.1 職業安全衛生

　3.2 勞工之參與

　3.3 持續性之改善

　3.4 整合

組織

　3.5 職責與義務

　3.6 溝通

　3.7 職業安全衛生管理系統文件紀錄

　3.8 教育訓練

計畫

　3.9 初步回顧

　3.10 系統之規劃及發展

　3.11 目標與目的

　3.12 危害控制系統

2-4 瑞士聯邦政府勞工部門

　　筆者於 2000 年 11 月 2 日拜會瑞士聯邦政府勞工部門推行之職業安全衛生現況，由於以往國人對瑞士聯邦政府州政府之印象大多是金融中心、觀光勝地，很少人注意到在瑞士境內日內瓦有 WHO、ILO 等國際組織，因此其在職業安全衛生之推動相當進步。

職業安全衛生管理
Occupational Safety and Health Management

瑞士聯邦政府係有二十六個邦聯，面積 41,000 平方公里，官方語言有德語（65％）、法語（25％）、義大利語（8％）、羅曼語（2％），人民數為七百多萬。

受僱勞工人數有三百多萬人，有關企業規模為僱用勞工人數 0～9 人者之企業 78.3％、僱用勞工人數 10～49 人者之企業 17.3％、僱用勞工人數 50～249 人者之企業 3.8％、僱用勞工人數超過 250 人者之企業 0.6％。

瑞士聯邦政府在 1877 年即訂定工廠法（Factory Law in 1877），並在 1984 年訂定意外事故保險法（Accident Insurance Law of 1984）。有關勞工保護主要有下列兩部門：一為勞工保護部門（Department of Employee Protection），並且在 Lausanne、Aarau、Zurich、St. Gall 等四個邦聯，成立工業檢查組織，以保護化工業及營造業勞工之安全。二為職業醫學與職業衛生部門（Department of Occupational Medicine and Occupational Hygiene）。

(2-5) 德國漢堡市政府工作、健康和社會部門

筆者於 2000 年 11 月 3 日下午拜會德國漢堡市政府工作、健康和社會部門推行職業安全衛生檢查之現況，德國漢堡市猶如該國之心臟，因為其擁有漢堡港，而使其成為德國之第二大城市，本次多謝漢堡市政府工作、健康和社會部門（Department of Work, Health and Social Affairs）Mr. Rainer Hellbach 之親切接待，其先對德國職業衛生與安全檢查之組織作一探討，並就事業單位之職業衛生與安

全檢查之一般原理探討，及有關職業衛生與安全實務之問答集等，頗具參考價值。同時 Mr. Rainer Hellbach 以其本身所具備之背景，提出漢堡市之職業衛生與安全檢查實務之新作法，諸如改善勞工作業環境、翻修職業衛生與安全檢查之法令、建立完整的職業衛生與安全管理系統等。

筆者在 11 月 3 日上午亦參觀了電視轉播塔台（TV tower），民眾可以購買門票，然後搭乘升降機，到最頂之眺望窗來瀏灠整個漢堡市及漢堡港。離開了電視轉播塔台，又至對面之漢堡市展覽中心，恰巧該月之展覽主題為帆船、遊艇、水上摩托車等，各主題館之排列呈現蜂窩狀，民眾隨時可以走出各主題館，而前往自己所喜歡之主題館。從零件、船體之製作、裝飾品、船上用的電器用品等，真是讓我這來自於亞熱帶國家的旱鴨子大飽眼福。而一些大型遊艇之豪華內裝亦令人稱羨。

另筆者於 11 月 4 日亦遊覽了漢堡港，這是在歐洲僅次於荷蘭鹿特丹的國際大港，只見各國的商船忙進忙出，值得一提的是捷運站出口就是渡輪搭乘處了。

(2-6) 荷蘭 KEMA 驗證公司

筆者於 2000 年 11 月 7 日參觀荷蘭 KEMA 驗證公司（KEMA Registered Quality B. V.）職業安全衛生之驗證現況，由於此次考察主題即為國際職業安全衛生驗證趨勢，故特別安排拜訪荷蘭 KEMA 驗證公司，並瞭解其在國際職業安全衛生驗證上之工作現況。因

其以往在 ISO9000 及 ISO14000 驗證工作上已具基礎，且其本身實驗室之能量極為充足，現今又增加 OHSAS-18001 驗證工作，且其亦訂定有職業安全衛生管理系統，並將 ISO9000、ISO14000 及 OHSAS-18001 三者作一相關比較及連結。有關 OHSAS-18001 之內容包括：

1. 範圍：職業安全衛生管理系統規範，並非職業安全衛生績效準則。其適用於各種行業及規模。
2. 目的
   （1）推行、維持及改善企業之安全衛生管理系統。
   （2）確保符合企業所宣稱的安全衛生政策。
   （3）尋求第三者（驗證機構）驗證其安全衛生管理系統，以對外展現其符合性。
3. 標準架構
   （1）安全衛生管理系統。
   （2）安全衛生政策。
   （3）規劃（風險鑑別評估及控制之規劃、法令規章與其他要求事項、目標、安全衛生管理方案）。
   （4）實施與運作（架構與責任、訓練與認知及能力、諮詢與溝通、文件化、文件與資料管制、作業管制、緊急事件準備與應變）。
   （5）查核與矯正措施（績效量測與監督、事故及虛驚及不符合與矯正與預防措施、紀錄及紀錄管理、稽核）。

（6）管理階層審查。

(2-7) 荷蘭菲利浦半導體廠

　　筆者於 2000 年 11 月 7 日參觀荷蘭菲利浦半導體廠（PHILIPS Semiconductors in Nijmegen）職業安全衛生稽核實務，荷蘭菲利浦總公司有照明（Lighting）、消費性電器產品（Consumer Electronic Products）、半導體產業（Semiconductor）、整合性產品（Components）、專業性產品（Professional）、雜項的產品（Miscellaneous）等部門。半導體產業在該公司，可說是蓬勃發展的新興產業，目前正不斷地擴廠，以增加產能。有關半導體產業之製造生產流程在此就不再贅述。筆者主要專注於生產現場職業安全衛生之稽核及自主管理，由於半導體產業，使用了多種高壓氣體（含有毒性、可燃性、爆炸性……等），職業安全衛生人員將現場作業人員之教育訓練、健康檢查、自動檢查、每日現場巡查所發現之不安全行為及動作等資料皆有資料庫建檔列管。一有缺失除在現場立即告知現場作業人員及主管人員，並定期公布各生產單位之職業安全衛生管理績效。值得一提的是，該公司職業安全衛生人員係由具有職業安全衛生人員、消防管理、輻射防護管理、環境工程等背景所組成，且這些人員皆有現場從事生產作業之多年經驗，對於製造流程、風險危害皆很熟悉，故不會有溝通不良之情形發生。

(2-8) 荷蘭 Draka 電線電纜廠

筆者於 2000 年 11 月 8 日上午參觀荷蘭Draka電線電纜廠（Draka Nederland BV）之職業安全衛生實務，荷蘭 Draka 電線電纜廠是一家專門生產低電電線（low-voltage cables）、資料傳輸電線（data transmission cables）、特製的電線（tailor-made cables），其雖然是一家傳統的製造工廠，但其在推動職業安全衛生工作上是不遺餘力，同時也通過 OHSAS-18001 之驗證。

在 Mr. A. de Jong 之帶領下，參觀該公司之生產現場，有關生產物料、半成品、成品之搬運及儲存情形，採光照明、通風，電線電纜之捲繞、包覆作業等。中午在其工廠之五樓員工餐廳用餐，餐點衛生且多樣化，而且其緊臨荷蘭 AMSTERDAM 運河旁，居高臨下，猶如置身於大飯店一樣。

(2-9) 荷蘭菲利浦照明總部之研發及實驗室

筆者於 2000 年 11 月 9 日參觀荷蘭菲利浦照明總部之研發及實驗室（Laboratory of the Central Development of PHILIPS Lighting Head-quarters in Eindhoven）之推行職業安全衛生活動照明事業可說是荷蘭菲利浦公司百年前之創始產業，其雖然為傳統產業，但其不斷地引進新式的企業品管、環境管理、職業安全衛生管理等理念，由其標語 "Let's make things better" 即可得知。本次主要參觀荷蘭

菲利浦照明總部之研發及實驗室之職業安全衛生管理，由於照明器材本身須填充汞蒸汽等，所以實驗室人員會對生產現場採集樣本，分析勞工之暴露情形。同時參觀實驗室之高壓氣體管理、通風、危險物及有害物管理等。

(2-10) 荷蘭菲利浦照明 Weert 廠

參觀菲利浦照明 Weert 廠（Departure of the Lighting Factory in Weert）之職業安全衛生實務。

筆者在上午參訪荷蘭菲利浦照明總部之研發及實驗室之職業安全衛生管理後，下午參觀其位於 Weert 之照明生產現場，主要在燈管內之塗布、廢棄品之壓脆研磨作業所產生之危害。生產現場之作業勞工較易發生之危害，為被壓脆燈泡之玻璃割傷。

(2-11) 結語

一、有鑑於職業安全衛生管理系統極有可能成為二十一世紀的國際標準，因此國際勞工組織所制訂之職業安全衛生管理系統指引草案（ILO Draft Guidelines on Occupational Safety and Health Management Systems, ILO OSH-MS）應該予以密切注意，其送請 ILO 理事會確認後，即可正式印製出版，爾後 ILO 之職業安全衛生管理系統，將成為其會員國之政府、事業單位及工會團體之參考依據。我國爾後在職業安全衛生法相關法令之訂定或修訂時，應該多予

職業安全衛生管理
Occupational Safety and Health Management

以參考。

　　二、此次在荷蘭參觀菲利浦之照明事業發現一項事實，只有沒落的產品，沒有夕陽的產業，雖然照明事業在該公司已經超過一百年了，但其產品不但沒有消失，反而在引進新的製程、品質管制、環境保護、職業衛生管理理念後，企業得以永續經營發展。另外，在參觀其廢棄日光燈管之回收處理時，筆者亦深感國內日光燈之使用非常地普遍，且其不能使用時如何回收，又因其內部充滿著微量的汞蒸汽等填充氣體，這也是一項新的環保課題。

　　三、現今歐洲之瑞士、德國、荷蘭政府對於職業安全衛生檢查工作之規劃，已偏向於加強事業單位之職業安全衛生自主管理，職業安全衛生檢查已偏向於抽查、稽核及職業災害調查等工作：且研發新的職業安全衛生管理系統，以供給事業單位遵循。

　　四、本次在荷蘭參觀菲利浦照明總部之研發實驗室及生產現廠、半導體廠，及Draka電線電纜廠，其皆為通過OHSAS-18001之認證工作，發現這些公司對於 OHSAS-18001 驗證公司所提供之稽核建議，皆能確實遵守，而不只是紙上作業而已，同時驗證公司在職業安全衛生管理系統之建立，及教育訓練等輔導工作上也占有極為重要的角色。

　　五、本次在荷蘭參觀菲利浦照明總部之研發實驗室及生產現廠、半導體廠，及Draka電線電纜廠，發現其職業安全衛生管理人員，不只具備職業安全衛生而已，亦應懂得消防安全及環境保護等，且必須具有現場實務多年之經歷，如此才能對危害能有全盤性之瞭解與規劃。

六、本次在德國參觀漢堡港時，發現漢堡市政府對於有關碼頭裝卸之職業安全衛生危害，為降低職業災害之發生，其制訂有許多新式之管理方法，並且曾舉辦過歐洲各國之港口職業安全衛生研討會。

Chapter 3
第三章

日本安全衛生運動史

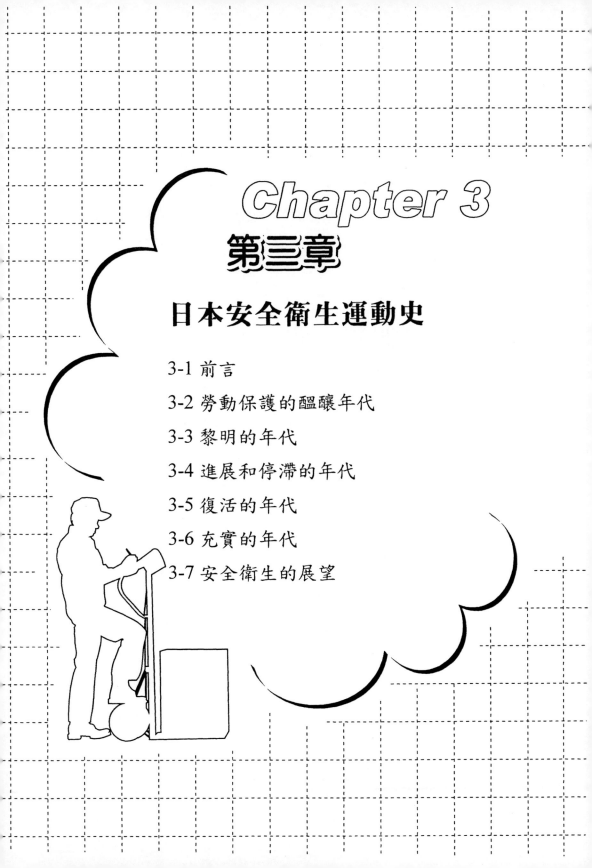

(3-1) 前言

有關日本安全衛生運動史，中央勞動災害防止協會將其分為勞動保護醞釀年代（明治年代）、黎明的時代（大正年代）、進展和停滯的年代（昭和戰前）、復活的年代（昭和二〇年代）、充實的時代（昭和三〇至四〇年代）及安全衛生的展望（昭和五〇年代以後）六大部分。

(3-2) 勞動保護的醞釀年代

根據文獻的記載，日本最早的安全衛生運動應該是在明治年代，亦即「工廠法」施行後才開始，遠比歐美國家晚了約一世紀，明治元年（1868）的明治維新為資本主義經濟的出發點，為了趕上歐美國家，提出了「富國強兵、殖產興業」的革新口號，大量引進現代化技術和經濟制度，以期在極短的期間能成為現代產業國家，並採取「國家主導型」的政策。

明治年代的主要產業有紡織、生絲等纖維產業，當時的勞動者以十五至二十歲的女性最多，其中僱用十二歲以下幼童的工廠亦很多，勞動時間普遍為每日十二小時，亦即從上午六時至下午六時，及下午六時至隔天六時的兩班制。前述之女性勞動者有七、八成來自於鄉下或農村，皆寄宿於工廠的附設宿舍裡，每人僅睡一張榻榻米，且每兩人共用一套被褥，雇主為防止其逃跑而設置

職業安全衛生管理
Occupational Safety and Health Management

了嚴密的監視措施。此外，由於經常性的夜間作業，再加上不衛生的作業環境（如通風設備不充分、採光照明不足、未設附塵裝置、起重機及捲揚機未設危險預防裝置、轉動機械無捲入預防裝置等），使得勞動者罹患職業病人數增加，特別是罹患結核病，當時雇主只著重於生產而未加以重視，對於病情較嚴重而無法從事生產者，雇主便令其返鄉休養，使得結核病逐漸在農村地區流行起來，不久結核病便成為大正時代的「國民病」，並演變為國家的衛生醫療保健問題。

由前述各種的惡劣勞動條件實態，嚴重影響勞動力，使得政府於明治時代開始對紡織、生絲製造業的女性勞工展開勞動保護，並於明治十五年（1882）以後開始由政府著手立法，農林水產省於明治二十年（1887）完成「職工條例」，禁止僱用未滿十歲的幼兒及婦女和未滿十四歲的幼兒禁止夜間作業等。有關禁止婦女夜間作業乙事遭到纖維業界的強力反對，遂對「職工條例」修正為「職工法」，當時明治政府的勞動保護理論為不與經營者的利益相違反，並要勞動保護與經營利益相調和，故政府面對纖維產業的資本家們之強大壓力，也不得不考慮法令的實用性。

明治四十四年（1911）工廠法公布，有關婦女夜間作業等爭議，正式以法令來規範。工廠法全文計二十五條，主要為女工童工保護之勞動時間限制、設備的安全確保措施、職業災害補償、勞動契約、工廠監督檢查制度等勞動保護法令。適用的範圍以經常僱用十五人以上的工廠，而低於十五人以下的小企業和手工業除外。但由於產業界的干涉，工廠法延至大正五年（1916）才施行。

(3-3) 黎明的年代

　　大正元年（1912）古河礦業足尾銅山所長小田川全之自美國考察返國，看見當時美國產業界正提倡安全第一（Safety First）運動，並在該事業推行，此可謂日本最早的安全運動。因此大正年代初期各地的安全運動皆受美國民主政治思潮，以及人道主義的影響。

　　大正三年（1914）東京電氣（今之東芝在川崎市）的蒲生俊文親眼目睹發生在該廠的感電事故，遂極力倡導實施安全運動。大正五年（1916）自美國歸國的郵政省內田嘉吉，和獨自在關西推行安全運動的住友伸銅所（今住友金屬工業在大阪市）之三村起一，於大正六年（1917）均和蒲生俊文共同推行安全運動，從此日本東西部的安全運動前輩攜手合作為民間安全衛生運動開創新頁。

　　大正八年（1919）蒲生俊文在一場「災害防止展覽會」的演講場合，結識東京上野警察署長池田清及東京教育博物館（今上野科學博物館），三人共同推行「安全週」。最初僅在東京地區施行，由於獲得各公民營企業的熱烈迴響，不久其他地區亦紛紛響應。

　　大正九年（1920）日本加入國際勞工組織（ILO）並簽訂有關勞動時間縮短、禁止女工夜間作業等公約。而大正五年所施行的「工廠法」，其內容有很多低於國際勞工組織之規定，因而受到

嚴厲的指正，並要求儘速修正，大正十二年（1923）完成修正，同年關東發生大地震，遂延至大正十五年（1926）再施行。

大正十一年（1922）內務省設置社會局，將原先分散在各部之有關勞動行政業務予以統合：諸如原先內務省之勞動行政業務（失業救濟、童工保護等）、內務省警保局之勞動爭議調查、農林水產省和礦山局之勞工保護、郵政省管船局船員的保險、外務省條約局的國際勞動公約、國勢院的國際勞動統計資料等。

由於社會經濟變遷的影響，勞動問題逐漸受到政府及事業主的重視，為防止職業災害，並充實衛生福利措施，紛紛在全國各地成立工廠懇談會、工廠衛生會等聯合性組織。大正十四年（1925）全國性的災害防止團體產業福利協會成立，由內務省社會局長擔任該會會長，此具有官方色彩的團體，在第二次世界大戰前之安全衛生運動，扮演著極重要的角色。

有鑑於結核病在紡織業有愈來愈蔓延的趨勢，死亡人數從明治三十三年（1900）之71,771人至大正九年（1920）之125,165人。當時年輕的醫學士石原修對於罹患結核病的女工實施作業環境實態調查，發現因結核病末期患者而遭工廠遣回之女工是該病的傳染源。由於結核病在全國廣泛蔓延，造成國防上強兵政策的大問題，遂將結核病的防治提昇為國家衛生管理的中心議題，而企業亦開始設置結核病療養所。

有關勞動科學研究分析在大正時代即開始受重視，大正十年（1921）由倉敷紡織公司大原孫三郎獨資在倉敷市成立倉敷勞動科學研究所，並邀請暉峻義等年輕醫生及心理學家共襄盛舉，對

當時國內勞動衛生水準的提昇有很大的幫助。

(3-4) 進展和停滯的年代

　　大正時代日本的安全衛生運動，大都由地方愛好安全衛生運動家自行來推動，政府僅站在監督的角色，而昭和時代由於內務省社會局的積極介入，遂有全國性的安全衛生運動。昭和七年（1932）召開全國產業安全大會，安全活動家共聚一堂，並發展研究成果報告。

　　昭和時代初期民間要求政府落實工作場所之安全管理工作，而昭和六年（1931）由於日本軍需產業的發達，使日本開始重工業化，此期間住友伸銅鋼管、日本鋼管、八幡製鐵所的工作場所，皆有進步且現代化的安全管理。

　　工廠法在施行十三年後，於昭和四年（1929）發布工廠危害預防及衛生規則，規定雇主有設置安全裝置、衛生急救設備等義務。但當時雇主對於安全衛生法規之知識仍相當缺乏，為使雇主瞭解其重要性，政府於各地舉辦安全衛生設備展覽，昭和十五年（1940）為延續展覽的成果，創設安全博物館。

　　由於昭和初期的急速重工業化，使得許多新的職業病種類陸續被發現，如氨氣中毒、二硫化碳中毒等。當時人造絲產業在發現上述之職業病，皆以企業秘密為理由，而不對外發布。但在昭和十三年（1938）化學纖維業者深知其危害嚴重性，而設置職業病保健衛生調查會。

職業安全衛生管理
Occupational Safety and Health Management

昭和時期由於日本政府的積極對外國發動軍事戰爭，對於兵源的需求很大，但結核病患者逐漸增加，嚴重影響兵源的調度，遂要求事業單位要採取新式的醫療方法和預防保健，以期徹底消滅結核病。政府也鼓勵事業單位能設置專職醫生或護士，昭和五年（1930）光染織工廠就有234廠設置醫務室，而全國實際從事工作場所醫療診治之醫師有474人、藥劑師124人、護士940人。此外，為使產業衛生研究工作能落實，於昭和四年（1929）成立最大規模的民間研究團體「日本產業衛生協議會」，研議產業衛生之相關調查研究問題、有關安全衛生法之衛生部分的促進工作、出版產業醫學雜誌等。

　　昭和十二年（1937）中日戰爭，當時國內充滿備戰氣氛，一切生產皆以軍需補給為要務，安全衛生運動稍受停滯，昭和十五年（1940）民間的安全衛生團體成立「大日本產業報會」。昭和十六年（1941）由於日本發動大規模的太平洋戰爭，原先已稍具雛型的安全衛生運動逐漸脫離運作軌道，似乎到了崩潰瓦解的階段。

　　另隨著戰爭的白熱化，許多的勞動保護法規皆暫停使用，昭和十八年（1943）戰時特例使得工廠法等保護法規的實質效力盡失，使得事業單位大量僱用童工、學生等，來彌補勞動力的不足，但也相對使得職業災害急速增加。

　　昭和二十年（1945）五月二十日，東京城南遭受美軍的大空襲，產業安全研究所之研究員死守該所，其相信日本的安全衛生運動會走過此段黑暗期。總之在昭和戰前日本的安全衛生運動不僅發展停止，甚至有倒退的趨勢。

(3-5) 復活的年代

　　本節係以日本第二次世界大戰戰敗至昭和三十年（1955）此段期間為對象，由於戰敗導致國內政治經濟的高度混亂，為整頓此種蕭條景象以迎接經濟高度成長，當時日本占領聯合軍總司令部（GHQ）所實施的各種政策，造成政治、經濟、社會體制的重大變革。

　　昭和二十二年（1947）四月七日公布「勞動基準法」，並於五月一日施行，而同日勞動部亦由衛生福利部分出而獨立設置，五月二日全國各都道府縣亦設立勞動基準局，開始實施勞動基準監督檢查制度。九月中旬勞動省在東京、大阪、廣島、福岡、秋田等五地舉行「勞動安全衛生規則」草案公聽會，十月下旬再舉行修正案公聽會，勞動安全衛生規則於十一月一日施行。

　　勞動安全衛生規則主要參考的相關法規有工廠法施行令、工廠法施行規則、工廠危害預防及衛生規則、土木建築工事安全及衛生規則、土石採取場安全及衛生規則、汽油罐取締令、礦業警察規則、煤礦坑爆炸取締規則、重量物標示相關規定、警政廳和大阪府及兵庫縣等府縣廳會之工廠法施行細則、升降機取締規則、乙炔取締規則等。此外，亦參考勞動基準法相關條項、國際勞工組織之公約、現場監督檢查之經驗。

　　昭和二十五年（1951）拜朝鮮戰爭之賜，使得國內經濟產生復甦之契機，安全衛生運動重新受關注，原昭和七年開始至十五

職業安全衛生管理
Occupational Safety and Health Management

年每年所召開之產業安全大會，由於第二次世界大戰而中斷十一年後，終於在昭和二十六年（1952）再度召開，另全國安全週活動亦再度召開。

由於國內產業的復甦，加上產業界的自主性安全運動自昭和二十五年亦開始推行，如鋼鐵協會、造船工業會、水泥協會、汽車經營者聯盟等事業主團體，各自設立了各種安全或衛生專門的部門、委員會。昭和二十八年（1954）產業安全協會開始在神奈川、兵庫、大阪、福岡、東京等主要都道府縣設立分會並舉辦活動，並成立全日本產業安全聯合會。

昭和二〇年代的勞動衛生問題仍為「塵肺症」，昭和三十年（1956）制定「塵肺特別保護法」，特別強調作業環境測定的重要性。戰後勞動衛生發展促使衛生管理制度普及，勞動衛生自安全週獨立出來，於昭和二十五年（1961）開始實施全國勞動衛生週。

昭和二十九年（1955）為使勞動衛生情報能充分交流，而召開全國勞動衛生大會，並和安全團體相互合作，於昭和三十四年（1960）設立衛生團體的全國性組織「全國勞動衛生協會」。

昭和三十年左右由於新技術、新材料的相繼導入，造成勞動衛生問題，如肥料工廠的二硫化碳中毒，為防止此危害並防範職業病的發生，產業界常藉由產業醫學的幫助，昭和三十一年（1957）政府之勞動部設立勞動衛生研究所。

(3-6) 充實的年代

本節係以昭和三十年（1955）至第一次全球性石油危機之昭和四十八年（1973）將近二十年之期間為對象，此期間日本的經濟高度成長，而安全衛生運動亦發展得極為迅速。可以「時至今日已經不是戰後百廢待興的時期」來形容。昭和三十年以後之安全衛生問題和以往也大大地不同，如技術革新、新原料或新工法、新式生產機械設備的引入，相對使工作場所造成大型化的職業災害及新職業病的發生。職業災害件數有急速增加的趨勢，昭和三十六年（1961）死傷人數為 81 萬多人（指休息一天以上者），其中死亡人數為 6,712 人。雖然政府有鑑於職業災害的嚴重性，早在昭和三十三年（1958）就開始執行產業災害防止五年計畫，期使全民一體推動安全衛生，但其成效不盡理想。究其原因為高度經濟成長造成勞動經濟面的重大變革，如大量製造生產造成需大量僱用人力，使得勞動力呈現不足的現象，以致農村人口大量流至工作場所，勞動素質降低，而這些勞動力又有極大部分是被安全衛生體制原本就不太健全的中小企業所僱用。

政府為使中小企業能重視安全衛生，推廣利用勞動科學研究來防止職業災害，逐漸得到共識，如「本質安全化」、"Fail-Safe"、"Fool-Proof" 等。昭和四十二年（1967）國立橫濱大學開始設置安全工學科，以培養專業人才。

而在大企業之生產活動一切皆以安全第一為要務，強調所謂

直線式的安全管理。小企業則以小團隊為主，並應用行動科學研究來推行安全衛生運動。故為因應快速成長的中小企業所成立的安全衛生團體，昭和三十九年（1964）制定「勞動災害防止團體等相關法規」，同年中央勞動災害防止協會成立了五種行業的災害防止團體。

昭和四○年代，附了大量使用的危險有害物及新式工法的引入外，僱傭關係亦逐漸複雜化，使勞動基準法體制中有關從屬關係所衍生之處理問題相繼產生。另對於職業災害及職業病防止等綜合性法律亦迫切需要，勞動者期待有一舒適的作業環境，終於在昭和四十七年（1972）「勞動安全衛生法」誕生。

勞動安全衛生法規定雇主須設置與衛生工學有關之衛生管理人員，致力於工作場所之作業環境改善。因為當時許多職業病陸續地發生，諸如火藥製造業的硝化甘油（nitroglycerin）中毒、辦公室事務機械操作所造成的頸肩腕道症候群、使用動力式鏈鋸從事伐木作業所造成的白指病，政府希望透過勞工行政單位與業者來共同研商預防對策，期能防止職業病的發生。

此外，為促使安全衛生國際化，於昭和三十一年（1956）召開亞洲地區勞動衛生會議，昭和四十年（1969）於東京召開國際勞動衛生會議，昭和四十九年（1974）和美國政府舉行安全衛生行政研討會。

(3-7) 安全衛生的展望

　　本節係以大正初年至今約七十年的日本安全衛生運動史做一總結，並對現今所發生之安全衛生課題予以展望。從昭和三十年（1955）至昭和四十八（1973）這將近二十年間，每年國家均以9.6％的驚人高度經濟成長。但昭和四十八年以後，經濟成長遲緩，因為耗費能源且高污染的產業逐漸衰退，甚至遷至亞洲其他國家，如煉銅業、煉鋼業等，取而代之為輕薄短小的資訊相關產業，電腦及周邊設備從昭和四十五年（1970）的年產值1,254億日圓至昭和五十五年（1980）的年產值4,890億日圓，而半導體產業從昭和四十六年（1971）的432億日圓至昭和五十五年的5,256億日圓，可見製造業逐漸被高科技資訊產業所取代。

　　昭和四十八年（1973）的第一次石油危機，迫使經濟呈現低度成長，此時期的安全衛生問題為大型職業災害增加、精神疾病增加等。此外，為因應國內中、高年齡勞動者的就業需求，有關環境改善，以適合其生理或心理機能，如在環境改善方面加強採光照明、減低噪音、危險場所的安全標識、防滑措施等，而在作業方法改善方面有自動化、使用堆高機來從事搬運作業、作業速度的調整、作業姿勢的改善等。中小企業在面對這些安全衛生課題時，常需藉助勞工行政團體及安全衛生團體的協助與指導。

　　昭和五〇年代日本的勞動人口分布，在第一類產業（農林水產業）的勞動人口數明顯降低，而在第二類產業（建設業、製造

56 <<<

職業安全衛生管理
Occupational Safety and Health Management

業、礦業）及第三類產業（服務業）的勞動人口數增加。特別是第三類產業的成長極為快速，而此類產業對於中高年齡和女性勞動者需求增加。

十九世紀以後由於技術革新造成產業革命，第一次產業革命為十八世紀末，瓦特發明蒸汽機；第二次產業革命為十九世紀末，汽車和飛機的發明；第三次產業革命為一九二五至一九五○年代，電腦和核子的開發。這三次產業革命對於勞動者的影響似乎不大。直到一九八○年代，因為危險有害作業對勞工造成健康危害，而使用機器人來代替勞工；辦公室自動化（OA）、電腦終端機作業（VDT），對勞工的健康危害問題一一浮現，故安全衛生與技術系統應如何搭配開始受到重視。

昭和五○年代，企業內之安全哲學已由「物的時代」轉變為「心的時代」，職業災害的判例常由勞動者的安全健康、尊重人命的觀點來判決，企業主除了以營利為目的，亦要保障勞工的健康與安全，故對於作業環境除了注意舒適衛生外，亦應提供安全衛生防護器具給勞工配戴。勞動衛生管理的領域亦由環境、作業、健康管理，提升至銀髮族健康計畫（Silver Health Plan, SHP）管理。

此外，由於國際化、資訊化的急速發展，海外投資計畫增多，有關投資國之安全管理現況，身為自由世界國民生產毛額（GNP）第二位，對於投資國的安全衛生指導、援助是一項重要課題。

昭和四十七年（1972）「勞動安全衛生法」施行後，對於國內安全衛生水準的提升有很大的助益，昭和四十七年全國勞動災害之死亡人數有 5,631 人，昭和五十七年（1982）為 2,674 人，而休

息四日以上之受傷人數從昭和四十八年的387,343人降至昭和五十七年的294,319人。

　　昭和四十八年（1983）由中央勞動災害防止協會接受勞動省委託推行「零災害全員參加運動」，藉由危害預知、指認呼喚來減低工作場所的職業災害。

　　今後，日本安全衛生的發展應朝向自主性、科學性、綜合性、社會性、全國性等目標來發展，以建立全方位的安全衛生管理。

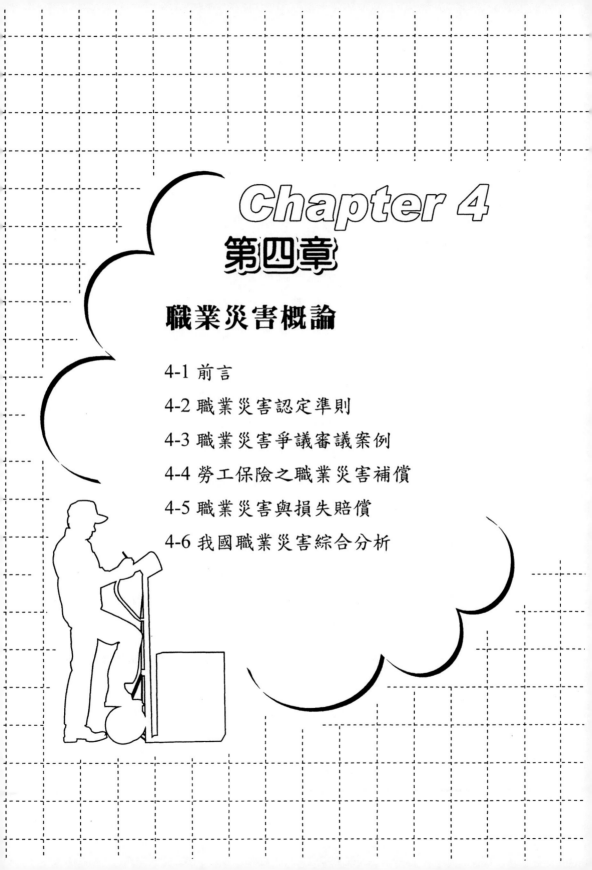

Chapter 4
第四章

職業災害概論

(4-1) 前言

　　有關職業災害發生的原因，工業安全專家認為在思想上有兩大不同學派，一為工程學派（the engineering approach），此派強調環境因素的重要性，故特別要求工廠及設備的最佳設計與結構，以防止減低災害事故的發生。另一為行為學派（the behavioral approach），此派著重於人為的因素，認為須從人的行為以及安全管理角度著手預防職業災害。因此欲有效防止事故的發生，則必須根據上述的分析，採取全面性的措施，才能斬草除根，從根本上杜絕其發生。

　　所謂職業災害（industrial accident）之法律上規範的意義，依據我國「勞工安全衛生法」第二條第四項，本法所稱職業災害係指勞工就業場所之建築物、設備、原料、材料、化學物品、氣體、蒸氣、粉塵等或作業活動及其他職業上原因引起之勞工疾病、傷害、殘廢或死亡。此外，根據「勞工保險被保險人因執行職務而致傷病審查準則」第三條指出職業傷害乃是因執行職務而致工作者傷害稱之。由此可知，職業災害的起因主要有三，其一是就業場所之設施，包括建築物、設備、原料、材料、化學物品、氣體、蒸氣、粉塵等；其二是作業活動所引起；最後則是其他職業上原因引起，至於職業災害所發生之對象為勞工，而結果則有疾病、傷害、殘廢或死亡等。

　　由於職業災害日益頻傳，嚴重危及勞動者之生存，而職業災

職業安全衛生管理
Occupational Safety and Health Management

害一旦發生，勞動者之生命、身體、健康、安全、財產等權益都將有直接之危害，尤其在現代工業化社會中，一項職業災害的發生，往往牽連其他無辜的第三者或消費者。所以勞動者生活、休閒、娛樂、消費、工作環境場所之安全維護，乃人民生存發展之首要基礎，而就憲法保障人性尊嚴之觀點而言，我國憲法上所保障之基本權，無論是從公共利益、生存權、工作權及環境權等角度來分析，職業災害之預防實為憲法上所保障之基本權利。

(4-2) 職業災害認定準則

職業災害乃指勞工在執行職務或在工作過程中所發生的意外災害。各國對職業災害之認定，多採「無過失主義責任制」，但災害的發生與其執行職務須具有明確的因果關係，始能成立。簡言之，職業災害之認定，須從「職務執行性」與「職務起因性」作判斷。詳說明如次：

1. 職務執行性：係指勞工基於勞動契約之本旨，於事業主支配下從事工作或活動狀態之行為，涵蓋下列三種範圍：
   （1）在事業主之支配、管理下執行職務：凡在事業場所設施內工作，均視為在事業主指揮、監督、管理下。
   （2）在事業主之支配、管理之下，但未執行職務：包括於作業開始前或終了後，或於休息時間在工作場所設施內准許勞工自由行動時屬之。

（3）在事業主之支配，但未在其管理下執行職務：例如，出差或公出等情形屬之。

前述範圍內，倘勞工受事業主之支配或基於勞動契約之本旨而為者，即具有「職務執行性」。其著眼點不在於勞工究竟在做何事，而在於其所為係執行勞動契約內容之行為，其效果有助於達成事業目的者；或附隨而為之行為係基於僱傭從屬關係中，雙方或一般社會觀念可預期之行為。如休息時間飲水、如廁或救援行為等均可包含於職務執行性概念之內。

2. 職務起因性：係「依經驗法則可認定勞工基於勞動契約在事業主之支配下，可能發生危險之具體化者」。依此定義演繹，勞工於從事工作過程中遭受傷病，而該傷病與業務可以具體推演存在相當之因果關係者，即視為職務起因性的概念之內。

因此，作業之準備行為及收拾行為、通勤往返時間及路途中、設施或管理之缺陷、職務上長期接觸有害物質……等導致傷病均視為職業災害。

反之，勞工雖於從事業務中或作業時間內受傷，但受傷原因倘與職務無因果關係。天災地變及其他不可抗力之原因、本人脫離工作範圍之恣意行為、在事業場所或工作過程中處理私務之行為等，非在職務起因性概念之內。

職業災害的類型概分職業傷害與職業病，兩者均須有職務起因性為要件。而職務起因性並以職務執行性為前提。依此概念，

參照我國「勞工保險被保險人因執行職務而致傷病審查準則」分類闡述其認定準則如后：

✚ 職業傷害

1. 執行職務所致之傷害：所稱「職務」係依據僱傭契約之本旨所為之行為，其場所、時間、受命範圍有如下條件予以認定：
   （1）作業場所：包括：經常之工作場所、受命行為之場所、適當交通通勤之往返路途。
   （2）作業時間：包括：經常之作業時間、受命行為之時間、適當交通通勤之往返時間。
   （3）作業中：包括：經常的作業中、受命行為中、適當交通通勤往返時間、路途中之行為。
   上述條件下若非因職務所為之私人行為，或非因事業目的而求雇主歡心所為之行為，或有違反法令或雇主禁令之行為等所導致之傷害，則非職業傷害。私人行為外之違反重大交通事故，而致之傷害，不得視為職業傷害。
2. 作業場所設施或管理之缺陷所致之傷害；即勞工之行為不被確認為災害之原因，而係歸責於事業主未盡廠礦場安全衛生條件為原因者。
   （1）於作業開始前，在等候中。
   （2）於作業終了後，經雇主核准利用作業場所設施。
   （3）於作業時間中斷中。

（4）利用雇主為勞務管理所提供之附設設施。例如，餐廳、宿舍、提供之交通工具等。

（5）參加雇主舉辦之康樂活動或其他活動。

3. 奉事業主之命，所為事業目的相關而致之傷害：

（1）因勞務管理上之必要，或在雇主之指揮監督下，從飯廳或集合地點赴工作場所途中，為接受及返還作業器具，或受領工資等例行事務時。

（2）因公差由日常居、住處所或作業場所出發，至公畢返回日常居住處所或作業場所期間。

（3）經雇主指派參加進修訓練、技能檢定、技能競賽、慶典活動、體育活動或其他活動。

4. 雖屬奉命行事範圍外之行為，但係為事業主利益所致之行為：此處「職務」——依據雇傭契約之本旨所為之行為——廣義來說，並不限於所擔任之作業範圍或限具備事業主之指揮。因此，「於必要情況下，臨時從事其他工作，該項工作如為雇主期待其僱用勞工所應為之行為而致之傷害，視為職業傷害」。例如，為維護事業之利益，自動採取緊急措施行為，於作業場所搶救罹災同事之行為等所導致之傷害。

5. 天災或其他不可抗力所致傷害：地震、火山爆發、洪水、風暴等係屬非常危險，一般保險法規皆排除雇主責任而屬普通傷害。故勞工於執行職務時，「因天然災害直接發生事故導致之傷害，不得視為職業傷害」，但下列情況不在

此限（同條但書）。

(1) 因天然災害間接導致之意外傷害。

(2) 從事之業務遭受天然之危險性較高者。例如，颱風天必項外出搶修工作之鐵道養護工、電纜線路修護工等作業。又從事之業務雖非不可抗力，但遭受災害之危險性高者亦被從寬認定，故被動物加害而致之傷害，例如，郵差送信遭惡犬咬傷、巡山員於執行業務時被蛇咬傷之事故視為職業傷害。

6. 雖與事業主利益無關，但為一般社會觀念認為必要之行為所致傷害：通常於法令中列舉。勞工保險被保險人因執行職務而致傷病審查準則列有三條：

(1) 於作業時間中基於生理要求如廁或飲水時發生事故而致之傷害。

(2) 因職業傷害或罹患職業病，經雇主同意直接往返醫療院診療或下班後直接前往診療後返回日常居住處所應經途中發生事故而致之傷害。

(3) 於工作日之用餐時間中或為加班、值班，如雇主未提供用膳設施而為必要之外出用餐，於用餐往返應經途中發生事故而致之傷害。

7. 同僚勞工過失所致之傷害：由於業務關係，因第三人之行為發生事故而致之傷害，視為職業傷害。其原因在於操作手冊或勞務管理不注意或不徹底所致。例如，原木採伐中，因同僚勞工採伐操作之不慎，受倒塌之樹木所傷者為職業

傷害。又雖於事業場所內、工作時間中若因與同僚勞工間之私怨、爭鬥、聚賭或惡作劇等所致者，不包括在內。

❖ 職業病

職業病乃勞動當場促發或勞動環境條件之缺陷，長期接觸具有充分誘發疾病之狀態所致之特殊疾病。引起之疾病與職務執行性有何因果關係，往往不易查察，尤其後者種類甚多且極為複雜。每隨工業發展而時有增添，常需有醫學上的實證認定。唯大體上在探討因職務上引起之疾病，吾人可依其發生狀態及性質，分為以下兩類判斷之。

1. 災害性疾病：「勞工於作業中，因工作當場促發疾病，而該項疾病之促發與作業有相當因果關係者，視為職業傷害」。其事故時間、地點、原因較為明確，故其認定上著眼於：

    （1）發病前有無處理與職務有關之突發事故而導致：例如，救援突發性作業場所之火災，因一氧化碳而窒息或罹致肺氣腫。

    （2）作業時間內有無擔任劇烈工作，以致直接加重精神或體能之負荷所導致之疾病：例如，奉命搬運重物，因用力過度罹致脫腸。

    倘若非關職務起因性或雖在作業時間內，但因違背禁令之行為所引起之疾病則不在此例。例如，原有高血壓症者，其引發腦溢血多為自然發病現象，如因處理特殊工作加重

精神體能負荷而促發，可視為災害性疾病。若於值班中不得飲酒而飲酒，所促發腦溢血則不以職業傷害論斷。

2. 職業性疾病：勞工因職務上處理或接觸特殊物質，或在特殊作業環境長期工作所引起之疾病是為職業性疾病。因其罹病時間不明確，認定上較為困難，通常必須從「職務」、「有害因素」、「疾病」三者之關係及其相距時間，在醫學上被認定為合理者始能成立。茲依據前項定義概要列舉主要職業性疾病之兩大類型：

（1）長期在特殊作業環境下工作所引起之疾病：

．溫度：工作於酷熱之作業場所，所見日射症、熱痙攣等症。

．氣壓：工作於異常氣壓下作業場所，如潛水夫所見潛涵及其他疾病。

．震動：使用重機械而震動身體，如鑿岩機、鍊鋸、鑲打機等作業者所見運動神經血管、關節、筋肉、腱腓或黏液囊等疾病。

．光線：工作於坑內或地下工作場所所見眼球振盪症。或銲接工所見電光性眼疾。

．噪音：工作於強烈噪音工作場所，如鐵工所見職業性重聽。

（2）長期處理或接觸特殊物質所引起之疾病：

．使用、處理各種化學物質或製造化合物所致中毒或其續發病。

・使用、處理、製造各種酸類、鹽類，如製造觸媒原料、染色、顏料工作者所見之中毒或其續發症。

・使用、處理於放射性同位素及其他放射性機械操作工作者所見皮膚病變、白血症、骨癌等。

・接觸患病之動物、動物屍體、獸毛、生皮革及其他動物性製品工作者所見豬型丹毒、炭疽、鼻疽等疾病。

・於粉塵作業場所工作者所見肺臟發生纖維增殖性變化，如塵肺症。

・其他處理原材料、暴露於有害氣體、蒸氣所見疾病。

由於職業病種類繁多，原因複雜，為使範圍明確，減少勞工爭議，故大部分國家均採列舉主義，我國勞工保險訂有職業病種類表，列舉八大類，六十八項。其他未列之有毒物質或其他疾病，應列為職業病者則得由中央主管機關核准增列之，以適應工業發展及衛生環境變化所衍生各種新的職業病需要。行政院勞工委員會已依上項規定，於1996年6月14日增列職業病四類計二十九項。

(4-3) 職業災害爭議審議案例

✚ 案例一：參加雇主舉辦之活動回家途中發生事故而致之傷害

○○資訊股份有限公司員工施○○於該公司舉辦之尾牙宴後，在返回台中發生車禍成殘，勞工保險局按普通傷病核給第十等級

殘廢給付。投保單位不服，向台閩地區勞工保險監理委員會提請爭議審議，監理委員會所設「勞工保險爭議審議委員會」根據行政院勞工委員會 1991 年 6 月 5 日台勞保二字第一三七六四號令修正發布之「勞工保險被保險人因執行職務而致傷病審查準則」第十五條：「被保險人參加雇主舉辦之康樂活動或其他活動，因雇主管理或提供設施之瑕疵發生事故而致之傷害，視為職業傷害」。

　　本案據○○資訊股份有限公司出具說明書載：「本公司舉辦尾牙，各單位主管須至尾牙宴後才能下班，而施○○在本公司擔任業務經理，故當日下班時間應為尾牙宴後，其家住台中，係於返回台中途中發生車禍。」有該證明書附卷。據此，施○○係於餐畢返家途中發生車禍受傷，並非因雇主管理或提供設施之瑕疵發生事故而致之傷害，依前揭規定，應不得視為職業傷害。至申請審議援引勞工保險被保險人因執行職務而致傷病審查準則第四條規定暨行政院勞工委員會 1988 年 3 月 8 日台七十七勞安三字第三六二○號函釋認施君應屬職業傷害乙節，惟查施君並非於日常下班時間從就業場所返回日常居、住處所途中發生事故，核與上開審查準則第四條之規定不符；又勞工保險職業傷害之認定，應依行政院勞工委員會 1991 年 6 月 5 日修正發布之「勞工保險被保險人因執行職務而致傷病審查準則」之規定。申請審議難認有理由。綜上，本案勞工保險局原核定尚無不當，申請審議應予駁回。

✚ 案例二：於作業中，因工作當場促發疾病

　　○○港務局被保險人吳○○因腦中風致殘，申請職業傷害殘廢給付。案經勞工保險局調查，以吳君所患不符勞工保險被保險

人因執行職務而致傷病審查準則第九條規定，乃按普通傷病致殘，核發殘廢給付。吳君不服向台閩地區勞工保險監理委員會申請審議。

　　經監理會審查認為，依勞工保險被保險人因執行職務而致傷病審查準則第三條、第十九條規定：「被保險人因執行職務而致傷害者，為職業傷害。」「被保險人於作業中，因工作當場促發疾病，而該項疾病之促發與作業有相當因果關係者，視為職業傷害。」另依內政部 1985 年 2 月 7 日台內社字第二九○○七三號函釋：查「勞工保險被保險人因執行職務而致『傷病審查準則』第十八條（修正為第十九條）所訂因執行職務發生之疾病事故比照職業傷害辦理之規定，係指被保險人於作業中，因工作當場促發疾病，而該項疾病與作業勞動有相當因果關係而言，此係原則性規定，勞保局仍應就疾病事故依其工作性質、發病事實與相關就診紀錄認定給付。」

　　本案據吳○○殘廢給付申請書記載：「於○○年○月○日輪值第一貨櫃場工作通夜至清晨 6 時 20 分，上午 8 時經由第一貨櫃場到○號碼頭管理課繳交工人工資表，於返回工作崗位途中經第○號碼頭鐵頭旁、身體不適昏倒，由同仁護送至基隆長庚醫院急救。」，復據○○港碼頭工會○隊○班班長李○○於○○年○月○日出具證明書載：「吳君○○年○月○日晚上 7 點輪值二五－二六號碼頭作業督導、看護碼頭工人裝卸貨櫃及裝卸貨櫃之起降安全，並記錄工作日誌至隔日即同月○日 6 時 20 分止。該員於○日上午 8 時至第一貨櫃場○號碼頭管理課繳交工人工資表，於返回工作崗位途中猝發腦中風。」有該申請書及證明書附卷。勞工保

險局以吳君罹患腦中風非因工作所致，不得視為職業傷害，而按普通疾病致殘核發殘廢給付。惟查，吳君於○○年○月○日發病前，已通宵工作近十二小時，且其工作係屬勞力性質，原核定未就吳君之工作時間、工作性質及發病事實予以審酌，即逕認其罹患腦中風非因工作所致而否准所請給付，撥諸前揭函釋意旨，即有未洽，乃將原核定撤銷，由勞工保險局另為適法之處分。

④-4 勞工保險之職業災害補償

　　生命是無價的，對於生命與身體的維護是現代人最重要的價值。不幸的是，人類在進步的過程中，尤其是生產方式的多元化，生產材料、設備的多樣化；以及科技進步，機械和化學的快速發展；因為工作造成的傷、病、死亡機率大為增加。姑不論其資本的損失，總體經濟和國力的傷害，光是對生命身體的殘害和對家庭的斲喪實在至深且鉅。拋開鉅視面的討論，職業災害帶給勞工個人、他的家庭，甚至他的雇主衝擊實在非常的大。

　　聯業災害造成的後果，誰來負責補救？根據西方工業進步較早國家的經驗，早期主要受民法理論的支配，職災補償責任乃不法行為（我國的侵權行為）；在羅馬法「無過失即無責任」之基本原則下，雇主違反注意義務之舉證不易，災害發生時如勞動者有過失，雇主亦可主張過失相抵而免責，所以早期甚難對雇主課予責任。

　　由於過失責任原則處理之結果；對於從事工作的相對弱者勞

工造成明顯的不公平現象，所以無過失賠償責任之理論開始萌芽。有些學者還主張職災補償為國家公法上之扶助義務。二次大戰後，職災補償的理論逐漸發展為以保障生存權、勞動權為基本理念；從而職災補償制度具有「生活保障」的功能。部分國家並將職災制度納入社會保險制度中。在現代國家中多在勞動法規和社會保險法規中就職災補償制度加以規定；職災補償已不是單純的私法損害賠償，勞動基準法中以無過失責任主義取代過失責任原則。職災補償乃成為雇主賠償責任之一種。補償之履行藉行政監督，並有處罰作為後盾，而轉變成公法義務，且透過社會保險給付之實施，使之更為易行。

　　無論如何，職業災害在企業內實屬無可避免，即便有最高之技術、最好之設備、最細密之防範，仍難免發生。我國現行制度，勞動基準法採無過失責任主義，並以勞工保險制度分擔企業危險責任，而就不法行為部分仍應負民法上損害賠償的責任。

　　套一句勞工朋友的用語，所謂「職災傷病」就是「工傷」，因工傷病或死亡的意思。詳而言之，依我國現行制度造成職災的原因有三大類：一、勞工就業場所及內存物質所引起者。這裡的工作場所是廣義的，包括：工作必要設置之場所或附屬建物，如廁所、浴室、宿舍等。二、作業活動上原因所引起者，如運送、清除、準備、固定、保存、儲存、包裝工具等。三、其他因工作原因所引起者，如上、下班途中必經途徑所引起的交通事故。

　　這裡要特別一提的是，所謂因工作原因所引起的疾病，要特別注意到「所引起」三個字，並非在工作場所發病或死亡就一定

是職業疾病或職災死亡。如果某勞工平常即有血管之問題，正好在工作場所中風或死亡，並不能就稱為職災疾病或死亡，因其如在家中亦會發生同樣的結果。在解釋上，職業傷病或死亡必須被保險人於作業中，因工作當場促發疾病，而該項疾病之促發與作業有相當因果關係者。（但此所謂之「促發」在實務上有相當程度的模糊，不易認定。）

只有工作之原因引起的災害肇致之傷病死亡才可認定為職業傷病死亡，從而在勞工保險上獲得比普通傷病較優厚的給付。長年以來，我國實務處理及判例的發展，排除事項，如一、與執行職務無關而因他人犯罪行為肇致之死亡。二、勞工上、下班非必經之途徑所發生的交通事故。三、搭乘無駕照者之便車上、下班所發生的事故。四、違規或不守法駕駛行為肇致事故之傷病。

被保險人於「勞工保險職業病種類表」所定適用職業範圍從事工作，而罹患表列疾病者，視為職業病。但職業病係因工作環境因素長期影響所致，而各業工作環境中可能危害人體因素很多，此外，人體老化的改變及工作時間以外的暴露也可能助長或引起疾病，亦有受僱者自有害物質之工作場所離職後，始診斷罹患職業病，故其成因複雜，認定不易，且由於我國職業病之醫療機構不足，勞工職業病多未被正確診斷而當一般疾病處理，故及早普遍建立專門職業病醫療機構，以維護勞工身心健康，為醫療衛生主管單位當務之急。

我國的職災補償制度在勞動基準法中明文規定，當勞工因遭遇職災而致死亡、殘廢、傷害或疾病時，雇主應給予醫療照顧、

殘廢和死亡補償；如係承攬，各級承攬人均亦對從事該承攬工作之勞工負連帶責任。唯我國職災補償尚止於金錢賠償，積極性的職業重建及就業、庇護、罹災勞工及家屬的照顧則尚未制度化。

但我國的勞工保險制度要求雇主平時即應為所屬勞工投職災保險而負擔全部的保費，以制度分擔起此一責任則是甚為良好而可行之久遠的制度。

勞工保險條例第二條第二款明訂：職業災害保險分傷病、醫療、殘廢及死亡四種給付。

✚ 職災傷病給付

被保險人遭遇職災傷病診療中，不能工作，以致未能取得原有薪資，自不能工作第四天起可以請領月投保薪資之七成傷病給付款，每半個月付一次；如經過一年尚未痊癒者減為五成，可再領一年，前後合計發給二年。傷病給付的設計旨在幫助被保險人因傷病致無所得所造成的生活困難，所以傷病給付可稱之為「生活補助費」。職災傷病給付比普通傷病給付額高二成，時間長一倍。

✚ 職災醫療給付

因為職災所肇致的傷病可以獲得完整的醫療照顧。但是為了被保險人的方便，勞保局委託全民健保的特約醫院診所均得看診職業傷病，而由醫院診所和申報一般健保看診費一樣向健保局申報費用，再由健保局向勞保局統一申領。罹職災傷病之勞工被保險人可以向所屬投保單位（即其服務的公司行號或所屬工會）索取職災醫療就診憑證，到各健保特約醫院診所就診，免負擔任何自付部分的費用；如係住院，在一個月內並補助膳費之半數款。

為避免或預防職業病，保險人並每年選擇罹災機率較高、病況較重之行業實施免費職業病健康檢查。

✚ 職災殘廢給付

被保險人的後天殘廢均因減損或喪失工作能力，勢必減少所得甚至毫無所得，而需予保險給付以維持基本生活。職災造成之殘廢比普通傷病造成者增給 50 ％。

✚ 職災死亡給付

死亡需要殮葬。如有待扶養者，尚有生活照顧問題。因職災造成之死亡，不管保險年資多長均發給五個月投保薪資之喪葬津貼，其有待扶養遺囑者也不管保險年資久暫均發給四十個月投保薪資之遺囑津貼，比一般死亡至少多付十個月，投保年資亦均不限制。

✚ 失蹤津貼

廣義的職災給付應包括失蹤津貼。漁業生產勞動者或航海員工或坑內工於作業中遭遇意外事故失蹤，由待扶養遺囑請領月投保薪資之七成失蹤津貼，以維持被保險人失蹤期間遺囑之生活。

職業災害補償非僅是事後勞工健康恢復及其經濟生活之保障，事業主更應於職災事故發生後積極改進廠礦安全衛生設施，並加強職災事前預防，促使職業災害發生率減到最低，以確實維護勞工的身體及生命安全，進而提高生產能力，健全企業發展。有人倡議從職災保險之保費節餘款中提撥定率或定額之費用設置勞工安全衛生預防基金，以從事職災預防工作和罹災勞工之加強照顧，不失為有意義且可行之道。

(4-5) 職業災害與損失賠償

　　有一名張姓之馬來西亞華裔勞工（外勞），於○○年○月經行政院勞工委員會核准到台灣工作，受僱於高雄奇峰電子公司（公司名稱為虛構），擔任沖床操作員，於○○年○月○日晚上 11 點加夜班時，於工作中誤踩踏板開關，致左手之食指、中指及無名指不幸遭沖床擊碎，雖立即送醫院急救，惟醫院之縫合手術醫師未值班而一直在找醫師，遲至天亮時才找到醫師，因延誤時效醫師說必須截肢治療，在不得已的情況下只好將手指切除，目前傷口雖已痊癒，惟造成了終生殘廢。由於該公司僱用該名外勞時，並未立即辦妥勞工保險，遲至受傷後四日才向勞保局投保。

　　該公司除了給予部分醫療費用外，在醫療期間之工資僅給底薪之一半（7,000 元）而已，也不給殘廢給付，雖然多次向該公司要求，但仍得不到滿意答覆，遂向法院告訴，請求法律給予合理照顧。

4-5-1 民事訴訟過程

　　因受害勞工一直無法獲得該公司之合理照顧及賠償，遂向地方法院提起民事訴訟，並經地方法院民事庭審理後判決勝訴，以下為其訴訟過程：

✚ 受害勞工（原告）訴狀聲明

　　1. 原告係馬來西亞華裔，於○○年○月經行政院勞工委員會

核准到台灣來工作，受僱於奇峰電子公司，擔任沖床操作員，於○○年○月○日加夜班不幸左手共三指遭沖床擊碎，經送○○醫院截肢治療，目前傷口幾近痊癒，惟造成終生殘廢，已無恢復原狀之希望。

2. 原告殘廢程度，依據勞工保險條例所訂「勞工保險殘廢給付標準表」第七十一項第八等級規定，勞保局應發給三百六十日平均月投保薪資之殘廢給付，又因係職業傷害所致，另應增給殘廢給付日數 50％。被告僱用員工不下三十人，依據勞工保險條例第六條規定，應於原告到職之日起強制投保勞工保險，惟被告卻疏未投保，致原告無法向勞保局申請理賠。

3. 依據勞動基準法第五十九條第三款規定，勞工因職業災害經治療中止後，經指定之醫院診斷，審定其身體遺存殘廢者，雇主應按其平均工資及其殘廢程度，一次給予殘廢補償。有關「工資」及「平均工資」依同法第二條之定義，原告事故前六個月之工資分別為 22,030 元、22,726 元、20,466 元、22,130 元、21,290 元、21,010 元，平均工資為日薪 720 元，是以被告應給付原告之殘廢補償金為 388,800 元（720×360×1.5）。

✚ 雇主（被告）聲明

1. 本件原告起訴請求被告奇峰電子公司給付其職業災害補償 388,800 元，被告雖辯稱該公司已經變更，法定代理人亦已

換人，惟按公司設立登記後，有應登記之事項而不登記，或以登記之事項有變更而不為變更登記者，不得以其事項對抗第三人，公司法第十二條定有明文，經查，本件被告公司最新之變更登記事項卡所載公司名稱仍為奇峰電子公司，董事長為林〇〇，此有台灣省建設廳 1995 年 3 月 23 日八四建三寅字第一三六三九八號函在卷可證，是縱被告公司已變更公司組織及負責人屬實，然既未為變更登記，自不得對抗原告，原告據以對之提起本訴，尚難謂不合法。

2. 按勞工保險條例第一項及五十四條第一項規定，被保險人因普通（職業）傷害罹患普通（職業）疾病，經治療終止後，如身體遺存障害，適合殘廢給付標準表規定之項目，並經保險人自設或特約醫院診斷為永久殘廢者，得按平均月投保薪資，依同表規定之殘廢等級及給付標準（職業傷病增給 50 ％），一次請領殘廢補償費。又投保單位不依上開條例之規定辦理投保手續者，勞工因此所受之損失，並應由投保單位依條例規定之給付標準賠償之，勞工保險條例第七十二條第一項後段亦定有日文。本件原告主張其於〇〇年〇月經行政院勞工委員核准到台工作，受僱被告公司，擔任沖床操作員，於〇〇年〇月〇日工作時遭沖床擊碎左手三指，經送林口〇〇醫院截肢治療，造成終生殘廢，無恢復之望，惟被告竟未為原告投保勞工保險，致原告無法向勞工保險局申請領賠之事實，業據其提出診斷證明書，職務證明書及勞工保險局函等件為證，復為被告所不爭執，

堪信為真實。

3. 次查，依前開○○醫院○○年○月○日出具之殘廢診斷書所載，原告左手二、三、四指位近位指骨截肢，其殘廢之程度符合勞工保險殘廢給付標準表第七十一項第八等級，又此係職業傷害所致，應發給 540 日平均月投保薪資之殘廢給付。被告雖未為原告加入勞工保險，惟按勞工保險投保薪資分級表，原告發生保險事故之當月起前六個月薪資分別為 47,189 元、46,889 元、53,177 元、43,046 元、52,558 元、50,883 元，則其月投保薪資均 33,300 元，依勞工保險條例第十九條第二項規定之日給付額為 1,110 元（33,300÷30 = 1,100 元），原告所得請求 540 日之殘廢給付共計 599,400 元，原告請求 388,800 元，自應准許。

4. 本判決原告陳明願供擔保，請准宣告假執行，核並無不合，應予准許，爰酌定相當之擔保金額宣告之。

5. 據上論結，本件原告之訴為有理由，依民事訴訟法第三百八十五條第一項前段、第七十八條、第三百九十條第二項，判決如主文。

4-5-2 事件探討

✚ 緊急應變處理

當工作時不慎手指被壓傷或切斷時應立即醫急處理以免使傷害擴大，首先應即停止機器運轉，並將被切斷部分之手指撿起來用乾淨紗布包好，用生理食鹽水潤濕，放入乾淨的塑膠袋內，然

後再套入較大的塑膠袋中，在二個塑膠中間放入冰塊，以冰敷手指可以保持較長的時間仍不會敗壞，以提高手指縫合復原的機會。

其次，確定要送往何處醫院急救，在送醫時並立即用電話與該醫院連絡，告知受傷部位、情況，請該醫院能在受傷者還未送到前，急診室能夠騰出空間，準備所需之醫療器材、人員，以免傷者送到醫院後還需等待，因延誤急救時效而造成殘廢或更嚴重的傷害（平常工廠應建立各醫療院所的資訊，包括：醫療（師）專長、緊急連絡電話等資料）。

✚ 勞動基準法補償

本案之電子公司為製造業，適用勞基法之行業，受害者可依勞基法第五十九條規定請求職業災害補償，該名勞工手指被壓斷後無法接回造成殘廢，可請求殘廢補償；且治療期間無法工作，該治療期間亦可請求工資補償，總共可獲得 944,260 元（67,840 + 876,420 = 944,260 元），其內容如下：

1. 工資補償：工資補償係勞工在醫療中不能工作時，雇主應給付工資以維持勞工之生活，依勞基法第五十九條規定，勞工在醫療中不能工作時，自翌日起其醫療期間之工資應照給。其所發給之工資係指「原領工資」。原領工資之意義，為該勞工遭遇職業災害前一日正常工作時間所得之工資。其為計月者，以遭遇職業災害前最近一個月工資除以三十所得之金額為其一日之工資。

本案之原領工資為 1,696 元（50,883 / 30 = 1,696 元），假定

該勞工之公傷假（治療及休養期間）為四十日，則可得工資補償 67,840 元（1,696×40 ＝ 67,840 元）。

2. 殘廢補償：殘廢補償係指勞工受傷經治療終止後並經指定之醫院診斷，審定其身體遺存殘廢者，雇主應按其平均工資及其殘廢程度，一次給予殘廢補償。其殘廢補償標準，依「勞工保險殘廢給付標準表」（勞工保險條例第五十三條附表）之規定辦理。亦即以平均工資乘以「殘廢給付標準表」所列之身體障害補償標準「日數」為殘廢補償費。本案受害勞工於工作中誤踩踏板開關，致左手之食指、中指及無名指共三指不幸遭沖床擊碎，造成殘廢，依殘廢補償標準表第七十一項（一手拇指或食指及其他任何手指共有三指以上殘缺者）可領得 540 日之平均工資之補償費。

何謂「平均工資」？依勞動基準法第二條平均工資之定義：「謂計算事由發生之當日前六個月內所得工資總額除以該期間之總日數所得之金額。工資按工作日數、時數或論件計算者，其依上述方式計算之平均工資，如少於該期內總額除以實際工作日數所得金額 60 ％者，以 60 ％計。」

至於「工資」之定義，在勞動基準法第二條第三款規定：「工資：謂勞工因工作而獲得之報酬：包括工資、薪金及按計時、計日、計月、計件以現金或實物等方式給付之獎金、津貼及其他任何名義之經常性給與均屬之。」何謂「經常性給與」，在勞動基準法施行細則第十條規定：本法第二條第三款所稱之其他任何名義之經常性給與係指下列各

款以外之給與。

（1）紅利。

（2）獎金：指年終獎金、競賽獎金、研究發明獎金、特殊功績獎金、久任獎金、節約燃料物料獎金及其他非經常性獎金。

（3）春節、端午節、中秋節給與之節金。

（4）醫療補助費、勞工及其子女教育補助費。

（5）勞工直接受自顧客之服務費。

（6）婚喪喜慶由雇主致送之賀禮、慰問金或奠儀等。

（7）職業災害補償費。

（8）勞工保險及雇主以勞工為被保險人加入商業保險支付之保險費。

（9）差旅費、差旅津貼、交際費、夜點費及誤餐費。

（10）工作服、作業用品及其代金。

（11）其他經中央主管機關會同中央目的事業主管機關指定者。

本案勞工依法應得之殘廢補償費為 876,420 元。其理由如下：依法院查得之六個月工資分別為 47,189 元、46,889 元、51,177 元、43,046 元、52,558 元及 50,883 元，合計為 293,742 元，假設六個月之總日數為 181 日，則其每日平均工資應為 1,623 元（293,742 / 181 ＝ 1,623 元），其補償費為 876,420 元（1,623 元×540 日＝876,420 元），始符法令規定。

3. 醫療費用補償：勞工受傷之醫療補償，係勞工從事工作時

因工作場所設備不良或管理不當，致發生傷害必須當前往醫院治療時，雇主必須依下述方式之一處理：

（1）該勞工已加入勞工保險：該勞工可向公司索取勞保局發給之「職業災害門診就診單」前往就醫，若須住院時可持「職業災害住院單」，而不可使用「健保卡」就醫，以免事後雇主藉故否認該項受傷非公傷。再則，部分醫院有時另行加收特殊藥品費，或其他勞保不給付之掛號費、看護費等個人支付部分，仍須由公司負擔。若由勞工先行給付時，亦須雇主墊還。至於醫療之期限，在法令上並無限制。

（2）該勞工未能參加勞工保險：如勞工尚未參加勞保者、已請領勞保之老年給付者、或已加入農民保險情形者，這些勞工當然無法取得職業災害門診就診單，雇主必須負擔前往醫院醫療時之全部費用。

本案勞工因受傷時尚未加入勞工保險，因此，雇主必須負擔全部醫療費用，若雇主不願負擔醫療費用時，勞工可將醫療費用單據向法院請求雇主負責賠償。

✚ 民法賠償

本案受害勞工雖然可獲得勞動基準法之補償，雇主若有過失時，仍可請求民事賠償，因勞基法之補償與民法之賠償係屬不同之法源。惟該勞工在訴訟過程中並未請求民事賠償，惟依其受傷經過探討，可再請求民事賠償，其理由如下：

本案勞工受傷係操作沖床造成的，依據勞工安全衛生法第五條第一項規定，雇主應有防止機械、器具、設備等引起危害之必要安全衛生設備。及第六條規定，雇主應設置符合中央主管機關所定沖床防護標準之機械供勞工使用。既然勞工操作沖床受傷，沖床的安全裝備顯然有所缺失，雇主違反勞工安全衛生法第五條及第六條之規定。

民法第一百八十四條第二項規定：「違反保護他人之法律者，推定其有過失。」勞工安全衛生法係公法，其立法目的為保護勞工之身體健康及生命，是以雇主違反勞工安全衛生法之有關規定。且導致勞工受傷，雇主應負過失責任之理甚明。又依據民法一百八十四條第一項規定：「因故意或過失侵害他人之權利者，負損害賠償責任。」再依民法第二百十六條規定：「損害賠償應以填補債權人所受損害及所失利益為限。」因此，該勞工可請求下列項目之侵權行為之民事賠償：

1. 醫療費用賠償：該名勞工可檢附所支出醫療費用之證據請求雇主負擔；若雇主經由職業災害之勞保給付醫療費用者，雇主自可抵充，而不必再行支付。

2. 工作能力降低之損失：民法第一百九十三條規定：「不法侵害他人之身體或健康者，對於被害人因此喪失或減少勞動能力或增加生活上之需要時，應負損害賠償責任。」該名勞工因左手三指被壓斷，肢體存有殘缺，今後工作能力勢必降低，收入隨之減少，勞工可向雇主請求所失利益之

賠償，至於減損利益之多寡，應由當事人提出相當之證明供法院審理參考。

3. 精神賠償（慰撫金）：民法第一百九十五條第一項規定：「不法侵害他人之身體、健康、名譽或自由者，被害人雖非財產上之損害，亦得請求賠償相當之金額。」勞工手指造成殘缺後，生活不便、身體傷害的苦楚當所難免，可向雇主請求慰撫金。

4. 受害勞工與有過失之相抵：若勞工擅自將沖床之安全裝置拆除，使沖床失去安全功能的情況下，導致手指受傷，雇主可以主張受傷勞工與有過失，依民法第二百十七條規定：「損害之發生或擴大，被害人與有過失者，法院得減輕賠償金額，或免除之。」因此勞工不可將機器之安全裝置拆除，或使其失靈。

5. 損害賠償請求權之消滅時效：民法第一百九十七條第一項規定：「因侵權行為所生之損害請求權，自請求人知有損害及賠償義務人時起，二年間不行使而消滅。」往昔曾有勞工受傷後，雇主雖給予金額補償，但二年後該名勞工認為當時補償之金額不足，而再向法院提起民事訴訟時，卻遭法院以超過二年時效駁回，喪失了自己的權益。

✚ 勞工保險

該公司未為受傷勞工辦妥勞工保險，本案無法請領勞工保險之殘廢給付及醫療期間之工資給付。

✛ 本案賠償金額計算方式各有不同，其理何在？

1. 該名受害勞工自行計算之每日平均工資為 720 元，係每月工資以 2 萬多元為計算基礎，並非以每月應領工資來計算，其可能原因為該勞工自行將加班費、交通津貼、宿舍津貼等認為非「經常性給與」扣除，致每日平均工資較法定之 1,623 元為少，實係勞工不知勞基法所規定之內容所致，而喪失應有之權益。

2. 法院所計算之殘廢給付為 599,400 元，係以勞工保險之日投保薪資（1,110 元）為計算基準，此種計算方法，對於不適用勞基法之事業單位（如商業、餐旅業）當屬可行，因不適用勞基法之行業，不得以勞基法第五十九條規定請求補償，僅能申請勞工保險之職業災害給付。惟本案受害勞工係屬於製造業之勞工，而製造業適用勞基法第四條所規定之事業，因此，本案應依勞基法第五十九條之平均工資（1,623 元）計算才屬正確。

(4-6) 我國職業災害綜合分析

有關我國職業災害概況，大致上可歸類為下列八項：

1. 1987 年至 1998 年各業職業災害雖有降低趨勢，但近三年部分行業死亡災害則有停滯或微升現象，且與工業發展國家比較仍屬偏高，需積極研擬採取進一步對策。

2. 從歷年（1982 － 1998 年）重大職業災害分析中，營造業共發生 3,606 件重大職業災害，已超過製造業之 2,419 件，而營造業受僱勞工卻不及製造業受僱勞工的五分之一，顯示營造業的安全衛生管理及監督檢查需進一步加強。

3. 勞工因交通事故導致的死亡災害，依勞工保險統計，1998 年為 611 人，與工作場所死亡 706 人比較，顯示勞工交通安全的重要性不容忽視，今後應更重視勞工交通安全措施。

4. 從各業職業災害類型中，可看出職業災害，以被夾、被捲、被切割、擦傷等為主，顯示設備本質安全化仍需進一步加強。此外，跌倒及墜落、滾落等災害亦多，對於工作場所廠場整理、整頓及高架作業墜落防止，尚需繼續加強。

5. 從製造業分析勞工罹災部位，以指、足、手為多，而這些災害之防止，附設備本質安全化外，對於個人防護具的提供、使用及管理亦應加以注意。

6. 從（1982 － 1998 年）重大職業災害類型分析，其災害類型主要為墜落、滾落占 36.29 ％，其原因多屬高架作業時，勞工未使用安全帶、安全索、安全網等防護具，及開口處未設圍欄等設施，是以應加強自動檢查及安全衛生防護具之提供使用。其次因感電引起之災害占 16.58 ％，此等災害發生的頻率不高，但嚴重性卻不容忽視，是以應加強電氣安全之自動檢查。又因爆炸火災引起的災害占 5.49 ％，此等災害發生頻率雖低，但嚴重性甚大，為防範此等災害發生，對於危險物、化學設備等之安全及預防措施等，需謀進一

步加強。

7. 從重大職業災害分析中，勞工未受安全衛生教育訓練導致災害者為勞工已接受安全衛生教育訓練者之4.0倍，可見事業單位對勞工安全衛生教育訓練的忽視，是導致勞工作業時，不安全衛生行為及動作，造成災害發生的重要原因。今後勞工安全衛生教育訓練必須再予加強。又罹災勞工多屬受僱於中小企業，由於其資金缺乏，對非屬生產之安全衛生設備及管理費用多不願投資，為防止此等企業發生職業災害，有賴加強勞動檢查及適當輔導。

8. 就職業病而言，目前職業病案例雖然不多，但僅從檢查機構所列管部分之受檢事業單位勞工健康檢查資料可以發現，暴露於化學環境、噪音及粉塵等有害作業場所之勞工，其健康狀況受不良作業環境之影響亦不容忽視。今後對於這些工作場所應加強評估，改善安全衛生設備，實施作業環境測定，並落實勞工健康檢查制度，確切掌握勞工健康狀況，並且進一步採取職業病之措施。

參考文獻

①丘周剛（1998）。〈職災預防與勞工保險〉。《空大學訊》，215，70-76。
②行政院勞工委員會（1980）。《勞災認定淺識》。台北：行政院勞工委員會。
③行政院勞工委員會（2001）。《職業災害勞工保護法》。台北：行政院勞工委員會。

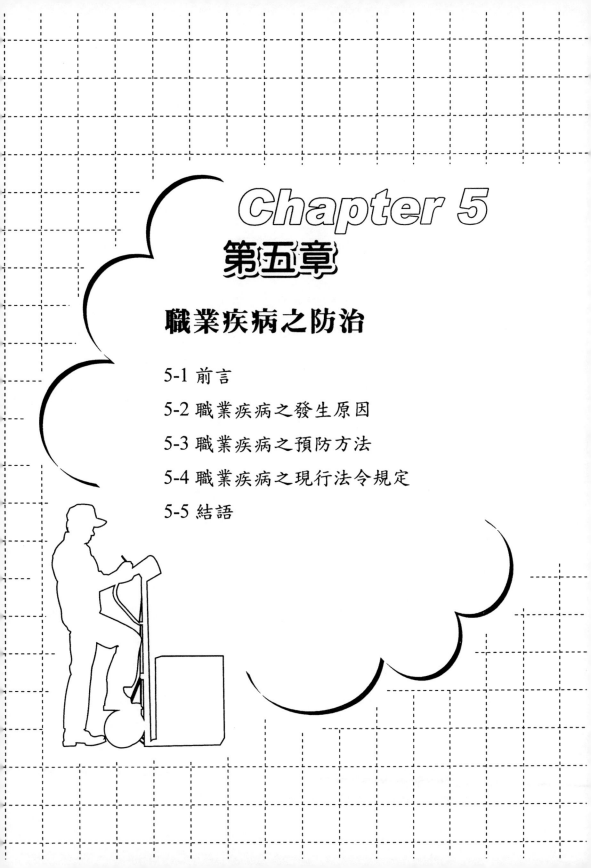

Chapter 5
第五章

職業疾病之防治

(5-1) 前言

　　據 *Lecture notes on Occupational meclicine* 一書指出。第一種職業病（occupational disease）可能就是發生於燧石刀具（flint tools）製造工身上的矽肺症（silicosis）。第二種最古老的職業病，可能是栽種穀物（demostication of grain）所引起之農夫肺（farmer's lung）。（毛文秉，1990）

　　時至今日，由於經濟發展及工業化的結果，所衍生職業病問題，有愈趨嚴重的態式。其危害型式可概分為四類，分別為：物理性危害（physical stress）、化學性危害（chemical stress）、生物性危害（biological stress）和人體工學危害（ergonomic stress）。而所謂職業病，即是勞工於作業場所中從事作業活動時，因上述之危害所導致的疾病。近年來，國內亦陸續地發現職業病，例如：

1. 酸性白土製造工廠、礦場引起的塵肺症。
2. 正己烷在彩色印刷打樣工人引起多發性神經病變。
3. 煤油在軸承製造工人引起皮膚炎。
4. 四氯化碳在彩色印刷工人引起的肝傷害。
5. 雙吡啶或其異構物在巴拉刈製造工人引起皮膚癌及其前期病變。
6. 二異氰酸甲苯在黏扣帶製造工人引起氣喘症。
7. 鉛在上釉工人及蓄電池回收工人引起的神經病變。

8. 錳在錳鐵熔鍊工人引起的巴金森氏症候群。

9. 二甲基醯胺在假皮製造工人引起的肝害。

10. 鍍鉻及表面處理作業工人之鼻中膈穿孔。

11. 下水道作業工人之硫化氫中毒。

12. 進入貯槽、密閉空間內作業勞工之缺氧。

13. 礦場及不完全燃燒之密閉室內一氧化碳中毒。

14. 鋅燻煙中毒。

15. 有機磷劑中毒。

16. 異常氣壓疾病。

17. 職業性重聽。

　　同時有鑑於職業病大多屬於慢性疾病，且均有時間長短不一的潛伏期，且在判定上不太容易，因此要診斷是否罹患職業病，必須收集下列四種證據：

✚ 要有病

　　要找出生理上異常的證據。到底是哪些器官系統發生異常，可以根據各種生理上的測量來加以確定。例如，神經傳導試驗、肝功能、肺功能、尿液或血液檢查。

✚ 要有暴露在危害下之證據

　　從一些恕限值或能量危害條件下，確認曾受暴露。

✚ 要有其他流行病學研究

　　指出此生理性異常與所暴露之危害有關。從毒理學上看，動物實驗的證據，也可以作為輔助的佐證；但是若要確定一種新的

職業病，一般仍是希望要有人體的流行病學觀察。

✤ 必須除去其他可能造成類似生理變化的原因

對一個職業病確切的認定，其程度仍需視以上三個證據的品質，仔細推敲有無其他可能造成本結果（生理上之異常）之原因。譬如說：發現肝功能異常（如血清轉氨基酶升高），就至少必須考慮病人是否為病毒性肝炎（A型、B型及D型或其他），酒精性肝炎、脂肪肝（如糖尿病未能控制病情者），有無服用其他傷肝的藥物？或導源於工作中特定的有機溶劑（如四氯化碳）之暴露（王榮德，1991）。

本章作者擬從職業疾病之發生原因、預防方法、國內現行之作法等來加以探討。以期各事業單位能對職業疾病之防患加以重視。

(5-2) 職業疾病之發生原因

職業疾病之防止，首先必須明瞭傷害發生之原因，然後針對事實設法消除其原因，始能奏效。有關職業疾病的發生原因有下列幾項：

✤ 塵埃（dust）

塵埃有引起工業中毒之金屬，如鉛、砒、藥物……等。及可引起化學刺激性之化學品，如酸、鹼、氟化物、鉻化物等。另外亦可區分為有機及無機塵埃，有機塵埃如花粉、人造樹脂、塑膠、木棉、木鋸屑、香料、菸草、石灰布、澱粉、人造絲、松香、氈毛等可導致皮膚炎、枯草熱、氣喘；無機塵埃如矽和石棉，其可

職業安全衛生管理
Occupational Safety and Health Management

導致矽肺病和石棉沉著病。

✚ 傳染（infection）

因病原（pathogens）所引起之傳染性危害，如B型肝炎、愛滋病、炭疽、出血性黃疸、類丹毒、鉤蟲病、布氏桿菌病、Q熱、羊接觸傳染性化膿性皮膚炎、擠奶工結節、得自羊的腦脊髓炎、飼鳥病及豬鏈球菌傳染等。

✚ 異常的氣壓（abnormal atmospheric presscore）

異常氣壓作業因氣壓減低所引起的減壓病、無菌性壞死。

✚ 異常的氣溫（extreme of temperature）

高溫作業因氣溫過高所引起之熱痙攣、熱衰竭和中暑。或因溫度突然變化，所引起之呼吸病、神經痛和風濕痛。

✚ 噪音（noise）

暴露於高噪音作業中，會使勞工的聽力減損或工作效率減低，更進而引起職業性耳聾及重聽。

✚ 不良的採光（defective lighting）

作業場所之光源照明不定，易使作業勞工近視或礦光眼球震顫症。

✚ 單調的工作（重複性的作業）

由於作業場所不符合人體工學所引起之肌肉痙攣、肌肉炎，及其他如工業疲勞、機械的壓迫和刺激等，而造成的頸肩胳臂症候群、腰痛症。

✚ 放射能（radiant energy）

主要有游離及非游離輻射兩種，游離輻射（ionizing radiation）

如 X 光、伽馬射線、貝他粒子、質子、中子等。及非游離輻射（nonionizing radiation）如紫外線輻射、紅外線輻射、微波、射頻等，易引起人體之組織性病變。

✦ 振動（vibration）

可分為人體之局部振動及全身振動，所引起之血管障害，末稍神經障害、骨關節障害、筋肉障害等。

✦ 工業毒物學（industrial toxicology）

目前工業界所使用的潛在毒性物質極為眾多，可大致分為金屬類、有機溶劑類、雜類有機化合物、氣體類等四類說明之。

1. 金屬類：如鉛、汞、鎘、鈹、錳、鉻、鋅、鎳、釩、磷、砷、鋁、銻、鋨、鉑鹽、硒和碲、銀、鉈、錫等。

2. 有機溶劑類：如芳香劑中之苯、甲苯、二甲苯、苯乙烯、乙苯；氯化烴類中之四氯化碳、四氯乙烯、三氯乙烯、四氯乙烯、二氯甲烷；其他溶劑中之二硫化碳、正己烷和甲基丁基甲酮、丙酮、乙二醇及其衍化物、二醇醚類、二乙烯醚、石油溶劑等。

3. 雜類有機化合物：如氯乙烯、丙烯醯胺、苯之硝基和胺基衍生物、硝基苯、二硝基苯、三硝基甲苯、胺基苯、脂肪族的硝酸鹽類、農藥、除莠劑、樹脂、麻醉劑等。

4. 氣體類：如甲烷、二氧化碳、一氧化碳、硫化氫、氰化氫、三砷化氫、銻化氫、磷化氫、氨、二氧化硫、甲醛和膠醛、環氧乙烯、液態二氧化硫、低價氮燻煙、氯、光氣、氟和氟化合物、氫氟酸、氟中毒、聚四氟乙烯等。

✠ 職業性肺部疾病（occupational lung disease）

職業性肺部疾病可概分為五類說明之。

1. 氣道阻塞性肺疾：如職業性氣喘、棉肺症、磨工熱、織工咳、皮墊製造工熱等。
2. 肺內出現肉芽腫的疾病：如外因性願敏性肺泡炎、有機粉塵中毒綜症、貯積病、葡萄園噴灑工肺、濕潤機熱、退協會員病、鈹毒症等。
3. 化學性肺疾。
4. 塵肺症：如良性塵肺症、纖維化性塵肺症等。
5. 煤工肺症。

✠ 職業性皮膚病（disease of the skin）

一般能引起皮膚損害的病原，可概分為下列五種。

1. 機械性因素：如摩擦、壓力和外傷等。
2. 物理性因素：如冷、熱、電、日光和輻射等。
3. 化學性因素：如有機和無機類化合物。
4. 植物和植物性產物：如樹脂和漆等。
5. 其他生物性病原：如傳染性病菌、昆蟲和羔蟲等。

✠ 職業性癌（occupational cancer）

皮膚癌、礦物油內的致癌物質、胱膀癌、泌尿道的其他贅瘤、間皮瘤、白血病、胃肉瘤等。

另作者亦擬介紹日本和田玫所編之《產業保健手冊》，其對

職業性疾病之症狀及發生之原因，有更詳細的分類說明，請參見表 5-1。

表 5-1　職業疾病之症狀及發生原因

1. 職業性皮膚障害	
症狀	發生原因
皮膚著色	染料、化學藥品（苦味酸、硝酸銀等）、礦坑內爆炸（爆炸粉塵沉積）
皮膚色毒的異常	日光、紫外線、砷（砷黑皮症、砷疹）、碳、瀝青
接觸性皮膚炎	酸（硫酸等），鹼，有機溶劑（氯丙酮、吡啶等），刺激性氣體（氯化等），金屬（鉻化合物、有機錫化合物等），農藥（有機氯系殺蟲劑、巴拉松劑），染料、塗料、洗滌劑、膠黏劑、化學藥品（吡啶、吖啶、硫代二苯胺、雙苯胺等），其他（化妝品、橡膠、革製品、漆等）
皮膚潰瘍	金屬（鉻化合物、鈹等），酸，鹼，電離放射線
痤瘡、粉瘤	礦油，石蠟，氯酚
脫毛	金屬（鉈、錳等），電離放射線
指甲的黑化症	電離放射線，金屬（銀、砷）
指甲剝離症	洗滌劑、福馬林、身體的局部刺激
匙形指甲	酸、鹼、洗滌劑、石油
皮膚惡性腫瘍	電離放射線、日光、紫外線、石蠟、蔥、硝石、礦物油、瀝青
2. 職業性眼障害	
症狀	發生原因
角膜腐蝕、混濁、潰瘍	酸（硫酸、鹽酸等），鹼（氨、苛性鈉等），有機溶劑（丁醇、二甲苯、烯內醇等），刺激性氣體（硫化氫、硫磺、芥子氣等），高溫的氣體或蒸汽，其他（膠黏劑、農藥等）
角膜炎、結膜炎	紫外線（溶接作業、雪地中、冰上的作業等），雷射光，金屬（鈹、砷等）

2.職業性眼障害

症狀	發生原因	
角膜內的石灰化	鈹、維生素 D	
水晶體內蓄積物	有機汞、汞、銅、銀	
白內障	紅外線、電離放射線（α、β、ｒ、ｘ射線）、雷射、微波、三硝基甲苯、CO	
網膜障害	暗反應低下	一氧化碳、二氧化碳、二硫化碳
	網膜浮腫	甲醇、碘劑、雷射、電離放射線、氰化合物
	網膜出血	苯、金屬（砷、鉛等）、電離放射線
	浮頭浮腫	乙基乙二醇、磷化合物、金屬（砷、鉛）
	視神經炎	有機溶劑（甲醇、苯、砷）、金屬（砷、鉛、鉈）
	微細動脈瘤	二硫化碳
眼內異物	溶接作業，粉塵（石粉、金屬碎片）	
眼睛疲勞	作業環境（照明不良、不當的作業姿勢）、不當的 VDT 作業	

3. 職業性耳鼻咽喉障害

症狀	發生原因
重聽	噪音（板金、鍛造、壓延、造船等），災害（礦坑爆炸等），中毒（一氧化碳、鉛、水銀、砷等），高氣壓作業（潛水）
中耳炎	高氣壓作業（潛水）
鼻炎、咽頭炎、喉頭炎	刺激性氣體（氯、硫化氫等），酸，鹼（氨、苛性鈉等），燻煙，粉塵，明顯性的氣溫變化，農藥
過敏性鼻炎	動物性（動物的排泄物、醫藥品），植物性（花粉粉塵）
副鼻腔炎	高氣壓作業（潛水等）
鼻中隔潰瘍、穿孔	鉻化合物（鉻酸、重鉻酸碳酸鈉、氧化鉛等），三氧化砷，膠黏劑，磷
喉頭浮腫	刺激性氣體（氯、芥子氣等），鹼（氨），電離放射線
結節性聲帶炎	過度使用聲帶之職業（歌手、播音員等）
副鼻腔惡性腫瘍	鎳礦處理，皮粉末（皮、靴製造），鉻化合物，異丙醇產業
顎骨壞死	黃磷

4. 職業性口腔疾病	
症狀	發生原因
牙齒、齒齦的色素沉積及著色	鉛：齒齦的淡青色〜暗青色的著色 水銀：齒齦的著色（青紫色） 鎘：牙齒頸部的黃色環 錳：齒齦的色素沉積 鉍：齒齦的黑色沉積（硫化鉍） 溴：齒齦的色素沉積 芳香族硝酸胺化合物（苯胺、硝基苯）：齒齦的青紫色的沉積 PCB：齒齦的青紫色之沉積
斑狀齒	氟、氟化氫
牙齒的侵蝕症	酸、氟化氫、二氧化碳
牙齒的變形	機械的刺激（喇叭吹奏者、玻璃吹製人員等）
口腔黏膜的障害（口內炎等）	酸，鹼，有機溶劑（苯等），金屬（鉛、水銀、鉻、砷、鉍、銻等），刺激性氣體（氯、二氧化硫），其他（氟、溴、黃磷、碳）
舌的著色	五氧化釩（綠色）
5. 職業性過敏症	
症狀	發生原因
支氣管炎、氣喘	植物性抗原：蒟蒻粉，蕎麥粉，小麥粉，米糠，木材粉（柳安木等），花粉（草莓等），其他（菸葉、香菇孢子等） 動物性抗原：動物的毛或排泄物（實驗動物的毛或尿等），養蠶藥劑、化學物質：酵素藥劑（胰晦、糖化酵素等），抗生素（青黴素等），TDI，MDI
過敏性肺炎	動物（老鼠、寵物、鳥）的排泄物，農夫肺，粉塵（粉漿、屋內粉塵等），TDI，MDI，菌類
過敏性皮膚炎	化妝品，洗滌劑，農藥，膠黏劑，橡膠，革製品，化學藥品（酚、福馬林、二氯苯等），金屬，（鉻、汞、鈷等）
過敏性結膜炎	花粉，藥劑（阿托品、青黴素等），化妝品，粉塵

（續）表 5-1　職業疾病之症狀及發生原因

6. 職業癌				
	發病原因	作業場所的類別	主要的器官危害部分	潛伏期間（年）
化學物質製程和化學質類	聯苯胺	染料工業，橡膠工業	膀胱	2～30
	β-苯胺	染料工業，氧化防止劑製造業	膀胱	1～30
	4-胺聯苯	橡膠氧化防止劑製造業	膀胱	1～30
	苯	染料工業，醫，農業製造業，高分子化學工業，汽油添加劑	造血器官（白血病）	6～24
	芥子氣	化學武器產業（在第二次世界大戰中使用）	肺，氣管，鼻咽喉	10～25
	石綿	石綿紡織業，剎車來令製造業	肺，胸膜,腹膜	4～50
	沸石	沸石採取業	腹膜（中皮腫）	不明
	砷和砷化合物	三氧化砷製造業，冶鍊，精鍊業	皮膚，肺，肝	4～26
	價鉻	鉻礦石處理工程，鉻酸鹽色素製造業	肺，腸	15～25
	鎳和鎳化合物	鎳精鎳業	鼻，肺，喉頭	1～40
	煤和礦物油	碳黑製造，石蠟製造，煙囪掃除業	皮膚,肺,膀胱	9～23
	醚	陰離子交換樹脂製造業	肺	15～20
工業製程和職業暴露	聚乙烯	聚乙烯的聚合作業	肝(血管肉腫)	1～30
	砷和砷化合物	三氧化砷製造業，冶鍊，精鍊業	皮膚，肺，肝	4～46
	鹼性黃色染料	染料工業（紙、馬糞紙、皮革類的黃色染色）	膀胱	9～28
	製鞋和修理業	鞋的製造，修理業	鼻腔，膀胱	不明
	焦炭和瀝青	焦炭和瀝青作業	皮膚，陰囊，肺，膀胱	不明
	焦炭製造	焦炭製造業	肺	不明
	家具製造	家具，精細家具製造業	副鼻腔	不明
	氯異丙烷製造（強酸法）	氯異丙烷製造	副鼻腔	不明
	紅色苯胺染料	苯胺染料製造業	膀胱	5～28
	橡膠工業	橡膠	膀胱，肺，腦	不明
	鋼鐵鑄造業	鋼鐵鑄造業	肺	不明
	鋁製造業	鋁製造業	肺，膀胱	21 年以上
	紅鐵礦的地下開採（氡暴露）	鐵礦石採掘業	肺	不明
	電離放射線（X 射線、鐳、鈾）	電離放射線作業（醫療機構、非破壞試驗），放射性同位元素作業	皮膚,肺,骨頭,白血病,甲狀線	7～50

(5-3) 職業疾病之預防方法

　　職業疾病的發生通常不是勞動者本身、雇主、勞工安全衛生主管機關或衛生主管機關所欲見到的，但因科技、加工、合成技術之創新，所衍生出的危害常常是無法有效地加以防範的。依據一些研究報告指出，職業病常因雇主對各種生產製程上之潛在因素，未能採取有效的防護對策，或勞工未能小心操作及不當使用防護具等，以致勞工受到暴露產生危害，亦間接使其家人可能遭受到危害。

　　職業疾病之預防，需要衛生人員、工程師及作業人員三方面之相互配合，衛生人員需推行工業衛生教育，以矯正不良的個人衛生習慣，可與當地衛生機關或有關機關合作，利用各種機會實施個人或團體教育，如利用體格健康檢查、定期健康檢查、特殊健康檢查、健康追蹤複查。一般衛生教育方法有個別談話、演講、衛生掛圖、手冊、表演、展覽、電影及各種衛生活動。

　　工程師應找出職業病之發生源，實施作業環境測定以防受到不當之暴露，另亦應改善生產流程中可能產生危害之處理程序，改以密閉、取代、局部排氣、整體換氣、濕式作業，作業之隔離及廠房之設計等方法。

　　而作業人員為防止職業疾病，應確實遵守廠方所訂之安全操作標準，穿戴並正確地使用防護器具。

　　因此有關職業病預防方法之擬定，大致上可歸納為下列三類：

✚ 個人管制

1. 禁止童工、女工從事有危險或有危害性工作。

2. 工作時間不可太長：應採用輪班、定期更換工作內容項目。

3. 個人衛生習慣：一般毒物入侵途徑可從吸入、皮膚接觸及食入三種。因此養成良好之個人習慣，如常洗手或更換清潔衣物。

4. 個人防護用具：勞工衛生防護用具，計有為防止吸入有害物質引起之健康障害或預防急性中毒的防塵口罩、送氣口罩、呼收器等呼吸用防護具，防止皮膚接觸引起皮膚障害之不侵透性勞工衛生防護衣類，防止眼睛障害用安全眼鏡，防止有害光線之遮光防護具，防止噪音用之防音防護具等。

✚ 環境管理

1. 凡使用或製造危險物品工廠應劃定工作地區，並作定期性之作業環境測定，以評估危害性並進而控制，以保障工人安全。

2. 工廠鄰近地區之環境衛生管理，亦應注意污染空氣管制、污水排出，垃圾處理等。

3. 環境管理設備的保養，如抽氣設備、通氣設備和其他管理設備器具都應隨時保持良好，一有損壞或機件失效等情形，應立即修理。

4. 應用水濕法以管制塵埃。

5. 改良工作程序，儘量減少工人對於危害物質之感受。譬如：脫脂工作，如能將脫脂池管理適當，則溶煤蒸發於空氣者可以減少，因之工人感受的程度亦可減少。

6. 以局部抽氣法除去工作場所的塵埃、煙霧、蒸氣及其他有毒的氣體。

7. 一般的通氣使工廠內空氣能隨時迅速得到交換，以防止空氣過度污染。

8. 保持廠房及其環境的清潔，防止工作地區的污染，有些工廠能產生致病的廢物往往沉積於地板、屋椽、屋架上，由機器的震動或工人走動而散播入空氣。有許多工廠則每日清潔廠房時，由於乾掃而攪起塵埃，凡此均應設法避免。

9. 以無毒或有輕毒物代替劇毒物質，例如，以赤磷代替黃磷，以鋅代鋁，富有傳染病菌之原料應於處理前加以適當的消毒。

10. 使用密閉容器儘量避免有害或有毒物質撒發。

✚ 行政管理

老是無法經由個人管制及環境管理來改善時，則不得不用行政管理予以補救，其方法為：

1. 縮短勞工的工作時間。

2. 輪換勞工所任的工作。

3. 永久或暫時的調任其他工作。

4. 使用個人防護具。

此外，就職業安全衛生的角度來檢視過去發生的職業病例，不外乎下列幾項：

1. 瞭解使用化學物質之特性，如閃火點、沸點、溶點、溶解度、安定性、腐蝕性或氣體密度等，致不知如何小心謹慎處理。
2. 瞭解使用化學物質之毒性、進入人體之途徑，致忽略了慢性的毒性作用正慢慢危害作業暴露之勞工。
3. 警示及警告標誌不良，緊急應變之程序、計畫均付闕如，致事故時手忙腳亂，使其更形惡化。
4. 工廠設備、製程控制條件未完全瞭解，甚至新的改變更能造成之潛在危害亦未能預防，因循苟且，使作業勞工暴露於有害之環境下而不自知。
5. 具有之安全裝置、控制設備、警報裝置、自動偵測裝置缺乏，提出預警，採取因應措施。
6. 標準作業程序未訂定、書面化，不當的作業方法、程序造成不必要之暴露及風險點、自動檢查制度、內容及未建立落實，致常有意外之發生。
7. 操作人員缺乏作業上應有之知識教育訓練及應變能力之訓練，遭受意外不知所措。
8. 作業人員漠不關心，不遵守工作紀律，致不當的使用化學物品時常發生，釀成事故之發生。
9. 作業管理監督人員未盡到責任，監督工作未能確實，造成勞工更多暴露之機會。

10. 化學物品之貯存及處理方法不當，致有害物、危險物隨時擴散、蒸發甚至溢漏於作業場所，造成不必要之暴露。

11. 廢棄物之管理、貯存、棄置方式不當，造成清除、輸運人員之遭受危害，甚至造成其他作業場所之污染。

12. 如何裝置有效通風換氣裝置缺少瞭解，致造成污染有害物更多發散的機會及作業者呼吸帶由於排氣氣流的經過造成更大之暴露。

13. 作業者作業習慣不良，心存僥倖、偷懶，認為自己不會是那一個倒霉鬼，致成為不幸事故之主角。

14. 未具備作業及緊急時處理必要之防護裝備，不只平時作業、臨時作業無法受到必要之保護，緊急時處理應受到之保護亦不可得，致成為不幸的罹災者。

15. 承攬作業之管理及檢點、修理、清掃等臨時作業標準、設備基準均未建立，致作業狀況的不熟悉，造成不幸。

16. 勞工健康檢查及管理制度未建立，未依勞工體能、身體狀況調配適當的工作，致部分勞工於極短時間的暴露即受到作業環境危害因子的影響而受害。

17. 作業場所內飲食、吸菸，造成有害物進入體內更多的機會。

18. 廢液貯存、處置不當、隨意倒棄，造成非作業必要之污染，甚至產生更具危害性之硫化氫、氰化氫，導致中毒死亡事故之發生。

19. 作業場所整理整頓不佳，二次發生源，及不當方式之清理均造成勞工更大之暴露，增加罹患職業病之機會。

(5-4) 職業疾病之現行法令規定

　　衛生署於 1981 年修改組織法時，將原職掌「關於工礦衛生事項」改為「關於職業病及工礦衛生之調查研究事項」，把職業病防治列為工作重點，但依法令規定職業病防治、工廠設廠衛生條件及工廠作業環境管理分由經濟部及行政院勞工委員會掌理，以致於衛生署之工作範圍局限於勞工健康管理、職業衛生教育宣導及研究調查等。另就我國勞工安全衛生之最高主管機關勞委會而言，亦對職業病之防治不遺餘力，如推動職業健康檢查之推行，雇主於僱用勞工時，應施行體格檢查；對在職勞工應施行定期健康檢查；對於從事特別危害健康之作業者，應定期施行特定項目之健康檢查。體格檢查發現應僱勞工不適從事某種工作時，不得僱用其從事該項工作。健康檢查發現勞工因職業原因致不能適應原有工作者，除予以醫療外，並應變更其作業場所，更換其工作，縮短其工作時間及其他適當措施。

　　同時職業疾病亦屬職業災害之一種，以往由於勞工健康管理制度未落實，使得勞工在確知發生職業疾病時，在職業災害給付上引起了極大的困擾。依據國際勞工組織（ILO）第 121 號條約之「關於職業災害給付的條約」及「關於職業傷害時的給付公告」，將因暴露於職業上的特有危險且會發生已知的疾病，依其發生條件認定為職業病，並且要求將可能預見的職業病列表依法明定或者在法令上規定職業病的一般的定義含括ILO所界定的所有疾病。

我國在「勞動基準法」第七章職業災害補償之第五十九條亦有相關說明，勞工因遭遇職業災害而致死亡、殘廢、傷害或疾病時，雇主應依下列規定予以補償。但如同一事故，依勞工保險條例或其他法令規定，已由雇主支付費用補償者，雇主得予以抵充之：

1. 勞工受傷或罹患職業病時，雇主應補償其必須之醫療費用。職業病之種類及其醫療範圍，依勞工保險條例有關之規定。

2. 勞工在醫療中不能工作時，雇主應按其原領工資數額予以補償。但醫療期間屆滿二年仍未能痊癒，經指定之醫院診斷，審定為喪失原有工作能力，且不合第三款之殘廢給付標準者，雇主得一次給付四十個月之平均工資後，免於此項工資補償責任。

3. 勞工經治療終止後，經指定之醫院診斷，審定其身體遺存殘廢者，雇主應按其平均工資及其殘廢程度，一次給予殘廢程度，一次給予殘廢補償，殘廢補償標準，依勞工保險條例有關之規定。

4. 勞工遭遇職業傷害或罹患職業病而死亡時，雇主除給與五個月平均工資之喪葬費外，並應一次給與其遺囑四十個月平均工資之死亡補償。

　　「勞工保險條例」第四章保險給付第三節傷病給付之第三十四條亦規定被保險人因執行職務而致傷病或職業病不能工作，以致未能取得原有薪資，正在治療中者，自不能工作之第四日起，發給職業傷害補償費或職業病補償費。職業病種類如表5-2。勞工保險塵肺症審定準則，見表5-3。

表 5-2　勞工保險職業病種類表（勞工保險條例第三十四條附表）

類	名稱項	職業病名稱	適用職業範圍
1	1	下列物質之中毒及其續發症： 二胺基聯苯及其鹽類（Benzidine and its salts） 貝他萘胺及其鹽類（β-naphthyla-mine and its salts） 阿爾發萘胺及其鹽類（α-naphthy-lamine and its salts） 對二甲胺基偶氮苯（Paradimethyl Azo-benzene）	使用或處理合成染料，染料製造中間產物或應用上述物質及暴露於其蒸氣之工作場所
	2	下列物質之中毒及其續發症： 二氯二胺基聯苯及其鹽類（Di-chloro-benzidine and its salts） 鄰二甲基二胺其他基聯苯及其鹽類（O-To-lidine and its salts） 鄰二甲氧基二胺基聯苯及其鹽類（Dia-nisidine and its salts）	使用、處理溶劑、煙薰、殺蟲劑及化學製造或暴露於其蒸氣之工作場所
	3	氯甲基甲醚（Chloromethyl-methyl ether）中毒及其續發症	使用、處理、製造氯甲醚之作業或暴露於其蒸氣之工作場所
	4	三氯苀（Benzotrichloride）中毒及其續發症	使用、處理、三氯苀或暴露於該類物質之蒸氣之工作場所
	5	丙烯醯胺（Acrylamide）中毒及其續發症	使用、處理、製造丙烯醯胺或暴露於其蒸氣之工作場所
	6	丙烯腈（Acrylnitrile）中毒及其續發症	使用、處理、製造丙烯腈或暴露於其蒸氣之工作場所
	7	二代甲亞胺（奧黃）（Auramine）中毒及其續發症	使用、處理、製造二代甲亞胺及各種人造纖維之染色、顏料之使用工作場所
	8	鄰二腈苯（O-phthalodinitrile）中毒及其續發症	使用、處理、製造鄰二腈苯或暴露於其蒸氣之工作場所
	9	次乙亞胺（Ethyleneimine）中毒及其續發症	使用、處理、製造次乙亞胺及農藥、染料、纖維處理、有機合成、重合等之工作場所
	10	四羰基鎳（Nickel carbonyl）中毒及其續發症	使用、處理、製造四羰基鎳或暴露於其蒸氣之工作場所
	11	二異氰酸甲苯（Toluene diisocya-nate）中毒及其續發症	使用、處理、製造二異氰酸甲苯或製造樹脂塗料接著劑纖維處理劑等之工作場所

（續）表 5-2　勞工保險職業病種類表（勞工保險條例第三十四條附表）

類	名稱項	職業病名稱	適用職業範圍
	12	煤焦油之中毒及其續發症	使用、處理、製造煤焦油或暴露於其蒸氣之工作場所
2	1	二硫化碳中毒及其續發症	使用、處理、製造二硫化碳或暴露於其蒸氣之工作場所
	2	溴化甲烷中毒及其續發症	使用、處理、製造溴化甲烷或暴露於其蒸氣之工作場所
	3	氯乙烯中毒及其續發症	使用、處理、製造氯乙烯或其重合之工作場所
	4	五氧化酚（Pentachlorophenol）及其鹽類中毒及其續發症	使用、處理、製造五氧化酚及其鹽類或暴露於其蒸氣之工作場所
	5	碘化甲烷（Methyliodide）中毒及其續發症	使用、處理、製造碘化甲烷或暴露於其蒸氣之工作場所
	6	硫酸二甲酯（Dimethyl sulfate）中毒及其續發症	使用、處理、製造硫酸二甲酯或暴露於其蒸氣之工作場所
	7	硝化甘醇（Nitroglycol）中毒及其續發症	使用、處理、製造硝化甘醇或暴露於其蒸氣之工作場所
	8	硝化甘油中毒及其續發症	使用、處理、製造硝化甘油或暴露於其蒸氣、粉塵之工作場所
	9	雙氯甲醚（Bisether）中毒及其續發症	使用、處理、製造雙氯甲醚或暴露於其蒸氣之工作場所
	10	尼古丁中毒及其續發症	使用、處理尼古丁或含有尼古丁物質或暴露於其蒸氣、粉塵之工作場所
3	1	氯萘或氯苯（Chloronaphthalene or chlorobenzene）中毒及其續發症	使用、處理、製造氯苯或氯萘或暴露於其蒸氣之工作場所
	2	有機燐劑等殺蟲劑中毒及其續發症	使用、處理、製造有機燐劑及其他種類之殺蟲劑或暴露於蒸氣、粉塵之工作場所
	3	苯或苯同系物中毒及其續發症	使用、處理、製造苯（Benzene）甲苯（Toluene）或二甲苯（Xylene）等或暴露於蒸氣之工作場所

類	名稱項	職業病名稱	適用職業範圍
	4	芳香族之硝基或胺基化合物中毒及其續發症	使用、處理、製造硝基苯（Nitro-benzene）、二硝基苯（Dinitro-benzene）三硝基苯（Trinitroben-zene）、硝基甲苯（Nitrotolu-ene）、硝基二甲苯（Nitroxy-lene）、硝基酚（Nitrophen-ol）、氯硝基苯（Nitro-chloro-benzene）、硝基萘（Nitronap-hthalene）、苯胺（Aniline）、苯二胺（Phenylene diamine）、甲苯胺（O-toluidine）、氯苯胺（Chloro aniline）、硝基苯胺（Nitroaniline）、酞酐蒽（Phtha-licanhydride anthracene）及其混合製劑等物質之工作場所
	5	苯硝基醯胺（Benzene-nitroa-mide）及其化合物	使用、處理、製造苯硝基醯胺或暴露於其蒸氣之工作場所
	6	硝基氯苯（Paranitro-chloro ben-zene）中毒及其續發症	使用、處理、製造硝基氯苯或暴露於其蒸氣之工作場所
	7	四胺基聯苯及其鹽類（4-Aminodiphe-nyl and its salts）中毒及其續發症	使用、處理、製造四胺基聯苯及其鹽類之工作場所
	8	多氯聯苯（Chlorinated dipheny-ls）或同類物中毒及其續發症	使用、處理、製造多氯聯苯或暴露於其蒸氣之工作場所
	9	四硝基聯苯及其鹽類（4-Nitrodiphe-nyl and its salts）中毒及其續發症	使用、處理、製造四硝基聯苯及其鹽類之工作場所
	10	鹵化脂肪族或芳香族炭氫化合物中毒及其續發症	使用、處理、製造鹵化脂肪族或芳香族之化合物之工作場所
	11	丙酮或 3-3、3-4、3-30 三項以外之碳氫化合物之有機溶劑中毒及其續發症	使用、處理、製造丙酮或 3-3、3-4、3-10 三項以外之碳氫化合物之有機溶劑或暴露於其蒸氣之工作場所
4	1	氟化氫中毒及其續發症	使用、處理、製造氟化氫或暴露於其蒸氣之工作場所
	2	鹵素之中毒及其續發症	使用、處理、製造鹵素或暴露於其氣體之工作場所
	3	硫化氫中毒及其續發症	使用、處理、製造硫化氫或暴露於其氣體之工作場所

(續) 表5-2　勞工保險職業病種類表（勞工保險條例第三十四條附表）

類	名稱項	職業病名稱	適用職業範圍
	4	氰酸或其他氰化物中毒及其續發症	使用、處理、製造氰酸或其他氰化物或暴露於其氣體、微粒之工作場所
	5	一氧化碳中毒及其續發症	使用、處理、製造一氧化碳或暴露於其氣體之工作場所
	6	二氧化碳中毒及其續發症	使用、處理、製造二氧化碳或暴露於其氣體之工作場所
	7	二氧化氮、三氧化二氮及二氯化碳（光氣）中毒及其續發症	使用、處理、製造二氧化碳及三氧化二氮或暴露於其氣體之工作場所 使用、處理、製造二氯化碳或暴露於其氣體之工作環境
	8	二氧化碳等氣體所引起之缺氧及其續發症	使用、處理、製造二氧化碳等氣體可能導致缺氧之工作場所
5	1	鉛及其化合物中毒及其續發症	使用、處理、製造鉛或鉛化合物或暴露於其煙霧、粉塵之工作場所
	2	錳及其化合物中毒及其續發症	使用、處理、製造錳及其化合物或乾電池製造著色劑、合金、脫劑等之工作場所
	3	鋅或其他金屬薰煙之中毒及其續發症	使用、處理、提煉鋅或其他金屬或暴露於其金屬薰煙之工作場所
	4	鎘及其化合物中毒及其續發症	使用、處理、製造鎘或電鍍鎘、合金製造、電池製造等之工作場所
	5	鉻酸及其鹽類或重鉻酸及其鹽類中毒及其續發症	使用、處理、製造鉻酸及其鹽類或重鉻酸及其鹽類如製造觸媒原料、染色、鍍鉻、鞣皮、顏料、製作作業之工作場所
	6	鈹及其化合物（Beryllium and its salts）中毒及其續發症	使用、處理鈹或鈹化合物或暴露於此等物價之粉塵或蒸氣之工作場所
	7	四烴基鉛中毒及其續發症	使用、處理、製造或暴露於此等物質或含有此等物質之工作場所
	8	汞及其無機化合物（硫化汞除外）中毒及其續發症	使用、處理、製造汞及其無機化合物或暴露於其蒸氣之工作場所
	9	烷基汞（Mercury alkyl）化合物中毒及其續發症	使用、處理、製造烷基汞或暴露於其蒸氣之工作場所
	10	五氧化二釩中毒及其續發症	使用、處理、製造五氧化二釩或暴露於其粉塵之工作場所

類	名稱 項	職業病名稱	適用職業範圍
	11	燐及燐化合物中毒及其續發症	使用、處理、製造燐及燐化合物或暴露於其氣體粉末之工作場所
	12	砷及其化合物中毒及其續發症	使用、處理、製造砷及砷化合物或暴露於其粉塵之工作場所
6	1	雷諾氏病（Raynaud's disease）運動神經血管、關節、骨、筋肉、腱腩或黏液囊等之疾病	使用輕重機械之振動因身體之接觸如鑿岩機、鍊鋸、鉸打機等之工作場所
	2	眼球振盪症	經常工作於坑內或地下之工作場所
	3	日射病（中暑）熱痙攣、熱衰竭等之疾病	工作於酷熱之工作場所
	4	潛涵及其他疾病	工作於異常氣壓下之工作場所
	5	職業性重聽	長期工作於強烈噪音之工作場所
	6	輻射症輻射性皮膚障礙、白血症、白血球減少症、皮膚潰瘍、皮膚癌、骨癌、白內障等症	使用、處理於放射性同位素、X 光線及其他放射性機械之操作之工作場所
	7	各種非游離輻射引起之疾病白內障、電光性眼炎、皮膚炎、視神經炎、充血、網膜炎等症	使用、處理各種機械、設備暴露於各種光線下之工作場所
	8	因酸腐蝕引起牙齒之疾病	使用、處理、製造各種酸類或暴露於其蒸氣之工作場所
	9	皮膚或黏膜之疾病	使用、處理、製造各種刺激性之化學品如溶劑煤煙、礦物油、柏油或粉塵之工作場所
	10	結膜炎及其他眼疾	使用處理、製造各種刺激性化合品、高熱各種酸鹼類有機溶劑類等之工作場所
7	1	外爾氏病（Weil's disease）	有感染外爾氏病之工作場所
	2	恙蟲病	戶外勞動易患恙蟲病之工作場所
	3	豬型丹毒、炭疽、鼻疽等疾病	接觸患病之動物、動物屍體、獸毛、生皮革及其他動物性之製品之工作場所
	4	從事醫療業務，由患者之病原體因接觸而引起之法定傳染病以外之傳染性疾病	診療、治療及看護因職務之原因必須接觸患者之工作場所

（續）表 5-2　勞工保險職業病種類表（勞工保險條例第三十四條附表）

類	名稱 項	職業病名稱	適用職業範圍
8	1	塵肺症	在粉塵作業場所工作之職業，因長期吸入粉塵，致肺臟發生纖維增殖性變化，以此變化為主體之疾病 粉塵作業場所係指從事該項作業之勞動者有罹患塵肺症之虞之工作及地點 合併症，係指與塵肺症合併之肺結核症，及其他隨塵肺症之進展，發現與塵肺有密切關係之疾病
	2	其他本表未列之有毒物質或其他疾病，應列為職業病者得由中央主管機關核准增列之	經常工作於坑內或地下之工作場所

備註：粉塵作業範圍及塵肺症合併症之範圍，由中央主管機關訂之。

表 5-3　勞工保險塵肺症審定準則

勞工保險塵肺症審定準則

行政院勞工委員會八十四年七月廿六日
台八十四勞保三字第一二五九〇二號函公告

一、塵肺症 X 光照相分型基準：
　　（依下表所列，區分為第一型至第四型）

型　　別	X 光照相說明
第一型	在兩肺野有因塵肺發生之少數粒狀影或不整形陰影，冢大陰影者。
第二型	在兩肺野有因塵肺發生之多數粒狀影或不整形陰影，冢大陰影者。
第三型	在兩肺野有因塵肺發生之極多粒狀影或不整形陰影，冢大陰影者。
第四型	證明有大陰影者。

（續）表 5-3　勞工保險塵肺症審定準則

二、塵肺症症度區分基準：
　　（從事粉塵作業之被保險人，依其塵肺檢定檢查之結果，依下表所列區分為第一症至第四症度，依此區分，被審定為第二症度以上者，為勞工保險職業病）。

症　　度	塵　肺　檢　定　檢　查　之　結　果
第一症度	認為無塵肺所見者。
第二症度	X 光照相為第一型，而無因塵肺引致之顯著肺功能障礙者。
第三症度	一、X 光照相為第二型，而無因塵肺引致之顯著肺功能障礙者。 二、X 光照相為第三型或第四型（大陰影之大小在一側肺野三分之一以下者）而無因塵肺引致之顯著肺功能障礙者。
第四症度	一、X 光照相為第四型（大陰影之大小在一側肺野三分之一以上者）。 二、X 光照相為第一型、第二型、第三型或第四型（限於大陰影之大小在一側肺野三分之一以下者）且有因塵肺引致之顯著肺功能障礙者。

三、勞工保險塵肺症之檢定，依下列各檢查之施行審定之：

1. X 光攝影檢查（全胸部直接或特殊攝影者）。
2. 粉塵作業經歷調查。
3. 胸部臨床檢查。
4. 結核精密檢查
　　（1）結核菌素反應檢查。
　　（2）喀痰檢查。
　　（3）紅血球沉降速度檢查。
5. 心肺功能檢查
　　（1）測定最大換氣量之檢查。
　　（2）測定抖動指數之檢查。
　　（3）檢查換氣功能之「類型」及測定換氣指數。
6. 其他檢查
　　（1）血壓檢查。
　　（2）心電圖之檢查。
　　（3）測定動脈血氧飽和度之檢查。

　　此外，依據勞工保險職業病種類表第八類第二項「其他本表未列之有毒物質或其他疾病，應列為職業病者得由中央主管機關核准增列之。」規定辦理。

　　新增之職業病種類區分為以下四類：

✤ 第一類化學物質引起之疾病及其續發症

1. 氨。

2. 鹽酸、硝酸、硫酸。

3. 氫氧化鈉、氫氧化鉀、氫氧化鋰。

4. 二氧化硫。

5. 銻及其他化合物。

6. 甲醇、丁醇、異丙醇、環己醇、甲基己醇。

7. 甲醚、乙醚、異丙醚、丁烯醚、雙氯異丙醚。

8. 醇醚類化合物：乙二醇乙醚、乙二醇甲醚等。

9. 甲醛。

10. 環氧乙烷。

11. 二甲基甲醯胺（Dimethylformamide）。

12. 苯乙烯（Styrene）、二苯乙烯。

13. 萘酚（Naphthol）、萘酚同系物及其鹵化衍生物。

14. 苯醌（Benzoguonines）。

15. 巴拉刈等除草劑。

✤ 第二類生物性危害引起之疾病及其續發症（限接觸生物性危害之工作）

1. 退伍軍人症。

2. 漢他病毒出血熱。

3. 病毒性肝炎。

職業安全衛生管理
Occupational Safety and Health Management

4. 肺結核。

5. 愛滋病。

✚ 第三類物理性危害引起之疾病及其續發症

1. 低溫作業或低溫物品引起之凍傷、失溫等疾病。

2. 長期壓迫引起的關節滑囊病變。

3. 長期以蹲跪姿勢工作引起之膝關節半月狀軟骨病變。

4. 壓迫造成之神經麻痺：職業性腕道症候群等。

5. 長期工作壓迫引起的椎間盤突出。

✚ 第四類其他危害引起之疾病及其續發症

1. 石綿引起之石綿肺症、間皮細胞瘤及肺癌。

2. 外因性過敏性肺泡炎及其併發症。

3. 除石綿外引起之氣管、支氣管及肺惡性贅瘤。

4. 其他項目未列之物質引發的職業性氣喘、支氣管炎、肺炎
   及肺水腫。

除上述之職業病法令規定外，筆者亦列出我國職業病防治工
作相關法規名稱，以供參考。

1. 行政院衛生署、勞工委員會加強職業病防止工作事項分工
   原則。

2. 有關公害引起居民健康危害之處理及賠償處理原則。

3. 職業病鑑定處理要點。

4. 勞工安全衛生法暨施行細則。

5. 勞工健康保護規則。

6. 指定醫療機構辦理勞工體格及健康檢查辦法。

7. 粉塵危害預防標準。

8. 塵肺症檢查醫院及指定塵肺症診斷醫師名冊。

9. 童工女工禁止從事危險性有害性工作認定標準。

10. 勞工保險預防職業病健康檢查辦法。

11. 勞工保險因執行職務而致傷病審查準則。

12. 有機溶劑中毒預防規則。

13. 鉛中毒預防規則。

14. 四烷基鉛中毒預防規則。

15. 特定化學物質危害預防標準。

16. 異常氣壓危害預防標準。

17. 勞工作業環境測定實施辦法。

18. 勞工作業環境空氣中有害物容許濃度標準。

19. 行政院勞工委員會職業疾病鑑定委員會組織規程。

(5-5) 結語

本節筆者擬針對國內職業病之防治工作，提供一些參考建議，以對尚處萌芽階級的職業病防治工作，能有些助益。

✛ 建立職業病防治工作體系

加強現有衛生行政組織單位之功能，以有效發揮職業病之防

治工作；輔導省市立醫院成立「職業病特別門診」負責職業病之診斷及治療；設立北、中、南醫學中心設立「職業病防治中心」負責疑難職業病之鑑定、診斷治療及辦理教學、研究、訓練、諮詢等工作。

✚ 建立職業病防治資訊系統

設立職業病資料庫收集國內外職業病預防相關資料，提供各界查詢有關職業危害之知識與資訊，並擴大服務範圍。藉職業危害調查，建立工廠勞工暴露資料電腦程式。研擬勞工職業危害生物監測系統，以早期發現職業病。並應推廣「危險物及有害物通識規則」，如物質安全資料表、標識圖案等。

✚ 加速工業衛生及職業病防治專業人才培育

目前國內工業衛生及職業病防治專業人才短缺，以致無法落實防治工作之推展。應培養職業病專科醫師；或委託「全國公共衛生人員研修中心」，調訓在職衛生行政機關人員，給予系統性的工業衛生與職業病教育訓練；亦可規劃及訂定現有工礦衛生技師法定之業務範圍，並借重其專業素養來參與。

✚ 加強職業衛生教育

編印一般性及行業別之職業衛生宣傳單張、手冊提供給事業單位，供雇主及勞工參考。製作各種視聽教材，利用大眾傳播媒體宣導職業衛生教育。輔導工廠舉辦職業衛生講習，提高勞工對職業衛生之認知。

✚ 加強危害物質之專業檢查

藉由勞工檢查機構對於特別危害健康作業之專業檢查，以保

障勞工在危害物質之使用、存放、處理及棄置作業安全，並使得事業單位能加強作業環境測定重視職業病之預防工作。

✚ 建立職業病通報及申訴制度

行政院勞工委員會應協調衛生單位，以建立職業病或疑似職業病之通報制度，如請行政院衛生署轉知辦理職業病門診之公私立醫療衛生單位如發現勞工罹患職業病或疑似職業病案例時除請其遵循衛生行政系統規定處理外，並請該地衛生機關將資料另送勞工檢查機構。

勞工檢查機構如接獲勞工職業病申訴案件，應公平、公正、審慎地依勞工申訴案件有關規定迅速檢查處理。

參考文獻

①毛文秉（1990）。《職業病防治》。台北：茂昌圖書有限公司。
②王榮德（1991）。《公害與疾病（一）》。台北：健康世界雜誌社。
③王榮德（1996）。《公害與疾病（二）》。台北：健康世界雜誌社。
④行政院勞工委員會（1990）。《職業病認定基準》。台北：行政院勞工委員會。
⑤行政院勞工委員會（1991）。《職業病診斷準則》。台北：行政院勞工委員會。
⑥行政院衛生署。《職業相關疾病通報系統手冊》。台北：行政院衛生署。
⑦郭育良（1998）。《職業病概論》。台北：華杏出版股份有限公司。

Chapter 6
第六章

勞工因職業災害致殘之處遇服務

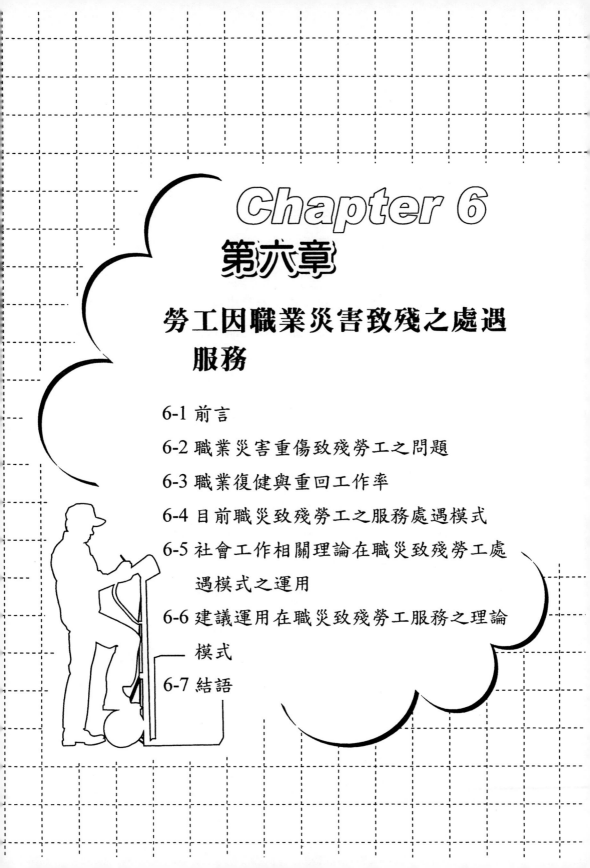

(6-1) 前言

　　根據勞工保險統計顯示，台灣地區自1991年至1998年每年職業災害傷病人數約二萬人，殘廢人數約四千多人（勞委會，1999）。此外，台灣地區自1985年至1990年間發生職業災害致殘而由勞保局核付殘廢給付的個案研究顯示平均年齡為35.6歲（劉益宏、王榮德，1993）。這些職業傷害致殘的工傷者多是青壯年、肩負家庭生計的主要經濟來源，其意外發生職災致殘，除了造成個人身心重大創傷外，更可能造成家庭經濟危機，衍生出許多社會問題。

　　再由行政院勞工委員會統計台灣地區適用勞工安全衛生法事業單位發生職業災害的概況來看，1998年全年發生職業災害失能傷害共計6,874人次，請領勞工保險職業災害殘廢給付則有4,569人（勞委會，1999）。工傷所造成的有形的社會成本損失，包括因受傷而直接使用到的社會資源，如醫療、看護費用等；以及間接的經濟損失，如關廠、停機等。此外，也帶來勞工在心理及家庭方面無形的損失與傷害，尤其對重傷致殘的勞工而言，所面臨的不僅是身體上的疼痛、功能的喪失和心理的焦慮，更可能要面臨工作的喪失和家庭經濟損失的多重壓力。

　　因此，如何協助這群因職業災害重傷致殘的勞工能夠在受傷之後儘快的得到適當的復健和支持，以降低問題的嚴重性和提昇工傷勞工問題之解決能力，乃至協助重返職場及社會再適應等，乃一值得深入探討的問題。

職業傷殘是急需職業復健的一群，尤其是中、重度殘障者。職業復健通常是運用各專業間共同處理的方式，著重在生理醫學（biomedical）及社會心理（psychosocial）方面的治療，目的在協助勞工早日恢復工作能力，重回工作崗位（勞委會，1995）。然而，國內目前針對如何協助職災致殘勞工身心調適及職業復健的研究及關心卻仍然欠缺。尤其是有關社會工作專業在職災致殘者之處遇服務中所扮演之角色的研究與討論，亦幾乎付之闕如。

因此，本文的主要目的即是藉由檢視實務界現有職業災害重傷致殘勞工之處遇服務模式，瞭解有關社會工作理論之運用情形，同時藉由社會工作相關理論的探討，希望能提出較適合於職災致殘勞工處遇服務之問題特性的理論模型，以利在提供職災致殘勞工之處遇服務上有較良好可行之處遇計畫。

(6-2) 職業災害重傷致殘勞工之問題

我國對於職業災害之定義係根據「勞工安全衛生法」第二條第四項之規定：「本法所稱職業災害，謂勞工就業場所之建築物、設備、原料、材料、化學物品、氣體、蒸汽、粉塵等或作業活動及其他職業上原因引起之勞工疾病、傷害、殘廢或死亡。」依此定義並參酌該法之施行細則和相關規定，以及實務上之認定標準，將職業災害認定為「勞工在就業場所或通勤途中，基於職業上的原因所造成的疾病、傷害、殘廢或死亡」。職業災害致殘勞工則係指勞工因發生職業災害而造成生理、心理或智能上受損導致機

能減弱或喪失，致其參與社會活動及從事生產（工作）功能受到限制或無法發揮者。

毫無疑問地，對勞工而言，職業災害的發生係一場突如其來的「意外」，在毫無心理準備的情況下，不僅要承受身體上的痛楚，被迫接受殘廢的事實，更需面對身心調適上的困難與問題。再加上醫療期間，家庭收入的減少，而若致殘勞工身為家庭主要或唯一的經濟來源，則連帶造成家庭經濟危機，且在醫療過後是否能夠重回職場？又一旦致殘程度嚴重，而喪失原有工作能力時該如何處理？這些都成為職災致殘勞工必須面臨的挑戰。

以下將針對職災致殘者所要面臨的問題和職災致殘後對工作生涯產生的衝擊，分別加以說明：

1. 生理上的不適與身體上的失能：職災發生後，劇烈的疼痛和身體的不適勢所難免，職災勞工必須忍受醫療復健過程中肉體上的疼痛和折磨，而嚴重的職災所造成勞工的肢體殘缺或功能受損，所帶來的不便更將影響正常生活，有些必須藉由輔助器的使用才能克服肢體的障礙，有些嚴重者則需仰賴家人照顧生活起居，凡此種種生理上的殘缺都將造成勞工自身及家庭生活的困擾。

2. 心理障礙問題：職業災害致殘者與天生或後天因其他因素所造成之肢體殘障者之心理問題雖不完全相同，但基本上肢體殘障狀態對於人格會產生重大影響。最常見的是生理的缺陷與器官的不健全，易形成殘障者強烈的自卑感。然

而，心理障礙的產生卻也並不全然來自於生理的缺陷所致。影響的因素可能來自以下各方面（李靜宜，1998）：

（1）身體行動受限制：肢體行動的不自由，日常生活行動受到種種限制，心有餘而力不足，發生動機的挫折，苦惱不滿，在心理上形成壓力。

（2）體型姿勢與動作不雅：肢體殘障，外形體態以及各種動作力不從心，醜態畢露，有欠雅觀；動輒引發自卑與劣等感。

（3）對手術與按摩等醫療的恐懼：此類醫療為肢體殘障朋友所需，然多少帶來肉體上的痛苦；容易招致恐慌與不安的感覺。

（4）合併症的影響：肢體殘障者多具雙重障礙等合併症狀的，自然影響其心理的健全。

（5）社會的歧視與偏見：社會的公共設施設備如樓梯、桌椅等都以肢體正常者為設計對象，甚少考慮到肢體殘障者的需要。社會愈進步，肢體殘障者愈難適應社會生活。

（6）父母家人態度的不當：父母家人對肢體殘障子弟愛護或管教態度的不當，如過分愛護或太過冷淡等均對其人格形成不良影響。

上述各種因素均可能帶給即將面臨此類問題的職災致殘勞工心理上巨大的壓力。此外，職業災害對致殘的勞工而言，無異面對一種身體上的失落，職災致殘所

帶來的失落，包括：對未來計畫的失落、自我形象
（self-image）的失落、安全感的失落、世界觀的失落
等（Parry, 1990；引自翟宗悌，1998）。例如，截肢即
屬於失落經驗的一種。然而如Worden等學者皆認為因
失落而哀傷乃是正常的反應，甚至哀傷的人必須完成
哀傷的整個過程和任務，否則將影響其未來的心理健
康和人際關係，也減弱往後面對失落的能力。Bailey
& Gregg（1986）則指出研究亦支持經由身體的受傷和
生病所體驗到的失落，可比擬如親人過世的失落一
般。而這些失落過程的原則同樣可以應用在職災致殘
勞工的失落上：

· 接受失落的事實。

· 體驗哀傷的痛苦。

· 發展新的因應技巧。

· 收回哀傷的情緒。

· 重新投入另一關係的發展。

而身體殘障的失落就如同先前的自我概念之失落，殘
障者不僅要對自我概念的失去連續性而掙扎，同時受
到外在社會面衝擊的影響。

此外，常見的職災致殘勞工所易發生的問題，包括壓
力、憂鬱、因負面的身體形象而負面的影響一個人的自
我概念，以及「瘢候誇大症候群」這種自我破壞（self-
destructive）社會增強行為反應方式（sociallyreinforced

behavioral response pattern）的出現等（勞委會勞工安全衛生研究所，1996）。

3. 工作保障的問題：職災致殘勞工除了面臨上述生理和心理方面的問題需待克服之外，因上述生理和心理所產生的問題則可能進一步影響到殘障勞工的工作問題。例如，喪失工作能力所導致留任原職的困難，無法克服環境的障礙以及心理障礙影響重回職場之意願等。

(6-3) 職業復健與重回工作率

職業復健的目的在於使殘障者在發生災害後能夠獲得長期的安置，激發殘障者的潛能，促使殘障者充分發揮其能力，並使殘障者獲得一個穩定性及持續性的就業機會（陳育俊，1992）。廣義的職業復健包括：殘障者的醫療復健、職業輔導評量、職能評估、職業訓練、就業安置及就業後的追蹤輔導等服務。認為職業復健是藉由評估，有系統及漸進式的治療活動，協助傷殘病患／勞工恢復工作能力，重回工作崗位的復健工作。然而，傷殘造成的不僅是勞工在生理上的功能缺失，還有心理及社會適應上的問題，因此，在職業復健的過程中多半是採用各專業間共同處理的方式。職業復健的工作團隊通常包含復健治療師、醫師、護士、心理醫師、職能治療師、社會工作員、職業訓練師、雇主及家屬等（勞委會勞工安全衛生研究所，1998）。

而此工作團隊最重要的任務即是以協助殘障者能就業為主。

職業復健工作流程主要可分成三個階段：評估（Evaluation）、介入（Intervention）與安置追蹤（Job Placement）。

第一階段「評估期」：完整的評估殘障者／工傷者的身、心理狀態、適應與工作能力。尤其是注重就業能力的評估，此項評估對職業災害致殘勞工更具意義。因為，職災致殘勞工的特質與一般殘障者不同，他們的殘障原因是後天性的，且時間長短不一。輕傷的勞工較容易重回職場，而重傷的勞工，在受傷後如果殘障狀態較嚴重，甚至將改變生活型態時，則此時間的評估就更加重要（Rubin & Rosesleer, 1994。引自勞委會勞工安全衛生研究所，1998）。

第二階段「介入期」：依前一階段所作的評估結果，轉介病人接受各項所需的治療、復健、就業訓練、聯繫廠商等。此期的工作重點是依據案主個別的就業需要，完成就業準備時必需的生、心理工作。

第三階段「安置追蹤期」：工作重點即是將已經準備好的殘障者，重新再介紹進入職業場所。通常這時與雇主或以前工作單位的雇主聯絡是最重要的工作。此階段的任務就是協助個案再回工作場所，因此可說是職業復健結果接受考驗的時期。在安置就業後，半年內如果殘障者仍然在同一單位工作，就可以算是成功的結果（黃淑芬，1991）。

根據統計，如果傷殘勞工在接受職業／工作強化計畫之後，會有60～80％的比例重返工作。但是，如果沒有接受任何治療或是只用醫療服務的話就只有20～40％的比例重返工作（勞委會勞

工安全衛生研究所，1995）。可見職業復健乃解決職災傷殘勞工重返工作角色的一個有效方法。

國內此方面的研究與資料十分缺乏，行政院勞工委員會在1995年委託黃曼聰教授等人進行職業復健及傷殘勞工生理、心理、社會狀況調查，問卷回收824份，實地訪視161人，研究結果發現影響傷殘勞工重返工作的因素包括：

1. 在生理因素方面：殘障等級、上肢功能及負重能力。
2. 在心理因素方面：自覺工作能力。
3. 在社會因素方面：進出有無困難。

此外，研究者從實地訪視的結果中也發現：年齡大於45歲、接受復健、使用輔具、非手部受傷、自覺無工作能力、溝通能力差、自覺生理能力差及功能性生理能力差、覺得不具備工作所需之條件、沒有得到醫療人員及親朋好友的鼓勵與支持、殘廢等級較嚴重者愈不容易重返工作（勞委會勞工安全衛生研究所，1995）。

由此可知，在影響職災致殘勞工重回工作的因素，除了生理性的功能之外，社會及心理層面的影響亦不可忽視。這在國外的相關研究和文獻上均有相當一致的看法和結果（Bear-Lehman, 1983; Cottone, Handelsman & Walters, 1985; Crisp, 1992; Mackelprang & Salsgiver, 1996; Brzuzy & Speziale, 1997; McMurray, 1998）。

因此，對於職災致殘勞工的處遇與介入，除了給予醫療復健的服務之外，必須重視殘廢勞工之心理調適與社會層面的支持。

職業災害的發生除了對勞工的自我形象帶來衝擊，更造成殘

廢勞工無法處理的情境，容易造成個人及家庭的危機。而殘障對於個人的意義，亦受到環境對殘障價值的判斷的影響，也連帶影響到個人的心理調適歷程。因此，在討論影響職災致殘勞工心理調適的因素時，必須同時考量勞工個人的因素以及環境的因素。

翟宗悌（1998）針對三位職災致殘勞工案例進行深入研究後歸納出職業災害問題的嚴重程度、工傷者受傷前的狀況、工傷者個人的問題解決能力、工作對個人的意義、來自於家人、朋友、病友、雇主、醫療、社工人員的支持和協助情形，以及社會環境與職業傷害的歸因方式等因素均會影響工傷者心理調適的歷程。工傷者的心理調適有賴個人的認知改變與環境之間的互動。

(6-4) 目前職災致殘勞工之服務處遇模式

國內由於在此方面的研究非常有限，而政府部門涉入職災致殘勞工之服務亦僅限於勞保殘廢給付、勞工安全衛生檢查及職業訓練之提供等，對於職災致殘勞工之處遇則以民間單位為主。因此，筆者為確實瞭解目前實務運作上，究竟發生職災致殘的勞工如何尋求協助，而服務單位給予什麼樣的處遇，其介入策略背後是否隱含何種社會工作理論的運用等，乃訪問目前提供職災致殘勞工處遇服務的兩個單位，一為社會服務中心，另一為財團法人基金會。茲將訪問兩單位所提供的主要服務及介入方案、處遇要點說明如下：

✚ 實例一：社會服務中心

此社會服務中心主要服務對象為遭遇職業災害致殘的勞工。

該中心將介入工傷服務處遇歷程分為：

第一階段：住院醫療階段

    ＊處遇要點：接案

            建立關係

            基本資料收集

            CL 與案家情緒支持（哀傷治療）

            瞭解受傷原因、部位、嚴重程度及勞動條件，以為維護權益參考

            有關勞保及健保差異及職災權益之資訊提供

            回報醫院社工員

    ＊階段任務：信任關係建立

            建立檔案資料

            個案需求評估

第二階段：出院療傷復健期

    ＊處遇要點：持續關懷、家訪

            對 CL 情緒支持，個案輔導

            家庭會談、建立家庭支持系統

            提供家屬職災權益之法律諮詢（受傷現場檢查、收集證物資料）

            權益維護（訴訟轉法律組）

            參與「支持性團體」

社會福利資源轉介及使用

重建家庭互動關係

提供職訓及就業資訊、參觀相關職訓機構

協助瞭解輔具裝配及使用（成功案例協助）

＊階段任務：處遇計畫

心理暨社會功能重建

第三階段：治療終止

＊處遇要點：轉介做職能評估

法律求償：勞資調解（法律組協處）

恢復就業動機

協助生涯規劃

開拓就業機會

案主重回職場之心理調適

職業探索訂定個別化就業服務計畫目標

重殘者之機構轉介

居家照護資源轉介

＊階段任務：職災補（賠）償

開發潛能、生涯規劃及管理

第四階段：回復職場

＊處遇要點：追蹤、輔導案主工作適應

＊階段任務：再度就業、重新參與社會

第五階段：結案

＊處遇要點：鼓勵工傷者協助「支持性團體」之運作

＊階段任務：定期追蹤

結案評估

✚ 實例二：社會福利基金會

此社會福利基金會主要服務對象為顏面損傷及燒傷者。

此處過模式以個案管理模式，針對顏面損傷或燒傷之職業災害致殘的勞工所提供的社工處遇模式，包括：個別服務→團體活動→短期住宿服務→生理重建→就業→社會適應輔導→社會宣導。

此模式即由個人→團體→機構→社區→社會層面的考量。

深具生態系統模式理念的應用。而所提供的服務內涵則包括：

1. 醫療、生理：提供急性期醫療後續服務，並介入急性期復健服務；提供完整燒傷及顏面損傷醫療資訊及諮詢；促成燒傷緊急醫療的建立與落實。

2. 心理：建立完整心理評量標準；協助案主在急性醫療——復健——社會適應等不同階段給予心理建設，預防可能發生之心理問題。

3. 經濟：給予案家適切之經濟補助；連結社會資源，預防資源的重疊與浪費，並積極促進社會保險及社會救助，取代本會直接補助。

4. 安置：提供短期住宿。

5. 就業：建立職業輔導評量，協助提升案主就業意願、就業能力、就業機會、促進其就業適應。

6. 法律：提供法律諮詢服務。

(6-5) 社會工作相關理論在職災致殘勞工處遇模式之運用

目前文獻上針對職災致殘之勞工處遇模式的探討，仍十分欠缺，大部分仍局限在就一般殘障者所做之研究，然而職災致殘勞工的心理調適歷程與一般對失落（Worden, 1982）的哀傷過程或是殘障調適過程的階段論（Livneh, 1985a）相似，其間最大的不同點在於殘障的發生原因係因「職業」而導致的。當然，職災勞工之致殘係因職業關係，其調適過程中可能會牽涉到因職業所衍生的社會、法律、環境等層面的考量。然而筆者認為一般殘障者心理調適的歷程仍然可以做為瞭解職災致殘勞工之心理調適的過程，作為社會工作人員介入之策略參考。

此外，在本節亦將針對目前實務界介入職災致殘勞工處遇服務中所隱含社會工作理論運用的情形加以說明。

6-5-1 殘障調適的整合模式

Livneh（1985）針對 26 篇相關文獻所提出的殘障者調適歷程加以整理，認為這些「階段模式」（Basic Assumptions），基本上係以「心理動力觀點」為主，而這些階段模式的觀點有其共通的基本假設：

1. 一個創傷事件的突然產生，對於個人生活具有突然、超乎

預期和廣泛影響的效果。

2. 為了使調適過程得以進行，這個創傷必須在其身體或功能上產生永久、顯著和無法否認的變化。

3. 為了使個人調適此改變的身體，包括加入生理的限制、個人身體形象（body image）、自我概念（self-concept）和自我認同（personal identity）等必然有一些變化。

4. 調適過程，並不是一個靜態，而是一個動態和持續不停的過程，調適或適應同時也被認為是這個過程的最終正面結果。

5. 突然生理障礙的衝擊導致個人心理平衡的變化，一種不平衡的狀況企圖達成一個重新調整的平衡，一個新的心理平衡的達成，等於是所謂最終的調適、適應、重組或重新整合。

6. 對不幸事件的正常調適，涉及心理、社會的發展階段。

7. 對身心障礙適應階段的開始和進行，則是自動產生的，這些適應階段的先後次序和從某一階段到下一階段的轉移則是內部自動啟動的。

8. 在適應身心障礙過程的大部分（而非全部）階段在性質上是過渡和暫時的。

9. 成功的移轉適應的不同心理社會階段產生有助於心理社會的成長和成熟。

10. 適應階段的普及性，受到人類行為變異性和獨特性的影響而打折扣，雖然大多數人們經歷大部分階段，但並非所有的人們都會經歷所有的階段。

11. 適應身心障礙的過程是可以重新來過的，雖然在理論上有

所謂階段次序，但個人經歷這些階段次序，而在某種且無法永遠瞭解的狀況下，有可能回到較早期的階段，在某些階段「耽擱」了較長的時間，或移轉到一個特殊階段，僅有一個短暫的階段經歷。

12. 調適過程並不必然包含明確區隔和互相排斥的階段，其調適階段可以變動、混合或彼此重疊，在某一特殊的時間點上，一個人可能超過一個階段，同時可能每日經歷許多的反應。

13. 最好是不要有任何企圖掌握適應階段或在某特殊時間的全部調適過程，大部分調適階段由於個人差異的結果可能在它們階段時間長短上有變化。這些變化可從短期（小時、天）到長期（月、年）。

14. 並非所有成為殘障的個人都會達到調適過程中理論上的最後階段，所謂「最終適應」，某些人在調適連續過程中的某些階段上「耽擱」了。

15. 調適的每一階段包括一些可觀察到或可推斷的關聯性，這些關聯性可歸類為下列三大類：

（1）情感的：每一階段所反應的特殊感覺及其感覺深入程度。

（2）認知的：每一階段所存在的心理運作和思考過程。

（3）行為的：個人在每一階段時間所展現的可觀察、身體或語言的活動。

16. 在所有調適階段所展現的內容（包括感覺、思想、行為）

在性質是敘述性的，它並不在於反應所具有價值的認知，它們只應用在一個敘述或釐清的架構中，而非來指陳這些階段的「好」與「壞」。

17. 自衛機轉（defense mechanisms）和因應策略（coping strategies）並非相同，自衛機轉用來避免焦慮（anxiety）或心理痛苦（psychic pain），經常是在適應過程的早期能被過度應用，尤其是與內在願望和需求相關時。而因應策略則涉及調適生理和社會環境所使用的方法，一般是在調適過程的較末期才被應用到。

18. 雖然調適階段的先後次序是自己啟動的，在不同的時間點上，以心理、社會、行為或環境干預的方式來採取適當干預可能有利於影響的性質、次序或因應機制，因此，如何協助殘障的個人能夠超越生理、心理、社會和行為上的限制就有其重要性。

✚ 殘障者調適歷程

Livneh 進一步提出如何適應殘障的過程，可歸納為下列五個階段：

1. 最初衝擊（initial impact）：這階段包括下列兩個次階段：震驚（shock）及焦慮。茲分述如下：
   （1）震驚：當個人面臨突然而來的巨大的身體傷害，或被告知有生命之虞的疾病時，個人馬上陷入心理震驚之中。

．所使用的自衛機轉，無，因個人尚無此經驗。

．情感因素：痲痺、失魂落魄、空虛，患者會覺得不是真的或是世界似乎不是真的。

．認知因素：不相信、心理功能停頓、無法組織、困惑、喪失方向、思想無法整合、無法集中等。

．行為因素：無反應、不行動、冷漠等。

．體能方向（energy direction）：體能用來解救個人免於無法整合（disintegration）。

（2）焦慮

．所使用的自衛機轉，無，在此階段仍毋需自衛機轉來降低其焦慮。

．情緒因素：最常見的類似歇斯底里之反應。

．認知因素：喪失或缺乏組織、推理或瞭解的能力。

．行為因素：過分反應、易怒、一些身體的疼痛。

．體能方向：用來保護受傷的自我。

2. 自衛動員（defense mobilization）：在此調適過程中，乃是重新組合自衛力量來克服創傷所帶來的最早衝擊，這種階段包括兩個彼此相互關聯但卻維持特殊性質的次階段，分別是：談判（bargaining）和否認（denial）；由於這兩個次階段的極端類似，因此一併進行討論。所謂談判指的是受創傷的個人，所做出的反應；例如，祈求上帝和逝世的親人來消除或回復他受傷的身體，有如一個人和一個全能的人談判簽訂契約來換取個人能否恢復其健康。在此階段往往

個人最後必須放棄類似的心靈契約，而退縮到對殘障的痛苦認知。

(1) 所使用的自衛機轉：心靈的談判和否定或逃避是否認的自衛機轉，企圖逃避殘障的痛苦。

(2) 情緒因素：顯得有希望和（假裝）樂觀，較不在乎、喜悅、平靜、沒感覺。

(3) 認知因素：企圖逃避可能影響或提醒現實的任何資料。

(4) 行為因素：不斷尋求醫師諮詢與上帝有約，採取不必要的冒險行為等。

(5) 力量導向：開始導向外在世界，來保護外在社會事實不會滲透入個人自我防衛。

3. 開始覺醒或承認（recognition）：此階段又可分為下列兩階段：沮喪憂鬱（depression）和內射的憤怒（internalized anger）；茲分述如下：

(1) 沮喪憂鬱：個人雖仍維持喪失身體部分和其功能的哀傷之中，但也開始瞭解其未來的影響。

・所使用的自衛機轉：退縮、逃避、幻想等。

・情緒因素：傷心、無價值感、無助、無希望、空虛、失望等。

・認知因素：瞭解自己所喪失的能力。

・行為因素：無目的的活動、無目標的活動、情緒主觀等。

(2) 內射的憤怒

‧所使用的自衛機轉：開始對其喪失的能力尋求內省
化的合理理由，如自我責備、自我犧牲等。

‧情緒因素：自我責備、有罪惡感。

‧認知因素：認為自己犯錯才導致身體殘障。

‧行為因素：出現類似自殺式的理念和語言表現，不
願溝通和行為退縮。

‧力量導向：向內導向來鬆懈個人罪惡和自我責備。

4. 對抗（retaliation）階段：對命運的對抗和依賴，個人開始採
取憤怒方式對待他人、事物和環境。

（1）所使用的自衛機轉：用來協助促使個人出現更多攻擊
性行為，其攻擊行為都是對外的。

（2）情緒因素：憤怒、攻擊、語言暴力、厭惡他人。

（3）認知因素：對醫療人員持懷疑態度。

（4）行為因素：直接表達憤怒的行為，以及間接表達憤怒
的行為。

（5）力量導向：開始轉向如何解決在環境所帶來的許多障
礙。

5. 再整合階段（reintegration）：在此階段個人開始理智上瞭解
殘障的事實與意義，漸漸接受殘障的永久性及所帶來的功
能限制。在此階段又可分為二個次階段：

（1）理解階段。

（2）適應階段：情緒上已經接受殘障所帶來的功能限制，
並採取適當的行動來適應新的生活環境。

有關殘障調適模式的介入策略Liveneh在分析了殘障調適的歷程後，繼之提出針對各階段工作者介入的策略（Liveneh, 1985b）。殘障調適模式的介入策略，在其調適的不同階段，所採取的介入策略，分述如下：

一、最初創傷衝擊時的介入策略

1. 盡量與案主溝通，尤其有關案主的創傷狀況，同時提供未來所需處遇過程中謹慎解釋。

2. 支持和保證案主，例如，有耐心和恆心。

3. 提供語言和身體的溫柔安慰，例如，願意傾聽、或滿足所提出的心理社會需求。

4. 反映和釐清案主語言敘述和關心。

5. 提供肌肉鬆弛程序及呼吸運作來使案主情緒平靜下來。

6. 告訴案主所發生的，以及未來將如何的結構情境。

二、自我機轉的介入策略

1. 非批評的傾聽和接受案主的語言訊息，尤其在最初階段接受案主自我否定的語言，尤其要採取中性、關心的態度，而非鼓勵否定自己或與案主爭吵。

2. 提供客觀的資料給案主，有關他殘障的產生，而非給予曖昧不清的資訊。

3. 採取漸進的介入方式：開始時採取溫和的支持，緊接著採取教育案主瞭解殘障，最後回到使案主面對現實。

4. 採取強化自我瞭解的方法，採取所謂 Gestalt 診斷技術。

5. 引導案主的幻想展望未來。

6. 最後，強化與自我否定不一致的行為，例如，獎勵身體運動和行動等。

三、開始覺醒時的介入策略

1. 鼓勵案主表達和說出憂鬱、犯罪、慚愧等的感覺，同時配合傾聽、支持和保證等。

2. 反映和釐清案主的感覺，因為可視為促進案主接受或同化殘障的內省取向對策。

3. 強化案主的強度和資源，例如，協助案主瞭解內在潛力和資源，鼓勵積極的自我敘述、鼓勵案主參與自我管理的程序。

4. 應用壓力管理和鬆弛訓練。

5. 不允許出現憂鬱和依賴行為。

6. 強化人際之間和社會的接觸，及其接觸的技術。

7. 設定具體、短期可達的目標，可協助案主發展自我信任的行為。

8. 打斷案主不理性的信念，例如，無助和憂鬱。

至於對於內省的憤怒，也有下列三項介入策略：

1. 鼓勵案主適當地以語言來表達他的挫折和憤怒。

2. 教育案主如何外省方式來鬆弛其憤怒。

3. 角色扮演個人在憤怒產生的情境。

四、報復階段的介入策略

1. 以慈愛但堅定的態度與攻擊的個人見面，以實際支持來降低其憤怒。

2. 報導案主如何以社會所許可的方式來表達他的憤怒。

3. 報導案主有關個人和社會責任的觀念。

4. 報導鬆弛技巧來減緩憤怒。

5. 減少有攻擊行為的案主出外活動。

6. 避免道德化案主，且避免案主與其他人的直接對抗。

7. 運用行為的調適技巧來協助案主不協調和攻擊的反應。

五、再整合階段的介入策略

1. 接受殘障的最後狀態及其永久性，協助個人拋棄舊的自我，同時改變個人對身體重要性的認知，培養新的現實的探討。

2. 價值釐清訓練，釐清個人的信仰體系價值，逐漸接受身體功能受限的價值與重要性。

3. 具體瞭解實際身體功能的限制及現有的優勢。

4. 重新接受個人的責任觀，以及個人存在的內在控制。

5. 設定具體和時間可及的目標。

6. 鼓勵使用幽默。

7. 教導解決問題和決策的技巧。

8. 建立起新的行為。

9. 改變和重整外在環境（包括家庭、工作、休閒環境等），以符合個人需求。

當案主達到接受／調適的階段時，可再加入下列兩項策略：

1. 積極與案主一起探討如何面對問題並提出解決問題的對策。
2. 進一步確定案主個人、社會和職業生涯的目標，同時設定適當的優先次序。

6-5-2 人格理論的運用與諮商策略

此外，Liveneh & Sherwood（1991）針對不同人格理論加以整理，而分別討論應用在殘障調適歷程和介入策略：

✚ 個人取向（individual approach）

個人早先形成的生命型態（lifestyle）對後來發生的殘障的感受及調適歷程有重要的影響。用在協助殘障者時，則是要透過找尋個人主觀認定的意義（sense of significance），協助個案從無法因應前進到能夠因應的另一端。

Rule（1987）將生命型態諮商用在殘障者身上，步驟如下：

1. 建立並維持與個案的關係：瞭解個案的參考架構，鼓勵個案探索殘障的意義，同時並瞭解個案的醫療史及目前的處境。給予關心支持、接納並同理個案的情緒等維持關係的策略則是貫穿這四個步驟。
2. 調查個案的生命型態：探索個案早年的家庭經驗，及瞭解個案目前在社會生活、工作（或學校）、人際關係的功能。
3. 詮釋個案的生命型態：協助並鼓勵個案負責任地去瞭解自己的生活型態與目前生活的關係，特別是在與殘障有關的

主題上。

4. 重新導向並再教育個案：減少個案的自卑與增加社會的參與感。這個階段的焦點在行為改變上、協助個案解決困難、規劃未來的目標。

實際介入協助殘障者的策略上，當個案體驗到沮喪與內射的憤怒時，諮商員協助案主透過有效的因應策略、獲得個人的意義感以及社會歸屬感等方面來協助個案。而在理解及適應階段，治療的重點則在幫助個案瞭解殘障對他個人的意義，促使個案接受殘障所帶來的新限制，並將這些限制融入他的生活型態及未來目標中，協助個案覺得自己對社會有用，並發展能夠獨立、成功地在社區中發揮功能的因應能力。

＊改變的指標：對社會有用（social usefulness）、能夠獨立在社區中發揮功能。

✚ 認知取向（cognitive approach）

該取向認為負向的認知與自我對話常常造成負向的自我感受，最後導致低自尊。所以合理情緒學派與認知學派企圖儘可能降低個案的對生活的誤解與自我打擊的態度，增加因應的技巧並建立較實際的人生觀。

必要時會運用活動計畫表來幫助個案減少被動以及一再地想起殘障，並增加動機，個案也會被分派家庭作業以實際練習。

＊改變的指標：一、煩惱、沮喪、焦慮的次數時間減少；二、理性選擇的次數增多；三、正向積極的生活改變增多。

✤ 身心取向（somatopsychological approach）

Wright（1983）等人認為人的行為是受到內在心理與外在環境的交互影響。所以行為（功能）的限制與社會的拒絕使得殘障者處於較低的地位，而難以達成目標。殘障對個人的意義，常與個人所處的環境賦予殘障的價值有關，而影響個人的心理社會適應歷程。

因此，Wright 建議四種介入的取向：

1. 擴展價值觀，協助個案拓展眼界，而不局限在那些受到殘障影響的價值。
2. 降低崇尚身體的價值觀。
3. 限制殘障的影響，避免殘障帶來的限制延伸到與殘障無關的地方。
4. 將過去與他人比較的價值觀，轉變成珍惜個人內在能力資產。

＊改變的指標：一、價值觀轉變，不再與個人的失落和殘障關聯；二、與身體無關的價值其意義對個人愈來愈重要；三、殘障的影響只限制在與殘障直接有關的部分；四、重視將注意力放在自己內在的力量與漸進的成長。

6-5-3 系統觀點的運用

根據筆者深入訪談的結果，發現在實務上，社會工作介入職災致殘勞工的處遇服務中，均隱含系統觀點的運用，將受災勞工個人視為社會整體的一部分，而在職災發生之後，即不斷動員其

他支持系統和資源來給予協助。因此，本節擬就系統觀點加以說明，以利瞭解此觀點在職災致殘勞工處遇服務上之運用情形。

系統理論的論點認為人本身是一個體系，會與其他體系（家庭、社區、社會）發生互動關係；人是有目標且傾向於發展和改變的。而系統之間會發生互動，在輸入（input）、作用（throughput）、輸出（output）的運作之後會重新達到平衡狀態。系統中的任一部分發生變化，則其他系統會隨之改變。

✤ 系統理論的基本概念（廖榮利，1987；Payne, 1997）

1. 系統：是一個有界限的實體，界限中生理和心理能量會交互作用。系統中也會涵蓋其他的次系統。

2. 界域（boundary）：是一個系統會與環境產生交流之現象，但卻不會被環境所融化，主要即是因此一系統有它的界限。界域之界定不僅是靠系統本身決定，同時必須考慮環境之影響力，才能使系統之間相互依存並發展其組織與功能。

3. 開放與封閉的系統：系統之間的能量會彼此交流，而形成輸入、轉化、輸出、回饋的運作過程。系統若不從界域外得到輸入，則系統將逐漸趨於「混亂」而死亡。

4. 整體並非等於部分的總合，此乃系統之非等加性（nonsumativity）。

✤ 系統理論於社會工作上的運用

社會工作試著去瞭解在案主和環境的互動中是什麼原因導致問題產生。案主和環境都不應被視為有問題，而是他們之間的互

動發生困難。因此，社會工作的任務是：（Payne, 1997）

1. 協助人們使用或增進其解決問題之能力（如學習新的親職技巧可以改善家庭關係）。

2. 建立人們和資源系統間的連結（如協助一個剛失去肢體的殘障者愉快地進入當地的社區中心，經由仔細地介紹過程來確認他並未因為殘障而遭受拒絕）。

3. 協助或修正人們和資源系統間的互動（如協助福利請求者以較容易成功的方式陳述他們的案例）。

4. 增進人們在資源系統中的互動（如在家庭或其他機構中）。

5. 協助人們發展和改變社會政策。

6. 給予實質的協助。

7. 作為社會控制的媒介。

✤ 系統理論的處遇要素（廖榮利，1987；Payne, 1997）

1. 變遷媒介系統：指的是社會工作者如其所屬的組織。運用工作者的專業知識中組織的功能協助案主。

2. 案主系統：指的是人、團體、家庭、社區等與變遷媒介系統共同努力的救助者。確實的案主是指已經同意接受協助並同意參與者；潛在性的案主是指社會工作者試著協助的對象。

3. 目標系統：變遷媒介系統為達成目標所要改變的人。案主和目標系統可能相同也可能並不相同。

4. 行動系統：變遷媒介系統為達成目標而共同合作的人。案主、標的和行動系統可能相同亦可能不同。

✚ 系統理論的處遇過程

Germain & Gitterman（1980）認為社會工作實務可強化個人適應的能力，進而影響周遭環境使交換過程更具適應性。而系統觀點用在社會工作的處遇過程中則涵括一系列不同技巧的工作階段（Payne, 1997）。

6-5-4 小結

本節引用殘障的調適歷程（Liveneh, 1986; Liveneh & Sherwood, 1991）來說明殘障者心理調適的歷程和在各階段所可採用的介入策略。此一階段理論的觀點，係以心理動力學和危機理論為主軸所發展。儘管此一調適歷程的階段論點係針對一般殘障者所討論，但仍然可以援引來瞭解職災致殘勞工的心理調適問題，並參酌所建議的介入策略為職災致殘勞工處遇模式之參考。實務上，更可提供作為職災致殘者心理輔導的策略運用。然而，由於此理論偏重個人心理調適歷程的強調，較不重視個人與環境之間的連結，因而容易忽略個人與環境互動及社會層面之影響。此外，在實務上，因為職災致殘勞工之心理調適因受到「職業」致因的影響，通常牽涉相當廣泛層面的社會性及環境因素的交互作用而影響職災致殘勞工的調適歷程。因此，若僅偏重在個人心理層面的強調，似仍有不足之處。

再者，若就實務界針對職災致殘勞工之處遇服務及其在社會

工作相關理論運用情形而言，根據筆者深入訪問兩受訪單位的社工督導人員發現，在實務上社會工作理論的運用仍相當有限。然而，若從其介入職災致殘勞工處遇服務歷程與處遇要點和階段任務的內涵來看，則可發現均使用危機干預的理念，將職災事件視為一危機事件，而將發生職災的勞工以危機處理和危機因應的方式來加以協助。此外，更重要的是，在其處遇模式中都有生態系統理論的運用。換言之，生態系統觀點運用在職災致殘勞工之處遇上，則強調重視環境因素的重要，同時著重案主與對案主產生影響的組織，也著重案主與其他系統之關係，而非案主的病理。

在職災發生後，動員整個體系包括工傷者個人體系和其他體系（家庭、社區、社會）的互動及交互關係來協助工傷勞工在遭遇職災巨大衝擊之後，能夠重斯達到另一新的平衡狀態。而社會工作人員的角色，在協助工傷者個人的適應能力方面可說是一使能者、教導者或是促進者，而非治療者；而在環境方面社會工作人員可說是一中介者、倡導者或組織者。此乃生態系統理論運用在職災致殘勞工處遇模式系統理論對於危機處理相當適用。然而由於系統理論只提供說明而非解釋性的模型，理論本身太過抽象而且概括，於實際現況時並未提供實際干預的具體步驟，此乃一理論運用上的最大限制。

6-6 建議運用在職災致殘勞工服務之理論模式

從文獻探討中可以歸納出，職災致殘勞工於事件發生後，最重要的介入目的乃是希望降低職災事件所產生之危機對工傷個人生理和心理的衝擊，進一步恢復工傷者工作能力，最後能重回工作崗位。因此配合職業重建的需要，強調個人與環境因素對於殘障調適的影響。本文以下將試圖提出二個適於職災致殘勞工處遇之理論模式，並分別說明其理論之適用性及優缺點。

6-6-1 危機干預理論模式

根據 Robert Weiss 的定義，危機係指突發的情況，持續有限的時間，但通常會造成處於此情況中的個人相當大的壓力。危機通常帶給個人情緒的震撼，但同時也可能激發行動的新能量（energy）。危機結束時可能回到危機前的狀態，也可能導致一種長期的擾亂，而成為一種變遷狀態（transition state）。變遷之後個人可能學習使用新的因應模式，發展出新的關係，然而在某些情況下也有可能導致長期的缺憾和失落，例如，身體上的缺陷狀況等（Turner, 1986）。

危機事件通常是正常生活方式中一種嚴重的擾亂事故，因是料想不到的情境，且足以形成原有能力所難以克服的問題。而危機干預則是對處於危機狀態之下的個人、家庭以及團體，提供一種短期治療或調適的過程（廖榮利，1987）。儘管危機干預的正統用法係對心理衛生緊急事件提供社會服務及重大公共災後的情

緒處理。然而目前危機干預已經被廣泛運用在心理衛生服務領域。結合多種專業的分工，包括醫生、護士和社工員等（Payne, 1997）。Parad（1965）指出，當人們應付日常生活能力遭遇危機時，將促使他們向機構求援，因此，所有的案主都可以被當做「在危機狀態中」（Payne, 1997）。對於職業災害致殘勞工於災害發生後巨大衝擊所引起的危機狀態，很適合以危機干預之模式來加以協助。而由於職災事件之突發特性及致殘之巨大衝擊，通常在實務界大都是由醫療及社會工作人員主動介入。

❖ 危機干預理論的基本概念

根據 Naomi Golan（1978）的解釋，危機干預理論的重要論點如下：（Payne, 1997）

1. 每個人、團體和組織在其一生當中，都會遭遇危機事件。
2. 「危機事件」（hazardous events）是導致危機發生的主要問題，或一系列的難題。
3. 危機事件可能是可預期的，或不可預期的。
4. 危機事件造成損失時，便產生脆弱狀態（vulnerable states）。
5. 在人們的能力足以應付事件時，便是在平衡狀態。
6. 當平衡被干擾，我們會先嘗試以平常方法來處理問題，若方法失敗，便嘗試用新的解決問題方法。
7. 若兩者失敗，就產生緊張或壓力。
8. 未解決問題之前的促發事件增加其緊張，而且造成當前危機的混亂狀態。

9. 社工員可能視促發因素為案主的主要問題，但這些因素並不一定是真正的危機。

10. 壓力事件（stressful events）可能有三種意義，且各有其典型反應（威脅與焦慮、失落和沮喪、挑戰和企圖解決問題及輕微焦慮）。

11. 過去成功處理問題的經驗愈多，解決問題的策略會愈多，所以比較不會引發當前危機；過去失敗的解決問題經驗則導致經常性陷於當前危機。

12. 所有的危機在六到八週內會獲得一個解決。

13. 在危機中的人比不在危機中的人更願意接受協助；在危機中的干預也比在非危機中更容易成功。

14. 當前危機之後的「再整合」作用，使人們學到解決問題的有效方法。能增加未來的處理能力。

而「再整合」的步驟，包括：

1. 改正認知知覺：使案主能用更正確、更完全的觀點看待影響其生活的事件。

2. 處理情緒：使案主釋放其極端的情緒，且工作者能接納其情緒。

3. 發展新的應對行為。

✚ 危機干預的特徵：（廖榮利，1987）

1. 它是密集性的（intensive）：它須要動員所有可能的、顯性的（manifest）和潛性的（latent）心理能力和社會資源。

2. 它是短期式的（short-termed）：它往往要事先規劃進行的過程，以求其在最短的時間內，達到最大的建設性效果。

3. 它的重點在於目前的情況：即設法解決性的危機之衝擊，而解決案主過去未解決的問題，並促成他人格的成長，也是間接效果。

4. 它旨在促進案主的自助能力。

✚ 危機干預的原則：（廖榮利，1987）

1. 即時接案與處理：由於危機代表一種危險，為了要避免這種危險性傷害到受助者，社工員需先界定他是否處於危機狀態，並應即予以處理。

2. 主動的採取行動：在危機干預中的案主，常由於危機導致社會功能的減弱，故往往即刻需行動產生，以克服危機。因此，需要工作者的主動參與、引導、判斷以及評價整個情境的過程。

3. 有限的目標：針對危機事件給予處遇，使案主能獲平衡狀態。若忽略此點，將會使危機調適的過程失去其密集而迅速呈現的效果。

4. 希望與期望：危機中的人們常非常期望有人能神奇地解決他們的問題。因此，社工員必須不斷輸入希望，尤其是對案主於危機情境的期望。

5. 支持：工作者必須提供大量的支持給案主，與案主一起來度過難關。

6. 重點在於問題的獲得解決：危機干預的重點，就是要解決問題，所以在整個過程中，隨時要注意有無偏離此一層次。應持審慎介入的態度，尤其不該不斷地挖掘案主的潛意識層面。

7. 自我影像：工作者宜善加瞭解案主的自我影像，並保護和促進其自我影像。工作者所須努力事項包括：一、疏通關係；二、減低案主的防衛性；三、動員案主的能力與資源。

8. 自我獨立：要培養案主解決問題的能力。

✚ 危機干預之處遇過程：（Payne, 1997）

1. 情況評量：著重當下（here & now），協助案主表達其情緒、探索危險事件、促發事件及生活中受干擾的情況；在案主情緒稍平復之後再與案主共同討論決定處遇問題的先後順序。

2. 設定處遇目標：減輕個人對事件的情緒反應，幫助案主解決他們切身相關的問題，並增強因應能力。Lydia Rapoport（1970）提出六項目標：

   （1）緩和症狀。

   （2）使案主略微之前最好的功能狀態。

   （3）協助主瞭解危機前使個人失去平衡的促發事件。

   （4）協助家庭和社區給予案主支持，並透過與案主及其家庭的溝通找出解決的方法。

   （5）找出現在壓力與過去生活經驗和衝突的連結。

   （6）使案主嘗試新的思考和處理方式、發展新的因應方式。

3. 進行處遇：涉及一連串的任務，包括工具性或物質性安排任務以及心理社會任務，包括：

（1）給予支持和鼓勵，處理失落感及對安全、自尊的威脅。

（2）給予意見：行動之選擇、倡導某些行動、警告事情的可能結果。當案主太過混亂時可給直接的指導。

（3）協助行為改變：預期結果的引導、角色演練、現實演練、正增強、自我肯定訓練、給予回饋。

（4）協助重整：涉及與案主相關之人和其所在之環境；協助案主建立在社區中自然的互助網絡。

4. 干預結束：回顧案主的進展、已達成的任務、新發展的因應與適應的模式、與社區中的個人與資源所建立的連結等。

✤ Golan 的危機干預模型

Golan 的危機干預模型見表 6-1。

表 6-1　Golan 的危機干預模型

開始階段：形成	中間階段：執行	結束階段：結案
A：＊以危機狀況為重心集中注意於此時此刻。 ＊使案主表達情緒反應，情緒較平和之後，對危險事件進行探討。 ＊發現脆弱狀態的類型及影響。 ＊評估危機狀況造成的困擾。 B：評估 決策陳述—— ＊描述環境及優先性問題。 ＊確定案主的優先順序。 ＊決定主要問題。 C：訂定契約 定義案主與工作者的目標、任務。	A：收集資料 ＊收集被遺漏的資料。 ＊檢查不一致處。 ＊選擇主題（失落、焦慮、挑戰）。 B：行為改變 ＊檢查案主在問題範圍中的應對機制。 ＊設定實際的短期目標。 ＊設立整體任務，共同達成實際任務，共同完成「思考性」（thinking）任務。	A：決定結案 ＊檢查轉介至今的階段歷程。 ＊提醒案主。 ＊提出契約及結束的期限。 ＊處理對結案的抗拒。 B：回顧進展 ＊總結進步的地方。 ＊回顧主題。 ＊製作一份已完成任務及已達成目標、改變及未完成工作的備忘錄。 C：計畫將來 ＊討論目前問題，討論案主的計畫。 ＊協助案主體會到過程已結束，協助案主接受仍然有其他未被解決的問題。

資料來源：Payne, M. (1997). *Modern Social Work Theory: A Critical Introduction* (2nd Ed.). Chicago, IL: Lyceum Books Inc.

✤ 評論

1. 危機干預的處遇過程明確，對社工員而言，也可說是具體可行的一種工作方法，因此頗受社會工作者的歡迎。

2. 可運用的範圍相當廣泛，特別是適用在有明顯的危險事件、高度的焦慮或痛苦以及近期問題之處理方法明顯失效時，其應用也愈來愈受到重視。職災事件乃一明顯危險事件，

同時產生致殘勞工高度的焦慮和痛苦，因此在情境上職災勞工受創之時，相當適合此一理論模型之運用。

3. 能針對問題立即反應給予處置，可降低危機對案主所造成的影響程度。在有關職災事件發生危機的一開始，社會工作人員即主動介入給予工傷勞工協助、支持，通常可以降低職災此一危機事件所造成的衝擊。

4. 批評者認為社會工作者易傾向於把促發因素視為是案主的主要問題，但其實這些因素有可能並不是真正的危機。換言之，容易忽略存在於危機之下的潛在因素。

5. 由於該理論強調所有的危機在六到八週內會獲得一個解決，因此，此模型較無法兼顧長期處遇及照顧的個案。

6. 契約的觀念也受到批評，認為案主和社工員之間存在著一所謂「假平等」，因其忽略了社工員的權力和專業判斷考慮在內。

6-6-2 認知行為理論模式

認知理論重視認知——即人類的思維。個人的思維是情緒、動機和行為的主要決定因素，而思維是一個意識的過程，案主告訴社會工作者的問題可視為有意識的問題（problem of consciousness）（Turner, 1986）。認知理論主張人類的行為受制於思考，而不是潛意識中的驅力。重視案主對於外在世界的主觀知覺，認為非理性的思維及錯亂的知覺會影響我們錯誤地看待外在世界，同時探討人類心智修正及控制行為的可能性。而行為治療理論源於 1950 年

職業安全衛生管理
Occupational Safety and Health Management

代對於精神分析論的駁斥，主張人類的行為是經由學習而來。1970年代以後逐漸與認知理論結合發展出認知行為學派。

　　筆者認為認知行為理論模式適合社會工作人員運用在職業災害致殘勞工的處遇服務上，乃係因為此派理論強調人類認知的重要性與行為改變的連結。析言之，在從前面有關職業復健和重回工作的文獻探討之中已反映出影響職災致殘勞工重回工作之社會心理影響因素的重要性，這牽涉到殘障勞工知覺自我形象或自我概念的不連續或破碎的情形，自覺自己殘廢已無工作能力、身體殘缺或自覺自我功能受損的認知，左右了勞工重返工作的意願和動機。因此，如何協助職災致殘勞工認知重建將有助於復健過程中的調適和促使早日重回工作崗位。

　　以下將分別敘述認知行為理論的主要基本概念和處遇原則：

✚ 認知行為理論的主要論點：（Turner, 1986）

1. 行為受思想所決定。我們觀察情境、其他人和自己的行動，達到我們所觀察的結論和判斷，隨著產生行動。Alfred Adler 曾說：「一個人的行為來自他的意見。所以不正確的認知導致不適當的行為。」

2. 一項重要的思想方式就是人類確實關心他的近程和遠程的目的，我們為自己所設定的目的，反過來影響我們的生活方式、我們基本的行為模式、我們發展生活形態，相信藉此可達成目的。

3. 個人的生活不受潛意識力量的控制，但是個人可能不瞭解

他的態度的來源、做表達的印象、或是他的行為對其他人的影響。

4. 人類具有天生直覺的內驅力，但攻擊力並非內驅力，攻擊行為可視為對威脅或挫折感覺的反應，或是視為個人的一種生活方式，個人選擇反社會的目的，認為非有此攻擊行為則無法達到反社會目的。

5. 個人並非全由天生的內驅力所掌控來決定，當重要的目的提供充裕的動機，個人調整與他所選擇目的不一致的內驅力。

6. 大部分行為並不是性行動的表現或昇華，性的驅力只是一些驅力之一而已，並不能理所當然地認為是說明某一特殊問題。

7. 情緒也可追溯它的思考，我們所認知的事務所得出的結論決定了我們情緒是否反應出恐懼、憤怒、羞恥、愛或喜悅。就定義而言，潛意識的情緒是不能存在的，例如，潛意識的犯罪是不可能的，因為犯罪產生需要一個意識的過程，而此過程需要判斷。

8. 動機不可能是潛意識的，一項動機是個人依據其個人的認知，認為是對個人福利、喜悅或成功等所必須的；而此動機是成為個人的目的或目標。

9. 處遇因此必須集中在案主的思想、情緒、表達之動機及其行為，不可提出潛意識的內容。

10. 認知理論是社會取向的，情緒、動機和行為的主要決定因素就是思想，這種思想反過來說受個人在社會、四周環

境、人際關係及個人經歷等因素所影響。

11. 每個人本質上都是具有創造力，擁有面對挑戰時之力量和勇氣的資源，創造力基本努力的方向是邁向完美和完整。Maslow 認為這種創造力趨向就是一種自我實現的需求，這種需求「使個人有能力轉變成為任何目標」。

12. 轉變包括擴大或調整個人的意識，一直到認知快接近事實，經由與案主的談話，或引導案主接觸直接經驗，將可改變案主受扭曲的思想。

✚ 認知行為理論的主要特徵

Gambrill（1995）界定認知行為理論的主要特徵如下（Payne, 1997）：

1. 焦點在使案主和其周遭的人所憂慮的特定行為，如行為改變，則關心點也將移轉。

2. 依循行為原則和學習理論。

3. 工作者依據直接的觀察，就問題做出清楚的分析和描述、評量、介入和評估的方法均有清楚的界定。

4. 藉由情境中的改變因素和結果改變的尋找，來界定影響行為的因素。

5. 發現案主的資源並加以運用。

6. 包含案主情境中的重要他人。

7. 介入是立基於研究證明的效果。

8. 運用主觀和客觀的測量工具追蹤過程，比較現在和介入前

的情況。

9. 工作者注重達成案主所重視的結果。

10. 工作者協助案主在許多情境中使用改變行為，並且在干預之後能維持改善。

Scott & Dryden（1996）把認知——行為治療（cognitive-behavior theorapies）區分為下列四大類：（Payne, 1997）

1. 因應技巧（coping skills）：包含兩項因素，第一項是「自我語言表達」（self-mebalisation），指的是對自己的語言指示，第二則是所產生的行為，因應情況時所產生的困難來自無法進行自己語言表達，或是根據我們的指示表現行為。Meichenbaum 的壓力預防訓練（Stress Inoculation Training）目的在降低和預防壓力，透過教育案主如何在困難的情境下表達和行為。同時我們採取變化來降低案主環境中的壓力。

2. 問題解決（problem solving）：不同於Perlman（1957）的心理動力社會工作理論，它是關於把人的生活視為解決生活議題的一個過程，因此問題解決更類似目標中心的工作；案主被鼓勵「鎖定」（Lock-on）問題，同時解釋問題，提出解決問題的答案，選擇最佳答案，規劃行動的方式，以及檢討進程。

3. 認知重建（cognitive restructiving）：可能是最為人熟悉的認知治療的方式，它涵蓋了 Beak 的認知治療，以及 Ellis 的理性情緒行為治療（rational-emotive behavioral therapy）（REBT，

職業安全衛生管理

以前稱之為 RET），在認知治療中，案主蒐集有關如何解釋情境的資料。同時工作人員質詢和檢驗這資料如何運作。在 REBT 中，非理性的理念操縱了案主的思考，結果導致「威嚴可怖」的態度，換言之，把事情視為非理性的負面、低的挫折容忍度，以及「該咀咒」的心理感覺，這種感覺基本上把他人視為惡人，因為這個人在某些事情方面失敗了。因此社會工作人員探尋問題，並攻擊左右這些反應的非理性理念。

4. 結構性認知治療（structional cognitive therapy）：主要是關於案主心理中其理念的三項結構（structures），核心結構是有關自己的假設，中間的理念是明確描述案主所創造的世界，邊陲的理念則是每日所使用的行動計畫和解決問題的策略。工作人員的焦點放在邊陲的理念，如何產生問題，但是應用改變的過程來探討這些理念在更深概念中的源頭。

✚ 認知行為理論的處遇過程

在認知行為模式的處遇過程中，首先要建立溫暖的治療環境和夥伴關係，以開放性的態度評估案主的問題及其思考方式，改變案主的意識，協助讓案主的知覺更符合現實情境，進而能正確的在現實情境中選擇行動。此外評估（assessment）乃是處遇過程中非常重要的工作，透過評估的過程歸納出案主非理性思考的原因，並進而提出問題的解決策略。Sheldon 提出一套有關認知行為治療的評估和處遇流程（Payne, 1997）：

1. 強調導致問題的可觀察行為，或缺乏預期或調適行為

   ＊評估內容：何人？何事？何時？如何？是否經常？跟誰？哪些已做到？哪些尚未做到？做到的部分是否太多、或太少？什麼是在錯誤地方或錯誤時間。

2. 個人對刺激之意義的歸因

   ＊評估內容：人們所解釋的或行為或缺乏所顯示的困惑、憂慮、擔心、挫折。

3. 目前行為和思想以及伴隨的感覺

   ＊評估內容：探尋過去阻礙工作的原因，嘗試控制限制行動之問題的層面，探索維持目前行為的原因、學習歷史（如不合適的反應、無法學習、無法區分情境中關鍵的部分）。

4. 行為的目標次序

   ＊評估內容：何種行為需要增加或減少？需要何種新的技巧或情緒降低，以表現出不同的行為。

5. 辨認控制情境

   ＊評估內容：問題如何產生？其前因是什麼？在先後次序中如何產生？之後又如何發生？

6. 辨認個人的標籤，但避免有偏見的屬性

   ＊評估內容：個人如何描述或解釋問題？它的偏見程度如何？

7. 傾聽以導致有關行為的假設之彈性

   ＊評估內容：探索並不相關的事務，清楚瞭解能夠改變的行為部分，以及它如何改變？

✚ 評論

1. 認知行為理論模式的優點在於其特質是理性的、可實證的，並且是具體可行的。

2. 因著重以案主主觀世界解釋行為，因此重視案主的感受和意義，且強調案主管理自身生活的理性能量，在實施時與案主建立的溫暖夥伴治療關係，易於讓案主接受。因此，非常適於遭逢職災巨變的勞工之處遇運用。

6-6-3 小結

由於職災致殘勞工所面臨的是巨大意外災害事件的衝擊，在此危急情境下，如無法即時給予協助和支持，很可能會造成災害事件後的另一危機事件。然而由於職災致殘勞工之處遇常涉及認知重建職業復健和重返工作的問題，因此，在實務的處遇運作上和一般殘障者的處遇方式自有不同。

筆者建議採用危機干預理論和認知行為理論來作為建立職災致殘勞工處遇模式之參考。此兩種理論各有其適用和優缺點，且因職災致殘勞工之處遇過程有其特殊需求——即協助勞工心理調適和重回工作崗位，因此筆者認為應將此兩種理論模式加以結合，依據職災致殘勞工於各階段的不同需要分別加以運用。

1. 職災發生，緊急介入階段——以危機干預為主
   （1）工作者必須（主動）即時介入處理，以避免進一步傷害的擴大。

（2）給予支持和鼓勵，減輕案主對事件的情緒反應，特別是處理（肢體）失落感及對安全、自尊的威脅。而由於職災事件往往衝擊到案主家庭，故亦必須注意給予案家情緒支持。

（3）給予意見：針對目前最切身相關的問題協助解決。例如，醫療問題或有關勞、健保等職災權益問題的處理等。

（4）協助案主支持系統的建立和運作。特別是家庭支持系統或由老傷友所組成之「支持性團體」的鼓勵。

2. 身心復健階段──以認知行為治療為主

（1）處遇重點集中在案主的思想、情緒及表達之動機及其行為。

（2）進行評估：以夥伴關係及保持以開放性的態度「評估」案主的問題及其思考方式，瞭解「工作」和「殘障」對案主的意義，歸納出案主非理性思考的原因。特別是對社會環境及職業傷害之歸因方式；並進而尋求解決方法。

（3）降低案主負向的認知和負向的自我感受。

（4）運用若干活動計畫表幫助案主被動以及一再地想起殘障，並進行實際練習和訓練，以增強動機。

（5）協助使案主的知覺更符合現實情境，進而能正確的在現實情境中選擇行動。例如，案主對於雇主和重回工作職場的認知可能會有所扭曲，在此情形下，工作者

須試圖改善案主意識，協助使案主做出正確的判斷和行動。

在此階段的處遇目標即是協助案主做好重回職場之心理調適。

3. 就業輔導與安置階段——運用社會資源，同時倡導

　（1）完整評估殘障者的身心調適狀態、適應與工作（就業）的能力。

　（2）根據案主的就業需要，提供或轉介接受必需的職業訓練。

　（3）聯繫廠商或原雇主，協助案主再進入職場與適應。

4. 結案追蹤階段——此階段重點在瞭解案主重回職場的適應情形，隨時提供必要之協助。

　綜合而言，針對職災致殘勞工的處遇可以整合運用危機干預和認知行為的觀點，然而整個過程則可以同時配合系統觀點的運用。

(6-7) 結語

　本文主要目的在於探討職業災害重傷致殘勞工的處遇模式，以及社會工作相關理論運用在職災致殘勞工處遇過程之情形。同時希望藉由結合實務上和理論上的探討而能提出較適合於職災致殘勞工處遇的理論模型。由於職災致殘勞工其致殘的原因和一般殘障者殘障的原因不同，即以「職業」災害為其致因，因而產生

在發生職災致殘意外之勞工的危機情境較特殊，且所涵蓋的社會各系統的層面亦較為廣泛。因而社工界在處遇模式的應用自有別於一般殘障者的調適模式。並且，職災致殘的勞工因發生災害而被迫退出職場，故而在處遇上的特點乃在危機的因應以及如何協助受災勞工認知重建並重回工作崗位。

因此，本文特別建議運用危機干預理論和認知行為理論作為建立職災致殘勞工之處遇模式的參考。最後並提出一個整合的多元模式——結合危機干預、認知行為理論和系統觀點的一種處遇模式。

此外，筆者希望能藉此一初探式的討論，而能引發針對此一議題更多的關注和討論。

參考文獻

①王國羽（1982）。〈肢體殘障者職業復健問題與社會工作配合方案之探究〉。私立東海大學社會學研究所社會工作組碩士論文。
②行政院勞工委員會（1999）。《勞動統計月報》，第82期。台北：行政院勞工委員會。
③行政院勞工委員會勞工安全衛生研究所（1995）。《職業復健與生理－心理——社會功能層面觀》。勞工安全衛生研究報告。IOSH84-M142。
④行政院勞工委員會勞工安全衛生研究所（1996）。《職業災害復健研究——復業追蹤》。勞工安全衛生研究報告。IOSH86-M143。
⑤行政院勞工委員會勞工安全衛生研究所（1998）。《傷殘勞工職業復健網路建立模式之研究——以嘉南地區為例》。勞工安全衛生研究報告。IOSH87-M143。

⑥李靜宜（1998）。〈職業災害殘障工作權保障之研究〉。國立政治大學勞工研究所碩士論文。

⑦周玫琪、葉琇珊等譯（1995）。《當代社會工作理論：批判的導論》。台北：五南。

⑧陳育俊（1992）。《殘障者的就業安置與職業重建——引介德國的制度、作法與經驗》。台北：行政院勞工委員會。

⑨黃淑芬（1991）。〈從二十一世紀的人力觀點談復健諮商專業新挑戰〉。《特殊教育季刊》，38，1-10。

⑩瞿宗悌（1998）。〈職業傷害致殘勞工的心理調適歷程及心理輔導人員的介入策略、角色與功能之探究〉。國立台灣師範大學教育心理與輔導研究所碩士論文。

⑪廖榮利（1987）。《社會工作理論與模式》。台北：五南。

⑫劉益宏、王榮德（1993）。〈1985-1990年職災殘廢累積發生率及原因之分析〉。《中華衛誌》，12，354-367。

⑬ Bailey, B. J. & Gregg, C. H. (1986). Grief, Pathological Grief, & Rehabilitation Counseling. *Journal of Applied Rehabilitation Counseling, 17*(4), 19-23.

⑭ Bear-Lehman, J. (1983). Factors Affecting Return to Work after Hand Injury. *The American Journal of Occupational Therapy, 37*(3), 189-194.

⑮ Brzuzy, S. & Speziale, B. A. (1997). Persons with Traumatic Brain Injuries and Their Families: Living Arrangements and Well-Being Post Injury. *Social Work in Health Care, 26*(l), 77-88.

⑯ Cottone, R. R., Handelsman, M. M. & Walters, N. (1985). Understanding the Influence of Family Systems on the Rehabilitation Process. *Journal of Applied Rehabilitation Counseling, 17*(2), 37-40.

⑰ Crisp, R. (1992). Return to Work after Traumatic Brain Injury. *Journal of Rehabilitation*, 27-33.

⑱ Liveneh, H. (1985a). A Unified Approach to Existing Models of Adaptation to Disability: Part I-A Model Adaptation. *Journal of Applied Rehabilitation Counseling, 17*(l), 5-16.

⑲ Liveneh, H. (1985b). A Unified Approach to Existing Models of Adaptation to Disability: Part II-A Model Adaptation. *Journal of Applied Rehabilitation Counseling, 17*(2), 6-10.

⑳ Liveneh, H. & Sherwood, A. (1991). Application of Personality Theories and Counseling Strategies to Clients with Physical Disabilities. *Journal of Counseling & Development, 69*, 525-538.

㉑ Mackelprang, R.W. & Salsgiver, R. O. (1996). People with Disabilities and Social Work: Historical and Contemporary Issues. *Social Work, 41*(1),7-14

㉒ McMurray, D. L. (1998). Psychological, Social, and Medical Factors Affecting Rehabilitation Following Coronary Bypass Surgery. *Journal of Rehabilitation*, 14-19.

㉓ Payne, M. (1997). *Modern Social Work Theory: A Critical Introduction* (2nd Ed.). Chicago, IL: Lyceum Books Inc.

㉔ Turner, F. J. (ed.)(1986). *Social Work Treatment – Interlocking Teoretical Approaches*. (3rd ed.). New York, NY: The Free Press.

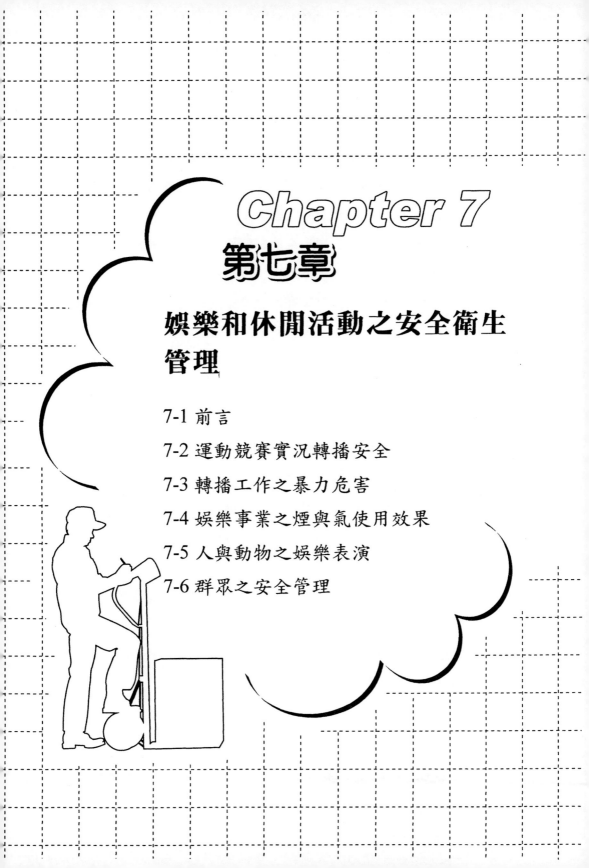

Chapter 7
第七章

娛樂和休閒活動之安全衛生管理

(7-1) 前言

　　近年來，隨著週休二日的推展，國人對於娛樂和休閒活動（entertainment and leisure）有愈來愈受重視的**趨勢**，但有關娛樂和休閒活動也紛傳安全衛生危害，諸如發生在 2000 年 12 月 11 日，中國電視股份有限公司「全能綜藝通」至台北縣五股工業區一處大型的冷凍倉庫錄影，冰庫內溫度保持在零下二十度，該節目製作單位自備的發電機放置在冷凍倉庫內的迴廊供應燈光照明，由於冷凍倉庫的空間並不大，且密閉，致使發電機所產生的一氧化碳瀰漫，造成藝人與工作人員十三人疑似一氧化碳中毒。

　　另在以色列也發生有一對新婚派對的宴會場合中，正當親朋好友沉醉於一片歡樂氣氛中，突然發生樓層倒塌的情事，頓時間，從歡樂跌到愁雲慘霧之中。

　　因此，類似前述之危害屢見不鮮，如何去防範，實在是一個重要的課題。更何況娛樂和休閒活動之場所，並不是像一般勞工均只局限在單一作業場所中，而且有雇主之安全衛生監督，所以其活動的場地並不固定，所以其安全衛生危害幾乎是無所不在。本章擬針對運動轉播之安全及暴力防範、特技或特殊效果之危害、群眾之安全管理、露天賽會和遊樂園之安全衛生及遊樂設施檢查程序計畫（The Amusement Devices Inspection Procedures Scheme, ADIPS）等予以探討。

7-2 運動競賽實況轉播安全

7-2-1 主要危害

通常在運動場或體育館所舉行之運動競賽實況轉播安全（safety in broadcasting sports events）之主要危害有下列幾項：

1. 轉播者周遭易遭受干擾（accessibility to the broadcaster's position）。

2. 火災或其他突發緊急狀況（fire and other emergency situations）。

3. 在臨時搭建之高處轉播檯從事轉播作業（working at heights and from temporary structures）。

4. 來自於失序觀眾席之暴力（exposure of staff to crowd disorder and personal violence）。

5. 暴風或其他天候情況（wind and other weather conditions）。

6. 架設於邊線旁之轉播檯易遭受球員或球之撞擊（collision with players or the ball when recording new touchlines）。

7. 噪音（noise）。

7-2-2 危害預防警戒策略

有關運動競賽實況轉播之危害預防警戒策略分述如後：

1. 進出口（access and egress routes）：發生在英國Bradford和Hillsborough 的兩件不幸事件，經過事後歸納分析，在此競賽

集合場只有一條簡單的便道通往轉播區,致使一旦災害發生時,轉播者來不及逃生而被活活的困在轉播區,最終被燒死。特別是在一些小型的俱樂部,有關轉播區或音樂播放區之規劃更是簡陋。進出口之評估應包括通道的暢通和不得有碎物或破片,固定的扶手(1.1公尺高),緊急狀況時要有照明措施。

2. 火災和相關災害(fire and associated hazards):必須有詳細與妥善的防火和緊急應變疏散過程,這些過程應包括警報器(alarm signals)、疏散路線(evacuation routes)、緊急出口(emergency exits)和疏散後的集合地點(assembly points)等資訊。此外,轉播區亦應有緩降設備(self-lowering equipment)或逃生梯等措施。

3. 高處作業(working at heights):有時候轉播工作必須在高處從事鏡頭之捕捉,這些轉播區常是臨時搭建的,或是使用高空作業車或吊籠(platforms),臨時搭建的結構必須考量其牢固程度,而高空作業車或吊籠必須注意其固定點,且應配戴安全帶及救命索等安全裝置。

4. 暴力(violence):運動轉播時,轉播者有可能遭致狂熱的支持群眾之攻擊,抗議報導不公等事情。特別是攝影群之特寫捕捉時,最易在球場之邊線遭受群眾之攻擊。

5. 攝影機(cameras):在從事運動轉播時,攝影機是一項不可或缺的工具,可分為固定式(fixed)和活動式(mobile)攝影機兩種。固定式攝影機若架設在球場之邊線旁,其四

周應有適當的隔離防撞措施，以防止球員之撞擊。活動式攝影機係指以手持攝影機，通常須站在至少離球場二公尺之位置，且不得影響裁判或線審之作業。

6. 噪音（noise）：運動比賽時，有關群眾之聲音足以影響轉播之工作，轉播者可配戴高傳真性耳塞（high-fidelity ear plugs）來降低來自於觀眾之噪音。

(7-3) 轉播工作之暴力危害

轉播工作者常會面臨到群眾的挑釁或暴力行為。由經驗上得知這些上述的因擾常包括強奪、恐嚇、辱罵、威脅和實際的攻擊行為，進而致使傷害或死亡。當從事轉播或製片時，都有可能遭受暴力的危害，特別是在下列區域：

1. 焦點新聞節目（news and current affairs programs）。
2. 紀錄影片（documentaries）。
3. 連續劇之定點拍攝（drama series shot on location）。
4. 運動（sports events）。

7-3-1 主要危害

有關轉播工作之暴力危害來源有下列七項：

1. 可能遭受群眾之偷竊。
2. 拒絕轉播者之拍攝或特寫。

3. 轉播者在捕捉騷動畫面時遭到直接或間接的攻擊。

4. 群眾的失序行為或暴動。

5. 所支持之隊伍與主辦單位之衝突。

6. 比賽之隊員遭扣留或綁架。

7. 群眾受到藥物或酒類之影響。

7-3-2 危害預防措施

轉播工作之危害預防措施,主要有下列三項措施,分別為: 群眾的失序或騷動(public disorder ╱ civil disturbance)、面對(confrontation)、凶器(weapons)等。

群眾的失序或騷動通常有徵兆,而且可以預先知悉,進而加以防範:

1. 儘可能位於置高點或安全的有利位置。

2. 領隊或教練應避免脫隊或單獨行動。

3. 出入口之暢通。

4. 避免使用顯眼的拍攝錄影設備。

5. 群眾有被激怒或危險狀況延伸時,必須準備離開。

6. 未做標記之交通工具各有利弊。

7. 僱用熟悉當地之人士。

8. 加強溝通。

9. 使用個人防護設備(PPE),諸如安全帽、安全鞋、防護衣等。

10. 和轉播新聞公司的合作。

11. 保全公司的使用。

當面對暴力威脅時，下列之處理極為有效，其必須依賴下列
情況。

1. 保持冷靜。

2. 避免眼睛長時間的注視對方。

3. 注意聲音之語調，說話速度放慢和避免說冗長的句子。

4. 保持距離。

5. 勿接觸任何可能威脅你的人。

6. 對自己的態度要有自覺，不可有鬆懈之出現。

7. 轉於注意力，嘗試去改變主題。

8. 耐心的傾聽，因為溝通不良為許多主要問題之主因。

9. 協商，沒有不能折衷妥協的。

另若不幸地有危險性武器之使用時，或開槍時，下列措施應
被考慮。

1. 立即撤離。

2. 找掩蔽物，汽車之車門和甚至是牆壁對於槍擊時都不是最
   佳的掩蔽物。

3. 避免暴露於阻擊區。

(7-4) 娛樂事業之煙與氣使用效果

在娛樂事業有時為增加現場之氣氛或特殊效果，常會製造出煙（smoke）與氣（vapour）。主要的方法和型式有下列四項：

1. 乾冰（dry ice）：其為固體的二氧化碳，主要效果是製造白色的霧滴充斥瀰漫在舞台上，讓人覺得好似身處雲層中，其類似的效果也可以使用液態氮。

2. 油滴（oil mist）：增加光線照明之效果，其係利用壓縮氣體通過礦油貯存器，再予以電子點火產生。

3. 乙二醇或礦油煙（glycol or mineral oil smoke）：其係透過煙槍（smoke guns）之使用，藉由乙二醇或礦油之化學反應，所產生之煙。

4. 煙火之煙氣特效（pyrotechnic smoke effects）：由於煙火之施放具有相當的危害性，只是煙火所產生的聲光特效，是極具震撼性的。

有關前述四項之危害如後：

1. 皮膚接觸到液態氮或乾冰所引起的凍傷。
2. 乙二醇或礦油所引發皮膚過敏。
3. 高濃度之二氧化碳或氮氣所導致之窒息。
4. 煙與氣所存在之毒性物質危害。

5. 煙與氣造成環境的迷濛，進而增加滑倒、墜落等災害。

6. 濺出之油滴，所造之滑倒。

(7-5) 人與動物之娛樂表演

在娛樂事業中，有時為使製片顯得更加真實，常將動物安排在舞台上從事特技、魔術表演，通常其專業性不如馬戲團，所以其危害狀況隨時都有可能發生。當然類似拍攝動物之自然生活，攝影師若無適當的防護，亦有可能遭受到動物之攻擊。

最近常在綜藝節目，看到節目主持人拿一些動物來整特別來賓，製造喧嘩或驚叫，甚至被處罰將小動物活吞的情形，看了實在是令人作嘔。

✚ 危害

較常被用在從事娛樂表演之動物，包括鳥類、爬蟲類動物（蛇、蜥蜴、鱷魚等）、魚類、昆蟲、蜘蛛等。有時兩種外觀上類似的動物也有不同的危害，諸如會分泌毒液或不會分泌毒液的蛇類、家庭飼養的貓或野生的貓；動物對人體的危害，包括咬傷、抓傷、刺傷、踢傷或撞傷、感染、過敏等。有些人特別對某些類動物感到恐怖，例如，蜘蛛或蛇。此外，許多接觸到動物的器具亦會對人體造成危害，如舖在地上供動物躺臥之稻草，亦會有火災、灰塵、過敏等危害。

✚ 危害評估

除非具有專門的技術，否則任何人與動物的娛樂表演中，動

物對人體常會造成危害。即使是被當成寵物的一些動物亦存在著不可忽略的危害，例如，國產的小貓、兔子、迷你豬等。

通常有哪些危害須要評估：

1. 動物存在著什麼危害，牠將引起什麼危害？
2. 動物本身及其排泄物皆會對人體造成危害。
3. 寄居在動物上之微生物，會透過手或口之接觸、咬、抓、空氣等傳播給人體。
4. 不可是活的或死去的動物，都有可能成為細菌感染或蔓延的來源。
5. 人與動物之互動方式，例如，躲在暗處觀察或直接與動物之互動，其危害皆不同。
6. 接觸動物之方式，保持距離比手抱著動物，其危害性要來得低，特別是接觸到兇猛或大型的動物，更須詳細的危害評估。
7. 小孩或老年與動物之接觸，特別要予以評估該動物可能造成之危害。
8. 是否同時存在著其他的動物。
9. 別輕忽溫馴的動物所造成之危害。
10. 在表演之場所，觀眾是否會直接接觸到動物。

✚ 預防警戒措施

英國於 1976 年訂定有關危險兇猛動物法（The Dangerous Wild Animals Act），該法對於飼養危險兇猛動物規定須領有執照，人與

職業安全衛生管理
Occupational Safety and Health Management

動物從事娛樂表演等相關規定，有關預防警戒措施如後：

1. 實務上可透過選取較少危害之動物、限制動物等措施，來消除或減低危害。

2. 假使人們和動物工作在一起，必須給予可能有機會受到細菌感染或蔓延之危害的忠告。

3. 通常動物明星常會降低人們對其危害的警覺性。

4. 每個人應該知悉動物的主要危害和控制措施，例如，如何飼食、避免干擾，及緊急措施等。

5. 動物可能引起感染，進而影響孕婦之安危，因此懷孕之婦女應避免與動物過度接觸。

6. 須有專業的動物管理者，其他人員亦應對動物之管理具有初步的認識。

7. 動物會因被騷擾或不舒適，而形成刺激進而攻擊人們。對於動物之本性、食物、水和溫濕度均要有妥適的告示。因此，動物在從事表演前，最好將其安置在安靜不受干擾的地方。

8. 與動物相處表演的時間要拿捏得宜，如果過長常會使動物疲累進而形成暴怒。

9. 表演的場地若舖設有稻草或草蓆等物品，須有防火或消防的措施。

10. 為了防止或降低危害，在接觸動物時必須有衛生之常識，例如，飯前洗手、適當的防護措施（手套、口罩等）、被

咬或抓傷時應馬上消毒敷藥等。

11. 必須有妥善的急救措施，較不具威脅生命之咬或抓傷，應馬上清洗、消毒敷藥，但若是被毒蛇等咬傷，必須馬上送醫院從事急救。

(7-6) 群眾之安全管理

在許多公眾的競賽場（public venues），群眾似乎是整個活動進行之不可或缺因素。譬如最近國內一些大賣場之開幕或週年慶，常會有從高空撒下現金（含美金）或折價券時，讓民眾瘋狂的搶奪，來造成人潮的聚集或製造新聞，但民眾在搶奪時，常有人被踩踏或骨折的情事。而像上述之競賽場地點常選在火車站（railway stations）、露天賽會的場所（fairgrounds）、休閒中心（leisure enters）、運動場（sports stadiums）等。若純就商業利益的觀點，群眾能像潮湧般的將會場擠得水洩不通，那可是最求之不得的，因為人潮就是代表商機、錢潮。但過多的人潮和不良的群眾安全管理措施，將導致推擠等混亂場面、意外事故，甚至死亡等，而且會讓會場中之群眾產生焦慮不安和壓力，進而心中產生下次不要再度光臨，或告訴親朋好友不要到此場所。

因此，有關競賽場地之承辦單位或企業，除了對場地的設施規劃或商機來加以重視之外，對於群眾之安全管理也應該加以重視，因為一旦發生意外事故，有關保險費用、死亡及醫療給付費用等，將會造成一筆可觀的支出，且對於商業信譽及形象造成極

嚴重的影響。

英國 HSE 曾於 1991 年 1 月委託 RM 顧問公司,對於群眾之行為予以研究,特別是針對群眾之多寡、動向和過度擁擠等狀況。其發現群眾行為視集會場所之不同,而有不同的行為。HSE 並將其研究之成果制訂成標題為「群眾在公設集會場所之安全管理」(Managing crowd safety in public venues)。

RM 顧問公司之研究發現,集會場所可能導致之過度擁擠和意外災害,主要有下列地方:

1. 樓梯。
2. 反鎖的門邊。
3. 多處通路變成單一通路處。
4. 凹凸不平或滑的樓板或階梯。

此外,在下列情況下會增加潛在的意外災害:

1. 多數群眾之動線流向。
2. 一長串排隊的人群,或群眾聚集時。
3. 徒步之群眾中混雜著動物等。
4. 與明星人物在一起之人群。

① *Essentials of health and safety at work.* HSE Books ISBN 071760716.
② *Fairgrounds and amusement parks: guidance on safe practices* HSG175 HSE Books 1997 ISBN0717611744.
③ *Noise at work.* Noise Guides 1and 2 HSE Books ISBN 0717604543.

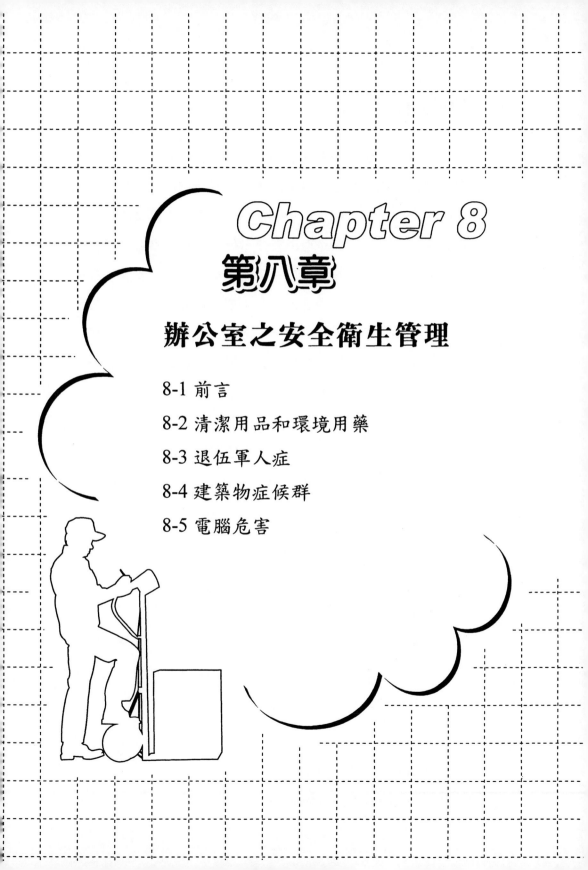

Chapter 8
第八章

辦公室之安全衛生管理

(8-1) 前言

在台灣這個以升學為導向的功利主義社會，許多人自小就被父母親灌輸要好好地唸書，以後大學畢業出社會工作，才能坐在辦公室內吹冷氣且薪水高。通常亦認為辦公室之環境要比生產現場來得好，聽起來倒是理由充分，但其實也不盡然，因為從 2001 年 5 月發生在台北縣汐止的東方科技園區的玻璃帷幕大樓的長時間悶燒，恰可道出辦公室內之勞工亦充滿著許多危機，特別是在職業安全衛生危害，諸如通風、溫度、濕度、照明、地毯、影印機、二手菸、揮發性有機物質、人因工程及退伍軍人症等危害。

故而，衣著光鮮的白領階級，在舒適的智慧型辦公大樓也會有「職業危害」的困擾，因此有醫師提醒進入辦公大樓從事工作的人們，要注意自己本身的身心健康問題。

尚未進入本文前擬先對辦公室之目的（office purposes）有哪些？主要有下列四項：

1. 事務等管理（administration）。
2. 辦事員的工作（clerical work）。
3. 金錢的處理（handling money）。
4. 電訊（藉海底電纜、電話、無線電、電視、傳真機等所做的通訊）和網際網路的操作（telecommunications and internet operating）。

另有關辦事員的工作內容，大致上有下列八項：

1. 書寫（writing）。
2. 記帳（book-keeping）。
3. 文件歸類（sorting papers）。
4. 檔案（filing）。
5. 打字（typing）。
6. 複寫（duplicating）。
7. 計算（calculation）。
8. 出版之編排工作（drawing and the editorial preparation of matter for publication）。

　　早期辦公室之典型危害，不外乎遭剪刀、訂書機及切紙機等之傷害、曬藍圖室之氨氣危害。但現今之辦公室似乎已超乎傳統且具有多功能或是所謂智慧型的辦公室，所以其安全衛生危害，也就愈來愈多元性，茲將其分述如後：

(8-2) 清潔用品和環境用藥

　　由於辦公室必須時常清潔與打掃，所以有關清潔用品和環境用藥的使用極為普遍，若因不慎使用或是使用不當，常會造成中毒或慢性危害，以下就防蟲樟腦、殺蟲劑、殺菌劑及殺鼠劑等四部分予以探討（鄧昭芳，1995）。

1. 防蟲樟腦：在目前的環境用藥中，防蟲丸是最易被忽視的潛在中毒物品，尤其台灣位處亞熱帶，潮濕的氣候，是許多昆蟲孳生的溫床，其本身具有特殊的味道，故常被一般人廣用在浴廁的除臭劑。較常用的防蟲樟腦有樟腦丸、奈丸、對二氯苯防蟲丸等。

2. 殺蟲劑：殺蟲劑是環境用藥最被人們大量使用的，特別是被用來對付蚊蟲、蒼蠅、蟑螂、螞蟻、跳蚤等。一般殺蟲劑的不當使用及大量使用會造成危害，使人暴露在殺蟲劑的毒性下而產生中毒的症狀。目前市售的殺蟲劑，依其主要成分，可分為除蟲菊精類、有機磷劑類和氨基甲酸鹽類。

3. 殺菌劑：殺菌類主要係指用來殺菌消毒的用品，其中又要以清潔用品占最大部分，目前常用清潔用品，已經不局限在肥皂或洗衣粉，因為舉凡浴廁清潔劑、消毒水、漂白水都被大量的使用。一般常見的辦公室用清潔用品，不外乎有酸鹼化學物品、陽離子界面活性劑等。

4. 殺鼠劑：由於老鼠常是漢他病毒的媒介物，所以滅鼠也是各辦公室的首要任務，由於殺鼠劑的種類繁多，且在外型上都被製成如塊狀的餌劑，所以有時會有誤食而中毒之情事。

(8-3) 退伍軍人症

1976 年 7 月美國退伍軍人協會（The American Legion）在費城

Bellevue-Stratford 大飯店舉行年度大會，結果爆發了肺炎流行，計有 220 人得到肺炎，並有 34 人因而死亡。結果經過美國疾病管制中心（CDC）發現其係一種革蘭氏陰性的嗜氧桿菌，並將其命名為退伍軍人桿菌（Legionella Pneumophilia），因此由退伍軍人桿菌所引起的肺炎稱為退伍軍人症（Legionnaires' disease）。

退伍軍人桿菌廣泛存在於使用中央空調系統散熱水塔的水池，而目前的辦公大樓大都使用此種空調系統，因為冷卻水塔在散熱時，會攪動貯水池的水，也使得裡面的退伍軍人菌隨著水氣散播於空氣中，若水池中的水含菌數量夠多，散於空氣中的細菌數便可達到足以致病的地步。另外一種尚待進一步研究的可能傳播方式為中央熱水供應系統，例如，利用大型熱水槽加熱，惟若未達到一定溫度，則退伍軍人桿菌不會被消滅，反而可能成為滋生場所，結果細菌隨著供水系統傳播，當使用者淋浴時，便可能經淋浴時的水氣而散布於空氣中。

8-4 建築物症候群

在辦公室所可能得到之安全衛生危害，有一個專有名詞，醫學界將之稱為「建築物症候群」（Sick Building Syndrome, SBS），其有別於一般職場上之職業病，因其並非由工作過程中的特殊有害物質的暴露，或是不安全的操作行為所引起，而是與作業環境的通風、採光、照明、噪音等特定污染源有關，故而建築物症候群可說是環境病的一種，且與室內空氣品質（Indoor Air Quality, IAQ）

有關。

　　建築物症候群在國內尚未被重視，但國際上於 1970 年已有研究報導，指出歐洲及南美有一些辦公室的工作人員有喉嚨乾燥、眼睛或鼻子過敏、頭痛、頭昏眼花、容易疲倦、咳嗽、氣喘、胸悶，抑或是皮膚及黏膜乾燥、皮膚起紅斑、發癢等。因此，當人們到辦公大樓上班時，才會有上述之症狀，一旦離開辦公大樓或是下班時，則建築物症候群即會減輕或消失。若是超時加班，則其症狀也會愈來愈嚴重。

　　根據世界衛生組織（WHO）於 1984 年所提出的研究指出，大約有 30 ％新的或重新改建之新建築物有建築物症候群之問題，而在此問題的辦公大樓中，有 10-30 ％的員工有發生此症候群的症狀。

✤ 危險因子

　　有關建築物症候群之危險因子有下列三項：

1. 建築物本身方面：低濃度的戶外空氣供應系統、有濃烈或不尋常的污染源、清潔的頻率降低、不當使用紫外光燈。
2. 個人生物醫學的特性：過敏、脂漏性皮膚炎、全身皮膚發癢、女性。
3. 個人工作方面：使用影印機、剛新裝潢或裝修、使用無碳影印紙、工作壓力。

✤ 發生原因

　　根據美國環境保護署（United States Environmental Protection Agency, EPA）的報告指出建築物症候群之發生原因有下列四項：

1. 通風不良（inadequate ventilation）：通常造成建築物的不適當通風之因素有熱風（heating）、排氣（ventilation）和空調（air conditioning）等系統，其亦簡稱 HVAC。美國職業安全衛生研究所（NIOSH）於 1984 年調查，有一半以上的 SBS 肇因於通風不良，大樓室內換氣速率若小於每分鐘 20cfm／person 的戶外空氣量，就會增加室內工作人員的不舒服症狀。因此，減少室內特定污染源（諸如影印機等），是改善通風系統的基本方法。

2. 室內化學性污染物（chemical contaminants from indoor sources）：室內的一些家具或裝飾品常會有釋放出揮發性有機混合物（velatile organic compounds, VOCs），這些揮發性有機混合物有苯、修正液、黏著劑、除污劑、油漆、機器維修所使用的有機溶劑，甚至於香水也算。另冬天時所使用之暖爐等，亦會因燃燒而產生一氧化碳、二氧化氮等化學性污染物。

3. 室外化學性污染物（chemical contaminants form outdoor sources）：大部分的室外化學性污染物進入建築物時，會變成室內化學性污染物，這些室外化學性污染物有交通工具之排廢氣等。

4. 生物性污染物（biological contaminants）：細菌、霉、花粉和病毒等，是典型的生物性污染物。生物性污染物會造成人體呼吸道感染、氣喘、肺炎、過敏等。

✤ 預防方法

有關建築物症候群之預防方法，有以下五點：

1. 移除污染源或有效控制（pollutant source removal or modification）：這是避免建築物症候群的最有效方法，諸如改善通風進出口之 HVAC 系統之控制；例行性的維修通風及空調系統；定期清洗或更換濾網；更換浸水的天花板或地毯等。

2. 增加通風效率（increasing ventilation rates）：增加通風效率可有效地降低室內污染物。在許多的建築物，藉由 HVAC 系統的改善，可使 IAQ 獲得改善。

3. 通風系統（ventilation systems）：1991 年 3 月在芬蘭赫爾辛基都會區所實施的一項調查結果指出，以簡單機器通風的大廈比自然風的大廈會有較高的建築物症候群。究其原因機器通風較自然通風不易維持溫度和濕度。

4. 空氣清淨裝置（air cleaning）：空氣清淨裝置可以調節污染源及控制通風。有鑑於傳統式的濾網並不能有效地移除氣體污染源，必須使用吸附墊式來吸除特殊氣體。

5. 教育和溝通（education and communication）：只有對建築物症候群有充分的認知和瞭解，才能夠有效地防範。

(8-5) 電腦危害

　　由於辦公場所之資訊化，電腦的使用愈來愈普及化，幾乎達到人手一機的趨勢。因此，有關電腦對人體之危害，不得不加以注意與防範，常見之電腦危害有人體工學、視力問題、重複使力、過敏和中毒等危害。

✚ 人體工學危害

　　目前電腦已經成為辦公室之標準配備，有關電腦之人體工學危害，常因電腦作業區之設計不良、工作姿勢不正確、缺乏適當的休息等，導致電腦工作者發生頸肩的疼痛與不適。良好的電腦作業區之規劃，應包括工作檯面、電腦螢幕、鍵盤、滑鼠及其他指向工具、文件及文件夾，及其他電腦周邊設備等。

✚ 視力問題

　　根據美國光學協會（American Optometric Association, AOA）研究只要每天盯著電腦螢幕超過兩小時，導致視力模糊、頭痛、心情鬱悶等現象，醫學界將其稱為電腦視力問題症候群（Computer Vision Syndrome, CVS）。通常眼睛有疲勞、充血、出現雙重影像、乾澀、對光敏感等現象，可能就是已經感染 CVS 了。

✚ 重複使力傷害

　　電腦族常由於長期重複用力或笨拙的手部動作，而造成的累積性創傷疾病（Cumulative Trauma Disorder），醫學界將其稱為重複性使力傷害（Repetitive Strain Injury, RSI）。RSI 它是經年累月的使

電腦使用者，產生累積性的危害，所以它不會在瞬間發生。所以許多人對於 RSI 之危害，常常未加以注意，大都等到雙手不再靈活或疼痛時，才知道自己罹患 RSI。

✚ 毒性氣體之危害

由於操作電腦之作業場所經常是密閉式的空調系統，而電腦之機殼在高溫狀態下會釋出有毒氣體，造成使用者吸入一些有毒氣體而導致「中毒」。國外亦有研究發現以色列有一位男童因在八個月內，每天花數小時在通風不良的房間看電視及打電視遊樂器，結果導致嚴重的健康問題，包括肝腫脹、膽囊收縮、手顫、腳痛、脫髮等病徵，且這名男童體內曾發現含溴化二苯醚（Poly-Brominated Diphenyl Ethers, PBDEs）。究其原因電視機、電視遊樂器之外殼含有耐燃劑（溴化二苯醚），以防止電腦和電視因過熱著火，且這種耐燃劑在攝氏七十八度時會釋放出有毒氣體。

Chapter 9
第九章

職業壓力之危害與預防

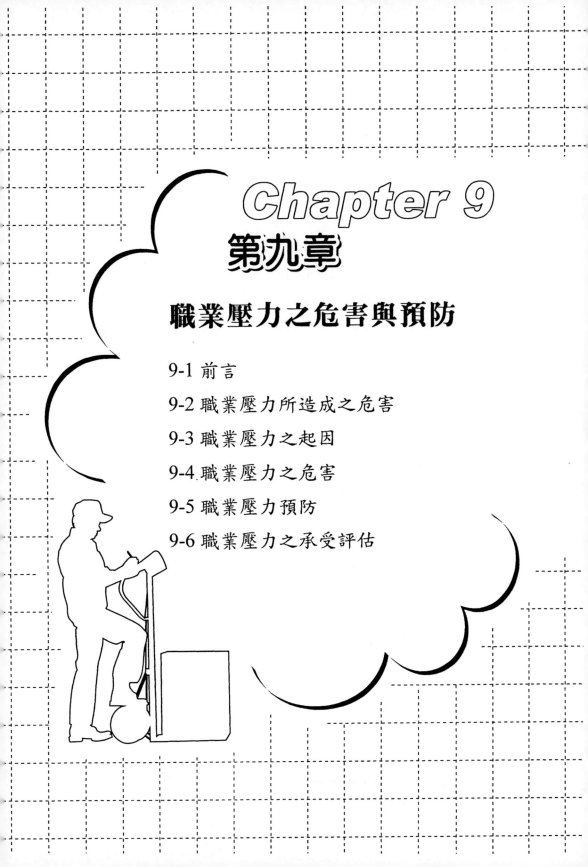

⑨-1 前言

　　最近幾年，有關職業壓力在職業安全衛生問題上之研究有著逐漸被重視之趨勢。換個角度來看，像由碳所組成之鐵等無機化合物，其組成堅硬無比，也會因時間之增長而產生金屬疲勞現象，進而造成脆裂。因此，更何況是由肉身所組成的身體，亦會因壓力進而產生疲勞，終究不是得了工作倦怠，或是最後變成過勞死。中國的禪宗大師早就對壓力的紓解有許多的妙方，即使是印度的瑜珈術也都有紓解壓力的功效，不過傳統的西醫始終不認為純屬精神、情緒層次的症狀足以影響對人體的器官和經路脈絡的有形傷害。1930 年代，美國內分泌學先驅賽爾耶先生率先提出「壓力」一詞的概念，他指出人體對各式各樣的負面感官知覺或心智知覺皆具有一種共同的生物反應，這些感官知覺或心智知覺可以統稱為「壓力源（stressors）」。

　　壓力源就是人類或其他生物所極力逃避的一切有形無形的東西，諸如股市投資人眼見大盤重挫時，會有拋出持股的舉動；油電之價格宣布調漲時，大家瘋狂搶購民生用品，並加以囤積等。此外，學術界直到 1991 年才開始研究壓力與人體免疫系統之失調現象，如和工作夥伴或家庭成員之間的持續對峙或衝突等，仍然可以增加當事人臥病的機率達到三至五倍。俄亥俄州立大學免疫學專家葛拉瑟亦發現，一個人若是必須長期照顧患有癡呆症的配偶，則體內的抗體產生量會明顯的減少。馬里蘭州立大學的潘蜜

拉博士亦研究發現，人體的構造和運作原理，一般凡人根本無法承受長期的慢性壓力。正常人根本無法承受長期忍受記憶力衰退、焦慮、沮喪等身心症狀。

故而逃避危險的本能可謂人類在大自然生存繁衍的關鍵，並且經過長時期的演化，這種本能的蛻變，逐漸變成為現代人類的壓力來源。有些人認為，類似此種有形無形的壓力若未擊潰他們，最後往往會使他們變得強韌，然而經過科學的研究結果顯示，此種論點，似乎不正確。也可說壓力會對人體造成許多有形的傷害，包括心臟病、胃潰瘍、免疫功能衰退等症狀，乃至於得到一種非常特殊的肥胖症等。科學家亦指出，壓力看似不足以致命，但壓力若無適當的紓解方式，到最後還是會奪走寶貴的性命，不過它首先會使壓力遭受者發胖。

(9-2) 職業壓力所造成之危害

英國職業安全衛生署指出現今英國之作業勞工在作業場所最常面臨到的職業安全衛生危害為顯示螢幕設備（Display Screen Equipment, DSE）、弄錯和疏失（slips and trips）和背部變形（back strain）等。在英國有可能和顯示螢幕設備危害之作業勞工，大約有五百萬人，當然 DSE 和 VDUs 是同義的，因為終端機顯示作業之勞工最常遭受之職業安全衛生危害為重複性使力危害，另有 43% 的英國職業安全代表亦指出 VDUs 是作業場所的主要危害。但由表 9-1 所示，英國各部門就業勞工之職業危害中，壓力之危害有超越

VDUs 作業危害之趨勢。

表 9-1　英國各部門就業勞工之職業危害

部　　門	主要危害	次要危害
農漁業(Agriculture and Fishing)	溶劑或化學品(67%)	壓力(54%)
健康照護(Health Services)	背部變形(74%)	壓力(71%)
配售業和旅館業(Distribution and Hotels)	背部變形(74%)	弄錯和疏失(73%)
銀行金融業(Banking and Finance)	顯示螢幕設備(83%)	壓力(78%)
志工(Voluntary Sector)	壓力(89%)	顯示螢幕(73%)
教育(Education)	壓力(80%)	弄錯和疏失(45%)
製造業(Manufacturing)	噪音(74%)	機械設備(62%)
能量和水源(Energy and Water)	弄錯和疏失(65%)	壓力(60%)
休閒服務(Leisure Services)	壓力(71%)	弄錯和疏失(55%)
建築業(Construction)	弄錯和疏失(70%)	噪音(67%)
地方政府(Local Government)	壓力(74%)	顯示螢幕(63%)
中央政府(Central Government)	壓力(72%)	顯示螢幕(69%)
交通運輸(Transport and Communication)	壓力(70%)	弄錯和疏失(64%)
其他服務業(Other Services)	壓力(62%)	弄錯和疏失(58%)

資料來源：Stress UK for all those interested in personal & occupational stress management.

(9-3) 職業壓力之起因

　　有關壓力之起因，英國職業安全衛生署（The Health and Safety Executive, HSE）曾透過事業單位之安全代表（Safety Representatives）所提供之統計數字，歸納出事業單位之壓力起因大致上有下列六項：

1. 新式的管理技術（new management techniques）48 ％。

2. 長時間的工作（long hours）31 ％。

3. 重複性的工作（redundancies）24 ％。

職業安全衛生管理
Occupational Safety and Health Management

4. 煩惱（harassment）21 %。

5. 輪班性的工作（shift work）16 %。

6. 暴力（bullying）14 %。

前述之六項壓力起因，其百分比不等於 100 %，因為有些問題答案有複選。

此外，在職務要求下，作業場所之勞工在工作負荷、工作輪派、作業環境和各種職業安全衛生條件下，如果有感到衝突、不愉快或身心負荷過重時，皆會產生壓力。任何與工作有關的因素，皆可能是產生職業壓力的來源。在作業場所會使作業勞工產生職業壓力之可能來源，大致上可分為組織內壓力源及組織外壓力源

表 9-2　勞工作業場所之職業壓力源

·組織內職業壓力源					
公司環境		工作條件			
(1)公司組織與管理	(2)人際關係	(1)工作作業環境	(2)工作本身		
來源主要是： 1. 組織氣氛 2. 組織的走向架構 3. 組織文化 4. 薪資因素	與上司、同事下屬間的關係及支持性等。	職業場所的物理化學環境： 例如： 1. 噪音 2. 採光 3. 通風 4. 溫度 5. 化學物 6. 輻射線 7. 擁擠 8. 振動等	工作內容	職務角色	工作時間與地點變動
			1. 工作負荷量 2. 工作步調 3. 時效性 4. 精密性 5. 工作安全 6. 挑戰性 7. 單調重複性	1. 角色衝突工作權限模糊 2. 工作承諾 3. 責任問題缺自主權職業生涯發展等	輪班時間遷徙範圍工作時間長短等
·組織外職業壓力源					
例如，產業政策、政商經濟局勢等大環境因素。					

資源來源：《職業壓力預防手冊》，行政院勞工委員會勞工安全衛生研究所。

二大類，如表 9-2 所示。

⑨-④ 職業壓力之危害

　　職業壓力對於勞工所造成之影響，常會因為不同的工作與組織環境，以及其人格特質而形成不同的職業壓力表徵。職業壓力對於勞工及公司組織的層面，會導致個人症狀及組織症狀的產生。

　　職業壓力會對組織層面所可能導致的組織症狀，大致上有曠職及缺勤、離職、職業倦怠、易發生工業意外事故、品質降低及生產數量減少、決策效能低落等六項。另個人症狀包括情緒、身體、行為等三層面，詳如表 9-3 所示。

表 9-3　職業壓力導致個人症狀

情緒層面的壓力反應與症狀	身體反應及症狀	行為症狀
1. 焦慮、緊張、混亂與激怒。 2. 挫折與憤怒。 3. 情緒過敏與活動過度。 4. 降低有效人際溝通。 5. 退縮與憂鬱。 6. 情緒的壓抑、冷漠。 7. 與人隔離與疏遠。 8. 工作厭煩及不滿意。 9. 心智疲勞及降低智力功能。 10. 注意力不集中。 11. 失去自發性及創造力。 12. 喪失自尊。	主要有皮膚、腸胃、呼吸、心臟血管、免疫等系統的異常，諸如： 1. 心跳加速和血壓增高。 2. 腎上腺素與正腎上腺素分泌增加。 3. 胃腸失常，如潰瘍。 4. 身體受傷。 5. 身體疲乏。 6. 冒汗。 7. 心臟血管或呼吸系統的毛病。 8. 頭痛。 9. 失眠。 10. 肌肉緊張。	1. 生活習慣改變。 2. 逃避工作。 3. 降低工作績效與生產力。 4. 直接破壞工作。 5. 為了逃避飲食過量，導致肥胖。 6. 增加看病的次數。 7. 增加酒精與藥物的使用與濫用，如過度飲酒。 8. 食慾減退，體重減輕。 9. 從事危險行為、行為與工作危險性提昇。 10. 引起攻擊性行為。 11. 與同事、家人的關係不良。 12. 企圖自殺。

資源來源：《職業壓力預防手冊》，行政院勞工委員會勞工安全衛生研究所。

此外，Cary Cooper 對於職業壓力也提供了一些辨識的背景資料如表 9-4 所示。另 A. Melhuish 亦表列職業壓力對身體機能之影響效應，依正常壓力、壓力承受、急性壓力、慢性壓力等對身體機能各有不同的影響效應，如表 9-5 所示。

表 9-4　職業壓力辨識之背景資料

高血壓（Hypertension: High Blood Pressure）
冠狀動脈血栓症（Coronary Thrombosis: Heart Attack）
偏頭痛（Migraine）
花粉症和過敏症（Hay Fever and Allergies）
氣喘（Asthma）
搔癢症：漸增的疥癬（Purities: Intense Itching）
胃潰瘍（Peptic Ulcers）
便秘（Constipation）
風濕性關節炎（Rheumatoid Arthritis）
月經失調（Menstrual Difficulties）
腸胃氣脹和消化不良（Flatulence and Indigestion）
憂鬱（Depression）
甲狀腺官能亢進症（Hyperthyroidism: Overactive Thyroid Gland）
糖尿病（Diabetes Mellitus）
皮膚疾病（Skin Disorders）
結核病（Tuberculosis）
大腸炎（Colitis）
消化不良（Indigestion）

＊資料來源：Cary Cooper. *Stress and employer liability*（P.9）.

表 9-5 　職業壓力對身體機能之影響效應

壓力 身體	正常壓力 (Normal)	壓力承受 (Under Pressure)	急性壓力 (Acute Pressure)	慢性壓力 (Chronic Pressure)
頭腦(Brain)	血液供給正常	血液供給上升	思考較清晰	頭痛或偏頭痛，顫慄和神經抽搐
情緒(Mood)	快樂	嚴肅	注意力增加	焦慮，失去幽默感
唾液(Saliva)	正常	降低	降低	口乾，喉嚨梗住
肌肉(Muscles)	血液供給正常	血液供給上升	績效改善	肌肉擴張和痠痛
心臟(Heart)	血液流率和血壓正常	血液流率和血壓降低	績效改善	高血壓和胸部痠痛
肺臟(Lungs)	呼吸正常	呼吸率降低	績效改善	咳嗽和氣喘
胃(Stomach)	血液供給和酸性分泌物正常	血液供給降低和酸性分泌物增加	血液供給和消化能力降低	由於心痛和消化不良導致潰瘍
腸(Bowels)	血液供給和腸蠕動正常	血液供給降低腸蠕動增加	血液供給和消化能力降低	下腹痛和痢疾
膀胱(Bladder)	正常	頻尿	神經刺激增加導致頻尿	頻尿，前列腺炎
性器官 (Sexual Organs)	男性：正常 女性：經期正常	男性：陽萎 女性：經期不順	血液供給降低	男性：陽萎 女性：經期障礙
皮膚(Skin)	健康	血液供給降低和皮膚變乾	血液供給降低	乾燥和發疹
生化 (Biochemistry)	體內氧耗損，葡萄糖和脂肪釋放	體內氧耗損，葡萄糖和脂肪釋放上升	許多能量立即可再利用	快速的疲勞

資料來源： A. Melhuish, *Executive Health*, London Business books. 1978.

(9-5) 職業壓力預防

　　有關職業壓力對於人們身心危害之預防或介入策略，可分為初級、次級或三級，且各階段目標不同。初級預防性介入目標主要在於降低危險因素或是改變壓力源之本質；次級預防性介入目

職業安全衛生管理
Occupational Safety and Health Management

標在改變個人對危險因素是壓力源的反應方式；三級預防性介入目標則在於使已遭受到傷害者得以治療。

9-5-1 初級預防性介入措施

工作的再設計（job redesign）以及組織的改變（organization change）是控制工作壓力較常用的方法，因為這些介入主要針對降低或消除工作環境中壓力的來源。過去二十年來，工作壓力對健康影響的研究結果已經能確認環境中壓力來源會造成工作者身心危害。為了能成功，在一組織中，工作的再設計以及組織的改變需要有準確的工作壓力源評估，包含實質的努力，與改變流程動態的知識，期使不想要的結果能極小化。例如，組織抗拒改革，而此種抗拒通常來自於相信環境中的因素不會對員工造成壓力的想法。當然此類型（初級預防）的介入會是昂貴的與間歇性的，而且就管理階層而言，不若次級或三級預防那般，令人有更多的興趣去投入。

初級預防性介入可能預防或降低壓力的方法計有：

1. 工作明確指示（避免角色混淆及衝突）。
2. 根據人體工學原理重新設計物理性工作環境（以降低肌肉骨骼、視覺及生理上的抱怨）。
3. 勞資雙方共組安全衛生委員會（以提高勞工對安全衛生決策之參與）。
4. 在工作場所提供幼兒及老人照顧（以降低工作時間安排之問題）。

5. 提供資遣離職，或因業務縮減，或因新技術取代而變更工作內容之員工之特別教育訓練（以提供同一事業單位內其他的工作機會或其他事業單位的工作）。

　　初級預防有三種現行模式可提供為設計準則，以預防職業壓力：工作本質模式（job characteristics model）、工作需求控制模式或工作者導向模式（job demands-control model），和人——環境配合模式（person-environment fit model）。每一模式均預期，當工作者控制或判斷程度提高時，對健康及增加工作表現結果有正面影響。舉例來說，在工作本質模式的工作設計上，可以考量使自主性（autonomy）成為一項核心工作單元，利用經驗責任來促使正面地影響工作成果，增加受僱者之決策參與則是社會——技術系統理論（socio-technical systems theory）和品質循環（quality circles）的基本元素。

　　同樣的，控制（control）亦是人——環境配合模式理論之重要特徵。此理論乃預期壓力是工作者主觀需要與工作客觀需求配合之函數。此理論說明愈多的工作控制，可以構建（或重新構建）工作，使得工作需要性及其個人需要及能力間相互配合，以降低職業壓力。

　　Karasek在1979年曾明顯闡明工作控制與工作者健康的關係，他並且提出一個假說：精神壓力乃是來自於心理學性工作需求與工作控制程度（決策程度）的共同效應。當工作控制程度愈高，工作者的壓力便愈小。

對於控制的結構，必須有一個更密切的理論性及觀念性重視是重要的。也許最重要的是，需要更清楚地描述此種結構，而對控制的特定程度給予更為密切的注意。同時，我們亦需防備冗長的學術爭論，並利用額外增加的應用性研究來達成審慎的平衡。逐漸增多的控制，代表初級的介入性策略，使能維持保護勞工健康不可忽視的承諾。到目前為止，一些工作環境中有關預測此類理論的經驗性測試已被完成。其中，部分報告已經從不同層面的工作中，來闡明工作控制度愈高工作者壓力愈低的發現，而這些發現是令人鼓舞的。

除了理論上的發展外，工作及組織層面之介入必須設定組織相關客觀成果評量以及受僱者主觀報告，這些客觀成果評量包括健康照護支出、缺席率、人員補充、工作表現及產值、組織效能、殘障以及勞工賠償支出以及意外和傷害。重要的是，這些評量可以計量預防性介入的效能並換算成財務上的收益，這種經濟上的考量對目前而言益形重要。

9-5-2 次級及三級預防性介入措施

最常見的「壓力管理介入（stress management interventions）」是幫助受僱者修正或控制其所承受壓力狀況（次級預防性介入），或更有效地對抗壓力（三級預防性介入）。自 1970 年代中期以來，不斷增加的研究已經評估各工作場所中，以個人導向，放鬆壓力之壓力管理策略的價值。方法包括：肌肉放鬆、冥思、生物回饋，以及組合性認知策略。這些預防性介入通常會提供預防壓

力的各種活動設計，來教育工作者有關壓力與健康的知識，並提供認知及控制壓力症狀的技巧。這些預防性介入能提供在一定的時間點上典型的單一壓力管理技術（如漸進式之肌肉放鬆）。訓練所帶來的效益可在訓練後立即評估，並在追蹤期間內再次予以評估。

這些預防性介入的成功可以個別層面的測量結果中評估，例如，壓力、焦慮、沮喪之報告、身心抱怨，另外一些較少見的生理學測定，如血壓及兒茶酚胺（catecholamine）之濃度。有關這些預防性介入的研究已能明顯地支持各種型態的壓力管理訓練來降低各種生理心理學性與自我報告症狀之壓力。然而，效益的時間長短則尚是不明確的。事實上，目前尚無評估壓力管理介入副作用之相關研究，舉例來說，假如一種預防性介入消除或降低勞工之壓力反應，我們同時也合理地期待伴隨壓力而來的一些行為會有所改變，如成癮症、抗衡能力等等。壓力預防性介入可能以會影響健康及工作表現的自尊心及一般生活滿意度來測量其副作用。

實務上，三級預防性介入計畫實際運用的頻次比初級預防性介入計畫要來的普遍多了，至於次級預防性介入計畫則介於兩者之間。三級預防性介入計畫通常以勞工援助計畫（EAP）的形式表現，早期它提供有關酒精問題（alcoholrelated）的諮詢，隨著該問題的擴充，計畫也開始提供像藥物濫用、工作場所暴力與壓力等問題解決之服務。EAPs能夠有效的降低壓力相關的問題，由於EAPs有這種潛能，所以需要和初級介入計畫的內容相結合，將組織中環境的壓力因素回饋到該計畫中，同樣地 EAP 中的統計資料

（員工資料需保密）也需回饋至組織中，以彰顯那些部門或區域具有較高的組織性壓力，據此再建立一更深層之預防性介入工作計畫。

(9-6) 職業壓力之承受評估

有關職業壓力之承受評估，美國華盛頓大學醫學院（School of Medicine, University of Washington, USA）的 Dr. Holmes 和 Dr. Rahe 兩位精神科醫師於 1967 年曾對於五千名病人在生病之前所經歷的生活事件，得到了一些統計數字及論證：個人生活中發生的變化愈多，則其在未來一、兩年中生病的可能性愈大。特別的是病人所報告的某些壓力，甚至包括新家庭、度假或傑出的個人成就都有可能成為壓力源。Dr. Holmes 和 Dr. Rahe 將人們對各種生活事件所需作的適應努力，將各事件分別給予數值，定義為一年中生活改變數值（Life Change Unit, LCU），如表 9-6 所示。

表 9-6　Holmes-Rahe 生活事件及加權數值表

生活事件（Event）	權值（LCUs）
伴侶死亡（Death of a spouse）	100
分居（Marital separation）	65
家庭親密成員死亡（Death of a close family member）	63
受傷或生病（Personal injury or illness）	53
結婚（Marriage）	50
失業（Loss of job）	47
婚姻的危險（Marital reconciliation）	45
退休（Retirement）	45
家人健康變化（Change in health of a family member）	44

生活事件（Event）	權值（LCUs）
妻子懷孕（Wife's pregnancy）	40
性的困擾（Sex difficulties）	39
新家庭成員的加入（Gain of a new family member）	39
經濟狀況的改變（Change in financial status）	38
親密朋友的死亡（Death of a close friend）	37
工作的改變（Change to a different kind of work）	36
與伴侶爭吵次數的變化（Increase or decrease in arguments with spouse）	35
抵押品增多（Taking out a bigger mortgage on home）	31
喪失抵押品贖取權（Foreclosure of mortgage or loan）	30
工作責任的改變（Change in work, responsibilities）	30
兒女離家（Son or daughter leaving home）	29
有法律上的麻煩（Trouble with in-laws）	29
傑出的個人成就（Outstanding personal achievement）	29
妻子開始或停止工作（Wife beginning or stopping work）	29
習慣的改正（Revision of personal habits）	24
與上司的困擾（Trouble with business superior）	23
工作時數的改變（Change in work hours or conditions）	20
住所的改變（Change in residence）	20
學校的改變（Change in schools）	20
休閒生活的改變（Change in recreation）	19
社交活動的改變（Change in social activities）	18
抵押品增加少數（Taking out a small mortgage on your home）	17
睡眠習慣的改變（Change in sleeping habits）	16
家人團聚情況的改變（Change in number of family get-together）	15
飲食習慣的改變（Change in eating habits）	15
度假（Vacation）	13
輕微的違法（Minor violations of law）	11

資料來源：Jeremy Stranks and Malcolm Dewis, "Health and Safety Practice," ROSPA, pp. 353-354.

由表 9-6 得知，LCUs 若為 150-199，其對疾病的承受能力低；LUCs若為 200-299 時，僅能承受適當的風險危害；LCUs若大於300時，較易遭受嚴重的心理或情緒上的疾病。此項研究主要目的係要供給一般大眾更加瞭解生活壓力與疾病的相互關係，若過去一年有表 9-6 所列之生活事件，則經過一年的累積，其生病的機會升高。

參考文獻

①行政院勞工委員會勞工安全衛生研究所。《職業壓力預防手冊》。台北：行政院勞工委員會。
②林天送。〈外來壓力對健康的影響〉。《健康世界》。
③陳世欽（1999，6 月 24 日）。〈壓力傷人體患者先發胖〉。《聯合報》。
④楊延光、黃介良（1996）。〈壓力與健康〉。《健康世界》，四月號。
⑤ Joseph J. Hurrell, Jr. Ph. D. and Lawrence R. Murphy, Ph. D. (1996). *American Journal of Industrial Medicine, 29*, 338-341.
⑥ TUC survey of safety reps. (1996). "Stressed to breaking point-how managers are pushing people to the brink!" TUC survey of safety reps.

Chapter 10
第十章

海外派遣勞工之危機管理

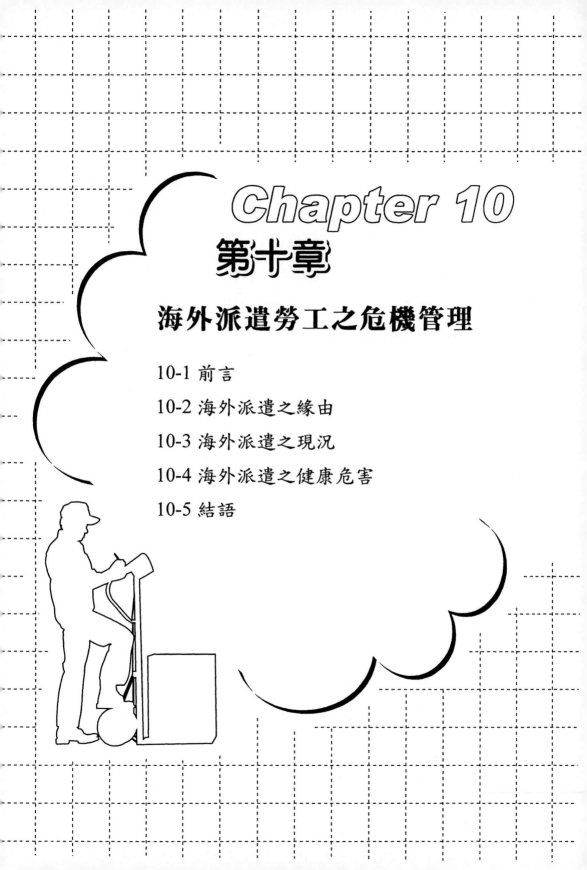

(10-1) 前言

　　近年來，國內企業界在海外的辛勤耕耘，已漸漸的嶄露頭角，並創造出令人為之側目的經濟實力，也打響了「台商」的名號，然而有誰能瞭解到這些海外派遣勞工的心路歷程呢？他們離鄉背景來到異鄉國度工作，冒著生命財產遭受威脅的風險，且身負開疆闢土的重責大任，為使業績成長不得不全力以赴，這一切的努力不外乎為了能早日衣錦榮歸，但並非每個人均能如此，因為有關客死他鄉的案例似乎時有耳聞，當初獲派到海外派遣時的雄心大志，到後來只是換來骨灰一罈，實在是令人感嘆不已。本文即實地訪問國內企業界較多數到海外投資設廠之行業（製造業、營造業、金融服務業等），以僱用勞工人數在三百人次上之事業單位為樣本，來加以探討其海外派遣勞工之危機管理。

(10-2) 海外派遣之緣由

　　派遣在企業內常因任務性質而有駐在、長期出差、短期出差、支援等不同名稱。以往國人辛勤努力，特別是中小企業的勞力，創造了台灣的經濟奇蹟。但環視目前國內的企業界正面臨著經濟發展及社會變遷所帶來的高度衝擊，有許多行業均面臨嚴重的缺工現象，特別是艱苦行業（包括危險、骯髒、粗重等「三 K」行業）加上工資上漲、擴廠用地取得不易、技術研發費用增加、環

職業安全衛生管理
Occupational Safety and Health Management

保抗爭不斷等造成生產成本提高的不利因素。企業界為解決前述之窘境，除了建請政府開放外籍勞工之進口，藉由僱用外籍勞工來彌補動力的不足；或改善企業本身的體質，如設置自動化生產設備，以節省人力並提高競爭力；或採取根留台灣而另在海外投資設廠的策略，以延續企業的經營發展。當然並不是所有前往海外投資或設廠的國內企業均面臨經營上的危機，有些是為了邁向國際化以建立國際品牌，而不得不將觸角延伸至海外。

(10-3) 海外派遣之現況

　　目前國內企業界之勞工通常接到海外派遣之人事命令時的反應幾乎是排斥：「三個月支援？沒有問題。六個月？可以考慮。長期的海外派遣？父母不同意、太太不答應、孩子太小、房子剛繳貸款等一百種無法配合的理由。」為何會有如此的反應呢？因為以往國人出國旅遊的機會，實在是太少了。所以早期被派遣至海外工作，是多麼地令人稱羨，除了薪水增加外，又可旅遊，回到國內後又可獲得升遷的機會。其實不然，根據美國《財星》雜誌（*FORTUNE*）刊出了一篇標題為〈人才外派：眼不見為淨〉（Americans Abroad: Out of Sight, Out of Mind）的文章指出，目前美國企業界正忙於縫補海外公司的人事破洞，有太多的海外派遣只是為了應急，或是短期救火。美國總公司已經等不及你派遣多年返國，恐怕早已忘記你的存在了。同時有一項令人驚訝的統計數字顯示，美國前五十大企業的高階主管，只有 15％擁有海外派遣

之經歷。另只有 10％的海外派遣幹部在返回國內母公司後獲得升遷，縱然獲得升遷機會卻仍然有將近半數人員對新派任的工作不滿意。

國內企業界為消除員工對於海外派遣為「外放」、「跳火坑」的疑慮，並鼓勵員工能配合海外派遣政策，目前均訂定有優渥的辦法，讓員工在海外工作時無後顧之憂，通常會採取下列四項措施：

✚ 提高津貼、收入

一般而言，海外派遣員工的層級均比國內母公司低一至二級，為消除此差距，大多提高其職稱，並加上各種津貼，以使其薪資所得增加，目前大概為台灣勞工的 1.5～2 倍。

✚ 人身安全保障

為保障海外派遣勞工之人身安全，通常會幫其投保五百萬至一千萬元的人身意外險，另為防止疾病造成身體的不適，許多企業再加投定期壽險及醫療險。

✚ 家庭安置

為了使海外派遣勞工能專心工作，通常會鼓勵全家一起外派，並興建員工宿舍及補助子女的教育費用。假使無法全家一起外派，每年會給多次的省親假。

✚ 升遷保障

雖然員工對海外派遣大多排斥，為鼓勵員工能配合海外派遣政策，許多企業逐漸將此海外經驗，列為晉昇的考量或必然歷練。當然有些人回國後仍聞風不動，因需視個人的能力與際遇而定。

⑩-4 海外派遣之健康危害

由於海外派遣勞工常因當地民俗風情的不同，而有水土不服、飲食無法適應等情形，再加上超時工作及工作壓力，若無妥當的調適，常會使身體健康遭受危害。根據國內某家知名雜誌報導，某紡織公司員工李XX，偕同才新婚一個多月的妻子前往該公司馬來西亞廠之建廠相關事宜，頭銜是副廠長，某天早上李 XX 起床後突感不適，後腦與頸部產生劇痛，冷汗浸濕了衣襟，隨即進入昏迷無意識狀態。一週後，醫生宣布死亡，死亡原因為腦溢血。其妻懷疑死亡原因，可能與長期過度疲勞及沉重的工作壓力有關。

此外，由目前我國企業界前往海外投資或設廠之國家，可從「西進中國大陸」、「南向東南亞」、「北進東北亞」、「前進中南美洲」等政策得知，工業先進國家極為少數，大多屬於經濟發展較落後之地區，或是所謂的「鬼地方」。撇開駭人聽聞之綁票、撕票、勒索等治安事件不說，當地的氣候及衛生環境大多不佳，日常生活若未能加以注意，常會感染到霍亂、傷寒、痢疾、黃熱病、猩紅熱、愛滋病等傳染病，這些海外派遣勞工甚至於會在返國時將傳染病原帶給其家人。

鄰近的日本對於海外派遣勞工之健康管理值得參考，日本勞動部有鑑於該國海外派遣勞工的增加，這些勞工之健康管理成為新的勞工問題中規定事業單位派遣勞工到海外工作達六個月以上時，在其派遣前與回國後都必須進行健康診斷，而且為針對海外

派遣勞工實施適當的健康教育,並製作成指針。此外,為使在海外工作的勞工保險者能安心地在工作地點接受醫療、健康管理,從昭和五十九年(1984)起擴充海外巡迴健康諮詢的派遣次數及派遣團的成員,同時對經日本政府認可指定之海外醫院進行調查,並且對海外派遣勞工之就職前後實施健康診斷。

我國「勞工安全衛生法」規定雇主於僱用勞工時,應施行體格檢查;對在職勞工應施行定期健康檢查;對從事特別危害健康之作業者,應定期施行特定項目之健康檢查;並建立健康檢查手冊,發給勞工。體格檢查發現應僱勞工不適於從事某種工作時,不得僱用其從事該項工作。健康檢查發現勞工因職業原因致不能適應原有工作者,除予醫療外,並應變更其作業場所,更換其工作,縮短其工作時間及為其他適當措施。前述之勞工健康保護政策,對於海外派遣勞工之健康檢查並無規定,以致於事業單位常未加以注意。

(10-5) 結語

有鑑於海外派遣政策已從以往的支援性變成現今的必要性,為保障這些海外派遣勞工的生命財產安全,事業單位在勞務管理上不應只重視人事升遷、薪水津貼等福利事項,更應重視其身體安全與健康。

海外派遣勞工為更進一步地保障其自身的應有權益,本身(若有工會組織,則由工會出面)來和事業單位雇主簽定勞動契約,

就（薪資給付方式、工作地點、勞務提供對象、安全衛生等勞動
條件）來約定之。因為國內母公司與國外子公司為個別權利義務
主體，若是勞工係基於借調關係，由母公司調往子公司工作，勞
僱關係仍存在於母公司。若非基於借調關係，而係與母公司同意
終止原契約，再與子公司成立新的契約，則屬另一勞動契約之履
行。因此，勞工被派遣至國外子公司工作，若係基於借調關係，
而資方有違反勞動條件之情事，國內勞工主管機關自可依法處理；
若母公司僅代為招募，其勞僱關係存在於子公司時，其在國外發
生勞資爭議，則由當地國之民事法律解決。

參考文獻

①行政院勞工委員會（1991，5月17日）。《勞工安全衛生法》。台
　北：行政院勞工委員會。
②行政院勞工委員會（1992，3月）。《日本勞動政策》。台北：行政
　院勞工委員會。
③行政院衛生署（1983，1月19日）。《傳染病防治條例》。台北：行
　政院衛生署。
④行政院衛生署（1993）。《出國暨赴大陸旅遊健康手冊》。台北：行
　政院衛生署。
⑤呂清郎（1998，5月31日）。〈保險不嫌多出國不怕亂〉。《自由時
　報》，第二十頁金融理財版。
⑥呂清郎、柏松齡、董珮真（1998，8月17日）。〈出遊經商防護罩帶
　了沒〉。《自由時報》，第二十頁金融理財版。
⑦高嘉和（1998，4月20日），〈企業外派勇夫升遷三級跳〉。《自由
　時報》，第十八頁企業脈動版。
⑧歐錫昌（1997，5月1日）。〈海外派遣鍍金的黃金航行〉。《天下

雜誌》，頁 124-128。

⑨ Fortune (1997). "Americans Abroad: Out of Sight, Out of Mind," *Fortune*, April 14, p. 96.

Chapter 11
第十一章

輪班作業之安全衛生管理

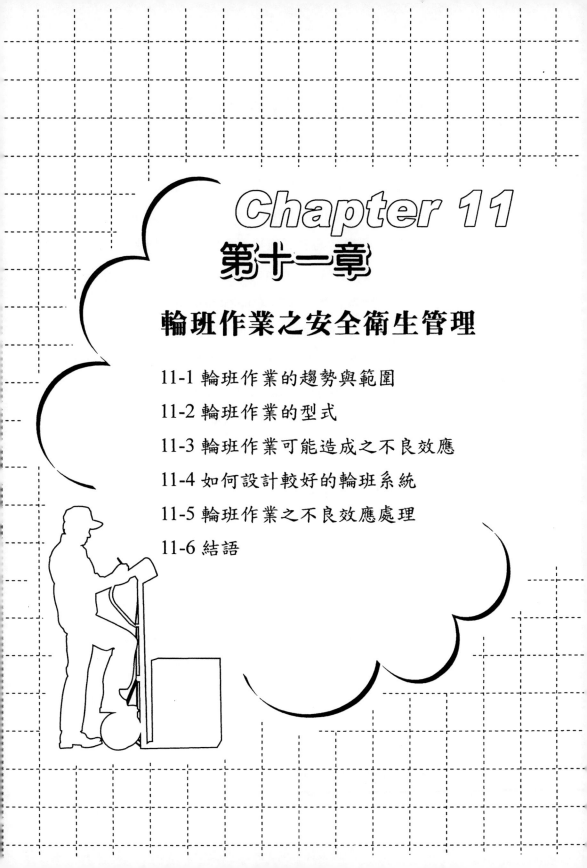

11-1 輪班作業的趨勢與範圍

由於經濟社會的變換與凡事講求迅速服務的工商業時代，造成人們以往「日出而作，日落而息」的作業方式有所改變，使得現今日夜顛倒的輪班作業（shift work）似乎有愈來愈多的趨勢。到底目前有哪些行業是需要實施輪班作業呢？大概可歸納為下列三類：連續性製程操作（continuous process operations），諸如煉鋼廠、石化工廠等；資本密集的產業（capital-intensive industries），為使所投資的新機械設備成本能在短時間內迅速回收及增加同業間之競爭力，諸如紡織廠等；顧客導向的服務業（consumer-oriented services），標榜二十四小時皆能服務顧客，諸如便利商店、電台廣播、快遞業、保全業等，此類的服務業目前有迅速增加的趨勢。

11-2 輪班作業的型式

有關輪班作業型式，大致可分為下列六種：

1. 固定式（fixed）：作業勞工擔任固定的早班、午班、晚班或大夜班等。
2. 輪替式（rotating）：作業勞工依不同的輪替準則來實施。大致又可區分為下列三種：慢輪替（每班通常為二十一日或更長）；每週輪替一次（每班為五至七日）；快輪替（每

班最多為一至四日）。

3. 往復式（oscillating）：作業勞工每週以日夜班、晚班或大夜班交替實施。

4. 分割式（split shift）：將一日的作業時間分割成不同的時段。此種輪班作業方式通常適用於有營業巔峰時間的服務業，諸如餐廳、交通運輸業等。

5. 候補式（relief shift）：勞工的工作時間可以是前述的各種方式，勞工通常是機動待命，若有同事缺席時，立即接手。

6. 替換式（alternative types）：其又可區分為下列三種：每星期工作時間為四日，每日工作十或十二小時，此種方式通常被使用在一班、兩班或三班、連續或非連續作業；每日工作十小時，每週七日或每日二十小時，通常為兩班制；彈性工時，此種方式最早源自歐洲，勞工可自行設計每週的工作時間；錯開式工時，勞工自行輪流將上、下班時間輪流錯開。

11-3 輪班作業可能造成之不良效應

由以往探討輪班作業之參考文獻可以看出，大部分皆以實驗的方式去分析輪班作業與勞工健康兩者間之相互關係，已明顯指出輪班作業對於勞工健康，會有睡眠（sleep）、胃腸系統（gastro-intestinal）、心臟血管系統（cardiovascular）、神經系統（neurolo-gical）、生殖系統（reproduction）等危害。除了造成生理上之危害

外，亦對勞工之家庭和社交生活（family and social life）、工作上之安全與衛生、工作效率等，亦可能造成不良效應。

(11-4) 如何設計較好的輪班系統

有鑑於勞工意識的高漲，事業單位雇主在勞工之健康保護與追求利潤兩者間，應如何去配合常造成困擾，因此設計較好的輪班系統，長久以來一直是勞雇雙方所追求。

1. 輪班作業應儘可能以減低勞工之睡眠、健康和工作滿意度等不良效應，以及其他可能造成之潛在負面衝擊為目標。
2. 事業單位無論如何細密地安排設計，也絕對無法有一種好的輪班設計，因為輪班作業必然會影響勞工之生活作息，並對家庭造成負面衝擊。
3. 加拿大安大略省的疾病控制中心（Centers for Disease Control, CDC）曾推薦輪替式輪班作業是一種較穩定且可預測的型式。
4. 在有引起公共安全之危害（諸如核能電廠之原動力廠控制室）時，應避免固定式輪班作業，因其緊張、單調工作常易使勞工引發睡眠等障礙。
5. 超時和每班工作十二小時常使勞工作業時缺乏警覺性。
6. 下列作業場所會使勞工在作業時增加警覺性。
   （1）提供足夠強度和均一的照明。
   （2）減低連續不變性的背景噪音。

（3）播放輕音樂來防止無聊，並保持心智清醒。

（4）室溫維持在70°F以下。

（5）Knauth根據勞工之生理、心理及社會資料，推薦下列
　　五種輪班設計方式供事業單位參考。

推薦一：

　　‧夜間作業儘可能減少。

　　‧若是夜間作業無法避免時，可採取輪替式輪班作業
　　　之快輪替。

　　‧固定式之夜間作業方式，似乎是不被輪班作業勞工
　　　所推薦。

推薦二：在下列情況下可延長一天的上班時間為9～12小時。

　　‧作業的種類和延長工時所造成的負荷應相配合。

　　‧應設計成減低累積性疲勞。

　　‧對於請假勞工應妥善安排代理人。

　　‧一天的工作時間不能超過十二小時。

　　‧防止毒性暴露危害。

　　‧工作後應有充分恢復疲勞的時間。

推薦三：

　　‧早班避免太早開始。

　　‧在各種輪班作業型式可多使用彈性工時。

　　‧勞工使用彈性工時，會使其成為所謂的時間獨立族群。

推薦四：

　　‧避免太快更換（如今天晚班、明天午班）。

· 應限制每週連續工作五至七日。

· 各種輪班作業型式應包括至少連續兩日的週末。

推薦五：以早班、午班、晚班或大夜班循環輪替較被接受。

7. 可設置員工休息室，俾使有互動機會。

8. 有關各種輪班作業型式在實施幾個月後應實施調查並評估勞工的工作績效。

9. 開發中國家對於輪班作業的設計須多加以考究和注意，諸如提供適當的餐飲設施、交通、住宿、健康管理及兒童看護服務、當地的民俗風情、占高比例之常晚班或大夜班女工之研究結果。

(11-5) 輪班作業之不良效應處理

事業單位通常均以設計良好的輪班作業型式，俾使勞工能有明確的遵循方針，以期獲得較好的睡眠品質、健康均衡的飲食和減少工作壓力等。

✚ 飲食型態

1. 維持正常的用餐時間，儘量避免因輪班作業而影響家庭的用餐時間。

2. 用餐中保持輕鬆，飯後亦應有足夠的消化時間。

3. 平時多喝開水、多吃蔬菜、水果、瘦肉、魚、穀類、麵包、雞鴨等家禽。在工作休息時間可吃些薄脆的餅乾和水果，避免多吃糖果和爆米花。減低鹽分、咖啡因和酒精的攝取。

夜間特別避免進食油膩的食物。

4. 注意定食定量。午班工作者之用餐時間應在上班前完成，避免在工作中進食。晚班工作者在上班前不可吃太飽，隔天的早餐要適度，此種方式是避免白天睡覺時肚子會太餓或太飽，以防止消化系統產生障害。

5. 避免過度使用制酸劑（antacids）、鎮定劑（tranquilizers）和安眠藥等。

✚ 睡眠

1. 睡眠時間要固定，俾利每日早點入睡。

2. 注意輪班作業勞工的睡眠時間及環境，必須與家庭生活相配合。同時必須有一個舒適安靜的地方睡覺，如在家中裝設空氣調節裝置、電話答錄機、窗戶裝設百葉窗等，均有助於睡眠。

3. 上床前花點時間鬆弛身心，有助於睡眠。平時學習如何使用肌肉鬆弛、深呼吸等。使用心智意向來去除一天不悅的事情。假使在上床一個小時後仍不能入睡，不要繼續賴在床上，可起床讀一會兒書或聽柔和的輕音樂，若仍然沒有睡意，可設定延後每天上床的睡覺時間。此外，對於為幫助入睡而飲用酒的行為要予以限制。

4. 其他方面應多注意身體運動並養成良好的保健習慣；瞭解和認知輪班作業之不良效應；學習如何透過身體運動和鬆弛技巧來降低工作壓力。

(11-6) 結語

1. 輪班作業特別是晚班，會影響勞工平時二十四小時的規則性循環和睡眠型態，並導致慢性的疲勞和其他的健康問題。

2. 輪班作業勞工常有罹患心臟病、胃腸系統障害和潰瘍等症狀。

3. 根據研究資料顯示，輪班作業常和不孕、習慣性流產等風險有關。此外，大約有20～30％的輪班作業勞工常無法適應該項工作而離職，除前述的風險，並有併發其他的危害症狀，如老化、生活作息擾亂等。

4. 事業單位若無法有效排除所有的風險時，即應減少夜間輪班作業。

5. 輪班作業之單調性活動或狀況，常會使勞工在清晨引起睡意，據交通事故的統計研究指出，擔任晚班之勞工常在下班後因打瞌睡而造成車禍。

6. 輪班作業超過八小時後會降低工作績效，特別是一些需要勞力、勞心或重複性作業。

7. 根據相關研究顯示，事業單位之夜間輪班作業之職業災害率偏高。澳大利亞曾指出夜間輪班作業之職業災害大約是白天的兩倍，而夜間輪班作業之職業災害常發生於清晨六點鐘。

8. 化學性危害暴露和夜間輪班作業兩者，常會有相乘性危害效應。

9. 輪班作業和八小時日時量平均音壓級在85分貝或更高時，
   會造成聽力危害。

10. 輪班作業勞工之健康保護應包括醫療監視。

11. 較佳的輪班系統設計應被設計成減低輪班作業勞工的睡眠
    習慣改變，健康危害，和增進作業環境勞工之警覺性。

12. 開發中國家對於輪班系統設計需考慮適當的設施和支援措
    施，對於輪班之女性勞工應付出更多的心力。

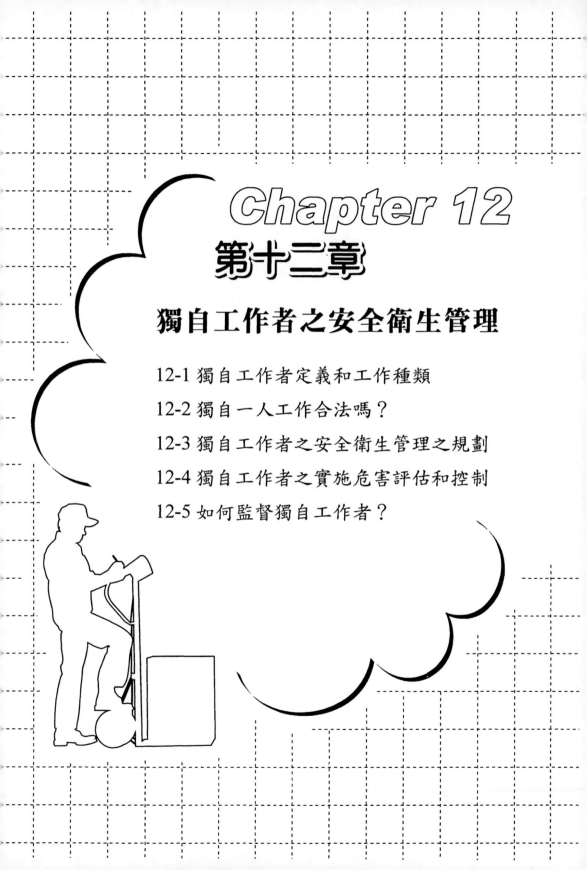

Chapter 12
第十二章

獨自工作者之安全衛生管理

(12-1) 獨自工作者定義和工作種類

　　本文所稱之獨自工作者（lone workers）的定義，係指事業單位之雇主與勞工兩者之間存續有僱傭關係，但不受雇主直接監督之受僱勞工，且其性質又不同於一般所謂的家庭作業者（homeworkers）或蘇活族（SOHO）等。

　　有關獨自一人工作（solitary work）的種類，大概可區分為在固定的作業場所之工作者，及遠離原固定作業場所之流動性工作者等兩種情況：

✚ 固定的作業場所之工作者（people in fixed establishment where）

1. 只有一人在固定的作業場所工作，例如，小型工作場所、郊區之小型加油站、地下鐵出入口之亭式報攤、住商合一等工作者。

2. 雖然是在固定的作業場所，但和其他人分開工作，例如，廠區極為遼闊之工作場所、大批發倉庫、研究和訓練場所、休閒中心露天賽會的場所工作者。

✚ 遠離原固定作業場所之流動性的工作者（mobile workers working away from their fixed base）

1. 勞工在正常的工作時間中離開原固定的作業場所，被指派至指定的作業場所工作，例如，清潔人員、保全人員、資

職業安全衛生管理
Occupational Safety and Health Management

訊維修人員等。

2. 建築營造、製造工廠安裝人員、維修和清潔工作者、電氣修護人員、起重升降機具修護人員、鍋爐壓力容器修護人員、油漆作業工、木工或室內裝潢工、汽車維護工等。

3. 農業、森林和漁業工作者。

4. 服務工作者，諸如大樓管理人員、收費人員、郵局之收遞送郵件者、快遞業者、家庭幫傭、駕駛員、工程師、疫病控制之公共衛生工作人員、建築師、不動產仲介代理人、業務代表等。

5. 液化石油氣、氫氣、氧氣等高壓氣體危害性物品之槽車運送司機、筒裝瓦斯之運送者等。

(12-2) 獨自一人工作合法嗎？

英國職業衛生與安全執行委員會（Health and Safety Executive, HSE）時常會被詢問起有關事業單位之雇主或經營負責人讓所僱用之勞工獨自一人工作是否符合職業安全衛生法令（Health and Safety at Work etc Act 1974）？這問題似乎是沒有統一的標準答案，但有絕大多數人認為其係合法的。相同的，綜觀我國勞工安全衛生之相關法令也無明文限制，或禁止事業單位勞工獨自一人工作之法令規定。

(12-3) 獨自工作者之安全衛生管理之規劃

有鑑於事業單位之雇主與職業安全衛生管理人員常常無法直接地對獨自的工作者之不安全行為與不安全動作來加以教導與糾正。因此，雇主對於在固定的作業場所之獨自的工作者有義務提供安全衛生與舒適的作業環境；另外對於遠離原固定作業場所之流動性的獨自工作者，在從事作業前亦應告之確實遵守職業安全衛生工作守則（Occupational Safety and Health Working Rule），不可將安全衛生之應注意事項全部轉移給獨自的工作者。茲將其通常會面臨到下述的一些特殊的職業安全衛生問題的分述如下：

✤ 作業場所之危害是否能由獨自的工作者來予以完全地控制

1. 因作業不當而造成作業場所之火災爆炸、毒性氣體洩漏、缺氣、異常氣壓、倒塌等危害，或是生病、設備發生故障時，獨自的工作者是否能迅速地予以應變、逃生。諸如高架作業者是否能由一人安全地操作可攜帶式之梯子或支稱架；一人是否能安全地使用起重機具來搬運大型物品；是否能對作業場所之危害加以實施作業環境測定與評估。

2. 假如獨自的工作者是女性勞工或童工，是否有考慮到防範暴力危害之保護措施？

✤ 獨自的工作者之心智反應與身體調適

是否考慮到在非例行性工作者和無法預知的緊急狀況下，獨

職業安全衛生管理
Occupational Safety and Health Management

自的工作者之心智反應與身體調適。

✦ 需要什麼樣的安全衛生教育訓練才能適任？

　　安全衛生教育訓練能避免在異常狀況下產生驚慌反應，獨自的工作者必須具有充足的經驗去瞭解危害的發生源與種類，及如何完全地預防。雇主應該在獨自的工作者從事作業前，限制哪些是不安全動作及不安全行為。雇主在工作指派前應使其有充足的安全衛生教育訓練，並檢視確認獨自的工作者能完全地處理突發狀況，才能准予其獨自工作。

(12-4) 獨自工作者之實施危害評估和控制

　　獨自的工作者通常須要能辨識作業上之危害、評估危害、避免和控制危害。控制危害包括教育、訓練、監督、自動檢查、作業環境測定、防護裝備等。雇主需要逐步去檢查這些控制危害和經常更新危害評估之內容，以確認其仍然適合使用。當危害性評估顯示對獨自性工作者之作業存在有不安全衛生之因素時，必須馬上重新地安排配置。當獨自工作者被指派至另一新的作業場所從事獨自性工作時，雇主必須將該作業環境所可能發生之危害資訊予以告知。危害性評估亦可以決定監督之程度，但有些高危險性作業（high-risk activities），為防止職業災害之發生，雇主需要指派另一名協同或監督獨自的工作者，諸如密閉空間作業（confined space working）必須有一人擔任救援的角色，以防止缺氧之危害；電器設備之活線作業及活線接近作業，為防止感電危害至少需要

有兩人同時從事作業。此外，雇主亦必須注意到任何適用於獨自工作者在一些特殊高危險性行業之職業安全衛生相關法令，諸如潛水作業（diving operations）、爆炸性物質車輛運輸（vehicles carrying explosives）、燻蒸消毒作業（fumigation work）等。此外，對於有造成中毒或火災爆炸等危害時，雇主應要求勞工在作業前是否已確實對作業場所實施環境測定（measurement of work environment），並確認安全無虞時，才准予其從事作業。

(12-5) 如何監督獨自工作者？

雖然獨自的工作者無法受到雇主或管理人員之直接安全衛生監督，但雇主仍然有義務確保其在工作上之安全與健康，並且要幫助勞工去瞭解有關工作上所有可能造成之危害。雇主也必須提供在任何不確定狀況下的安全衛生指引，因為透過安全衛生的監督可以確保獨自的工作者不致於發生職業災害。事業單位對於新僱用的勞工，雇主若要指派其從事獨自性工作時，必須有較嚴密及較長期的安全衛生監督，另外對於從事高危險性工作之獨自性工作者，必須有較周延的安全衛生監督，如訂定作業許可制度（work permit）等。對於獨自的工作者，應發給安全規範（safety booklet）、安全手冊（safety manuals）等，並使其隨身攜帶。

✤ 如何實施安全衛生監督？

安全衛生監督者對從事危險性作業之獨自的工作者應實施定期巡視（periodically visiting）和觀察（observing），如使用電話或無

線電來和獨自的工作者，做例行性的接觸。若是獨自的工作者因不能定期接受信號，可使用自動警報操作措施或是如保全系統。此外，人工或自動操作裝置失效時，是否另有其他的安全裝置或措施來提升緊急狀況之警示作用。最後則是檢視獨自工作者在執行任務後是否安全地返回家中或工作崗位。

✚ 假使獨自的工作者發生生病、意外事故或醫急狀況時

獨自的工作者必須有正確處理緊急狀況之反應能力。為使危害評估能更正確的預知危害，須有周延的緊急應變計畫。在各項危害防範計畫建立之後，須讓員工定期演練，並且定期的修正緊急應變的程序及危險性區域的劃分。獨自的工作者應具備有適當的急救設施和遠離原固定作業場所之流動性工作者應備有急救包以處理小傷害，如切割傷、被野狗或毒蛇咬傷等。因此，有關危害性評估應包括急救訓練之項目。

參考文獻

① *Confined Spaces Regulations* (1997). HSE Books.
② HSE (1992). *Management of Health and Safety at Work Regulations*. HSE Books.
③ HSE (1997). *Electricity at work Regulations*. HSE Books.
④ HSE (1997). *Violence at Work*. HSE Books.
⑤ HSE. *Working Alone in Safety Controlling the Risks of Solitary Work.* HSE Books.

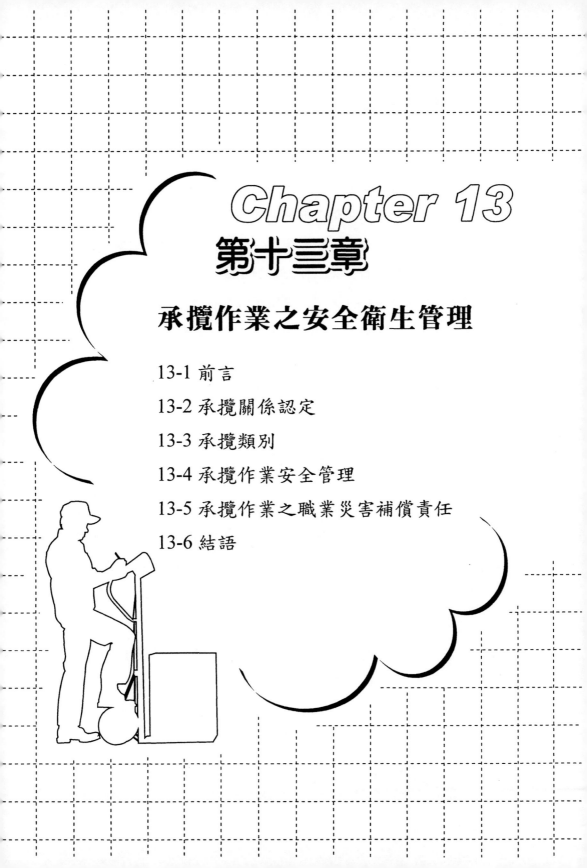

Chapter 13
第十三章

承攬作業之安全衛生管理

(13-1) 前言

隨著時代進步，科技日新月異，各行各業的分工更加精細，而工作交付承攬的情形也更加普遍；勞動基準法公布施行後，許多事業單位為減少勞工退休準備金等負擔，更積極的將事業交付承攬，甚至鼓勵員工組織勞動合作社向事業單位承攬工作；亦有某些事業單位直接將工作交付員工組成的工會承攬，是以承攬關係更為複雜。另外，工作場所可能存在著某些危害因素，工作人員若不瞭解可能造成意外災害；還有，二個以上事業單位在同一場所共同作業，亦可能滋生意外事故；因此，承攬作業必須特別著重安全管理，方能防範事故於未然。

(13-2) 承攬關係認定

依勞工安全衛生法第十六條規定，事業單位以其事業招人承攬時，其承攬人就承攬部分負本法所定雇主之責任；原事業單位就事業災害補償仍應與承攬人負連帶責任。再承攬者亦同。因此，承攬關係之認定涉及雇主責任之區分；故，在談到承攬作業安全管理之前；首先須對承攬關係加以認定。

以下茲依相關法令及解釋令說明承攬關係認定原則：

13-2-1 承攬認定原則

1. 內政部七十三年二月九日台內勞字第二〇八一七九號函釋示：

   （1）認定「承攬」要件於民法上已有規定，執行勞工安全衛生法規時，應以此為基礎，再從勞工安全衛生法所定責任義務逐案處理。

   （2）關於營造工業承攬人身分之確認原則，本部前曾以六十九年一月二十二日台內勞字五三九〇〇號函復貴會在案，至本案勞務提供是否構成承攬亦應依該函處理。

   （3）對於違章建築及違規轉包之情形除移送建管單位依規定處理外，實際作業現場有關勞工安全衛生法規規定自應適用。

   依上述釋示，執行勞工安全衛生法規時，應以民法為基礎認定「承攬」。

2. 內政部六十九年一月二十二日台內勞字第五三九〇〇號函釋示：

   （1）凡直接僱用勞工實際以營造為業之法人或自然人均為勞工安全衛生法所稱營造業之雇主，須負該法及其子法所訂各項責任。如營造行為有構成承攬關係者，原事業主及承攬人之相互責任應依該法第十四條、第十五條、第十六條及第十七條之規定辦理，但如原事業主僅將部分工作委交他人施工，本身仍具有監督、指揮、統籌規劃之權者，應不認定具有承攬關係。

（2）營造安全衛生設施標準第三條規定之工程報備係指由實際從事營造施工之事業單位為之。對於災害責任及通知改善等亦同。

依上述釋示，凡直接僱用勞工實際以營造為業之法人或自然人均為勞工安全衛生法所稱營造業之雇主。如原事業主管僅將部分工作委交他人施工，本身仍具有監督、指揮、統籌規劃之權者，應不認定具有承攬關係。故安衛法承攬之認定，需依個案情形，實質認定。

3. 民法第四百九十條規定，稱承攬者，謂當事人約定，一方為他方完成一定之工作，他方俟工作完成，給付報酬之契約。依上述規定，承攬為完成工作，給付報酬之契約。

4. 民法第五百零八條規定，工作毀損滅失之危險，於定作人受領前，由承攬人負擔。如定作人受領遲延者，其危險由定作人負擔。定作人所供給之材料，因不可抗力而毀損滅失者，承攬人不負其責。

依上述規定，承攬可以是連工帶料，方可以僅交付工作而由定作人提供材料。

5. 民法第五百十二條規定，承攬之工作，以承攬人個人之技能為契約之要素者，如承攬人死亡，或非因其過失致不能完成其約定之工作時，其契約為中止。

依上述規定，承攬可以個人為對象。其與僱傭區別之原則如下：

（1）依民法第四百八十二條規定，稱僱傭者，謂當事人約

定，一方於一定或不定之期限內為他方服勞務，他方給付報酬之契約。故除了勞務工作，可能是僱傭外，其餘工作之交付原則上應認定為承攬。

（2）依民法第四百八十四條規定，僱用人非經受僱人同意，不得將其勞務請求權讓與第三人。受僱人非經僱用人同意不得使第三人代服勞務。當事人之一方違反前項規定時，他方得終止契約。故僱傭之勞務有專屬性；而承攬則以完成工作為要件，除非承攬契約中明訂部分工作交付再承攬應先經定作人同意，否則在民法及勞工安全衛生法中，並無限制交付再承攬之規定。

13-2-2 雇主之認定

1. 內政部六十八年八月二十二日台內勞字第二八五九四號函釋示：

   從事具有營造業性質作業之事業，均應認定為勞工安全衛生法所稱之營造業，對其僱用勞工從事該項作業，不論是否具有營造廠商資格，如於施工中發生職業災害，自應由該負責人負勞工安全衛生法所定雇主之責任。

2. 釋示不具承攬關係時雇主之認定疑義

   內政部七十三年十二月五日台內勞字第二七一六一號函復台灣省工礦檢查委員會：華爾泰工程公司向益昇土木包工業租用挖溝機施工，雖由益昇公司派勞工戴我利操作，如僅屬租用機械，而由華爾公司負責人指揮從事作業並給

付工資時，認定該公司為戴工之雇主。但該挖溝工程如已發包給益昇公司，並由益昇公司給付工資時，視戴工為出差工作，故戴工之雇主應屬益昇公司。

13-2-3 承攬關係之認定

1. 內政部六十八年七月十三日台內勞字第二六○二三號函台灣省工礦檢查委員會：根據富誠遊艇公司員工管理規則及承包契約書內容規定：其工人之管理、指揮、工資提領等均由公司統籌辦理，並未構成承攬，實施勞工檢查時有關勞動條件及勞工安全設施應由該公司負責，其勞工總人數如超過一百人，自應依法設置勞工安全衛生管理單位及勞工安全衛生委員會。又該公司承包契約書應更名為工作契約書。

2. 釋復勞工安全衛生法有關承攬事項疑義
   內政部六十九年十月十五日勞司字第一三四一九號函復功學社股份有限公司：
   （1）貴公司雖以專門製造機車、自行車為業，惟有關廠房、設備之檢修、保養、營造及增添機器、設備之安裝等，既屬公司所有，自屬勞工安全衛生法所稱事業之範圍當無疑義。
   （2）關於事業單位廠房、設備之檢修、保養及增添機器、設備之安裝，如確係構成勞工安全衛生法第十四條規定之承攬情況等，承攬人應就其承攬部分負該法所定

雇主之責任，惟原事業單位仍應負指導、統一指揮與協調等多項法定責任，但若各該種工作僅以僱工方式從事者，應不得認定為承攬。

3. 內政部七十三年八月七日台內勞字第二四九五○六號函復台灣省工礦檢查委員會：

（1）勞工安全衛生法施行細則第二十、二十一條規定有關負責人。指導人員資格疑義請參照本部七十三年七月二十一日台內勞字第二四三一五六號函釋。

（2）事業單位興建辦公室、員工宿舍或廠房，如全部交付他人承攬興建，且施工亦非在該廠工作場所範圍內，可認定非其經營範圍。惟就來函所述台糖公司農場深井抽水機修護等工程，則為生產作業中之維護，應屬該事業單位之經營範圍。

4. 內政部七十三年八月三日七十三台內勞字第二四八三○八號函台灣省工礦檢查委員會該廠有關擴建工程、油槽建造及土木等工程如於未生產前完全交付他人承攬，且施工亦非在該廠工作場所範圍內，可認定係非其經營範圍。至煉製設備之檢修、清洗等係作業中之維護，應為其經營範圍，其承攬人之勞工安全衛生管理人員應由該廠報請檢查機構核備。

5. 內政部六十八年九月二十四日台內勞字第三四四八一號函台灣省工礦檢查委員會：

（1）勞工安全衛生法上所稱之承攬關係，係以實質承攬認

定之，依貴會來函所稱之情況，陳書恭與總源企業公司間就鐵工工程部分，應以承攬關係認定。雖兩者間無承攬契約，但口頭承攬在民法上亦屬成立。

（2）惟總源企業公司於廠內發生火災致陳書恭等受傷死亡之事故，究係由陳書恭所承攬之鐵工作業不當所引起，抑或其他原因造成者，未見敘明，故就該火災災害言，本部無法進一步究明承攬責任。

6. 內政部六十五年一月九日台內勞字第六六三七八一號函復台灣省工礦檢查委員會：

文山林區管理處伐木作業係以公開標售方式處分，業者得標繳納價金後准其在得標林班範圍及材積內採伐售賣，係完全獨立作業，自無承攬之性質。

7. 內政部六十九年八月六日台內勞字第三五三四九號函復台灣省工礦檢查委員會：

林務局各林區管理處所發包之森林鐵路、道路、隧道、橋樑等新建、修護工程，因此等工程使用之場地、工時等均與原事業單位有共同或重疊之關係，其承攬人方面安全管理勢難與原事業單位完全劃分，自仍應依勞工安全衛生法施行細則第十八條至二十條規定辦理。

8. 內政部七十四年五月一日台內勞字第三〇九〇五一號函復台灣省工礦檢查委員會：

（1）台灣省自來水公司新埋設之管線、新建淨水場、新鑿深井以及高架水塔等營建工程，如係新建且施工亦非

職業安全衛生管理
Occupational Safety and Health Management

在該公司工作場所範圍內者，可認定非其經營範圍。惟如於該公司工作場所範圍內所新增設之工程自屬其經營範圍。

（2）事業單位交付承攬之工作不在其經營範圍而僅派有監工人員監督施工者，可視為未僱用勞工於同一工作場所與承攬人所僱勞工共同作業，而認定承攬人為原事業單位由其自行報備勞工安全衛生管理人員。

9. 內政部七十三年五月三日台內勞字第二二三九五三號函復台灣省工礦檢查委員會：

勞工安全衛生法施行細則第二十二條所規定之報備係指交付承攬之事業單位辦理報備。但如交付承攬之工作非其經營範圍，且其亦未僱勞工於同一工作場所與承攬人及其勞工共同作業，則承攬該工作之承攬人應以原事業單位認定並自行報備安全衛生管理人員，此時交付承攬之事業單位可免於指導承攬人。（如貿易公司或政府機關興建辦公大樓，全部交營造廠興建，本身並未參與施工則以負責之營造廠為原事業單位而自行報備安全衛生管理人員。）

10. 內政部七十三年十一月九日台內勞字第二六六二八〇號函復經濟部國營事業委員會：

台電公司施工隊將「電容器貯存倉庫新建甲乙型圍牆工程」，交付均茂營造工程公司承攬，而該工程已完全由承攬人員負責施工，且台電公司亦未僱用勞工與承攬之勞工共同作業，應認定該承攬人（均茂營造公司）為原事業單

位，自行報備勞工安全衛生管理人員。

(13-3) 承攬類別

不同的承攬情況，其安全管理亦有不同，故在談到承攬作業安全管理之前，先要釐清承攬類別，以明確承攬單位之責任，茲分述如下：

13-3-1 按承攬單位之組織分類

1. 單一事業單位之承攬：一般之承攬，大都屬於此類，承攬單位之地位可能是原事業單位、承攬人、再承攬人；例如，甲營造廠承攬乙地主建造自用房屋建築工程，則甲為原事業單位；而甲營造廠承攬乙自來水廠廠內水管理設工程，則甲為承攬人，若甲再將挖掘管溝工作交由丙土木包工業承攬，則丙為再承攬人。

2. 共同承攬：目前有大林組與互助營造共同企業體承攬台北市捷運工程，此即是勞工安全衛生法第十九條所指「二個以上之事業單位分別出資共同承攬工作」，依法應互推一人為代表人視為該工程之事業雇主；在安全管理上，較單一事業單位之承攬多一層企業體內不同事業單位人員管理之整合。

13-3-2 按承攬工作環境分類

1. 通風良好之工作環境
   (1) 單純之環境：即承攬工作環境單純，無工作內容以外之危害因素。
   (2) 工作環境存有其他危害因素：例如，在山區開闢道路可能有落石危害、市區內興建房屋吊運物料可能觸及高壓電線、麵粉廠內電焊鐵架可能造成粉塵爆炸、二個以上單位同時作業，甲公司電焊火花掉到下方乙公司以易燃樹脂鋪設舒耐氈現場可能引起火災。
2. 通風不良之工作環境：如人孔、坑道、隧道、室內等場所，可能是缺氧場所或危害物質積存場所，應注意通風及環境測定。
3. 特殊工作環境：即承攬工作之內容即為特殊環境，如潛水工作、壓氣工法施工等。

13-3-3 按承攬作業行為分類

1. 單獨作業行為：承攬之工作不涉及其他事業單位者。
2. 個別作業行為：承攬之工作與其他事業單位相關，但不屬於共同作業者，例如，甲公司承攬住都局道路新闢工程，乙公司承攬自來水公司在該道路埋設水管工程，兩者工作相關，但不屬於安衛法第十八條規定之共同作業。
3. 共同作業行為：即安衛法第十八條規定之共同作業，其涉

及二個以上單位同時在同一場所作業，例如，甲公司勞工從事模板組立工作，乙公司勞工在其上方吊運鋼筋；或是二個以上單位同時在相關場所作業，例如，在同一條高壓線路上有甲、乙兩公司勞工在不同地點工作；亦或工作時間不同，工作地點相同，如紮鋼筋工作與混凝土澆置工作等。

(13-4) 承攬作業安全管理

13-4-1 人員管理

1. 教育訓練勞工及下包商之勞工使具備工作必要之知識及能力，或僱用具有資格者從事危險性機具設備操作或特殊作業或擔任安衛管理人員。

2. 共同承攬應整合指揮管理體系使成一體，不致各自為政。

3. 有共同作業情形時應依安衛法第十八條規定，由原事業單位採取下列措施：

   （1）設置協議組織，並指定工作場所負責人，擔任指揮及協調之工作。

   （2）工作之聯繫與調整。

   （3）工作場所之巡視。

   （4）相關承攬事業間之安全衛生教育之指導及協助。

   （5）其他為防止職業災害之必要事項。

   　　若事業單位分別交付兩個以上承攬人共同作業而未參

與共同作業時，應指定承攬人之一負前項原事業單位之責任。

13-4-2 環境管理

1. 事業單位以其事業之全部或一部分交付承攬時，應依安衛法第十七條之規定，於事前告知該承攬人有關其事業工作環境、危害因素暨安衛法及有關安全衛生規定應採取之措施。承攬人就其承攬之全部或一部分交付再承攬時，承攬人亦應依前項規定告知再承攬人。

2. 承攬單位應於開工前查明工作場所危害因素（含作業環境測定），並採取必要措施，例如，通風不良場所應測氧氣含量、有無積存危險物或有害物等等，在勞工進入前先行通風驅散，並持續於勞工工作期間供給新鮮空氣。

3. 工作場所妥善規劃管理：工作場所必須有計畫的規劃通道、物料存儲……等場所，並加以管理維護，才能避免混亂、環境不良而肇生事故。

13-4-3 物料管理

1. 製造、處置、使用之危險物、有害物，應依危險物有害物通識規則之規定予以標示，並註明必要之安全衛生注意事項（物質安全資料表）。

2. 製造、處置、使用之物料之品質、數量、規格，應符合工作需求。

3. 物料儲運應依物料特性妥處，因物料儲運安全另有專門課程，此處不予贅述。

13-4-4 車輛、機械、器具、設備管理

1. 車輛、機械、器具、設備應依規定實施自動檢查及維修保養。
2. 事業單位以其事業之全部或部分交付承攬或再承攬時，如該承攬人使用之機械、設備或器具係由原事業單位提供者，該機械、設備或器具應由原事業單位實施定期檢查及重點檢查。

   前項定期檢查及重點檢查於有必要時得由承攬人或再承攬人會同實施。

   第一項之定期檢查及重點檢查如承攬人或再承攬人具有實施之能力時，得以書面約定由承攬人或再承攬人為之。
3. 承攬作業使用之車輛、機械、器具、設備應以其原有功能為限，並應在使用限制範圍內操作使用。
4. 勿貪圖方便或省錢使用拼裝車輛、機械、器具、設備。

13-4-5 作業管理

1. 承攬作業應依規定實施自動檢查。
2. 共同作業或個別作業應就人、事、時、地、物考量安全管理因素，並採取必要措施。
3. 特殊作業，除人員資格、能力、環境應予管理外，作業設施（如有機溶劑作業之局部排氣設備、潛水作業之供氣設

備及人員上升速度、壓氣工法之氣閘室……等），應符合
規定。

4. 高溫度、異常氣壓、高架、重體力勞動，應依規定減少工
作時間及給予休息。

(13-5) 承攬作業之職業災害補償責任

有關承攬作業之職業災害補償責任，分別在勞動基準法及勞
工安全衛生法有詳細的敘明。

勞工安全衛生法第十六條規定：

「事業單位以其事業招人承攬時，其承攬人就承攬部分負本
法所定雇主之責任；原事業單位就職業災害補償仍應與承攬人負
連帶責任。再承攬者亦同。」

勞動基準法第六十二條明定：

「事業單位以其事業招人承攬，如有再承攬時，承攬人或中
間承攬人，就各該承攬部分所使用之勞工，均應與最後承攬人，
連帶負本章所定雇主應負職業災害補償之責任。」

「事業單位或承攬人或中間承攬人，為前項之災害補償時，
就其所補償之部分，得向最後承攬人求償。」

勞動基準法第六十三條明定：

「承攬人或再承攬人工作場所，在原事業單位工作場所範圍
內，或為原事業單位提供者，原事業單位應督促承攬人或再承攬
人，對其所僱用勞工之勞動條件應符合有關法令之規定。」

「事業單位違背勞工安全衛生法有關對於承攬人、再承攬人應負責任之規定，致承攬人或再承攬人所僱用之勞工發生職業災害時，應與該承攬人、再承攬人負連帶補償責任。」

勞工安全衛生法第十六條至第十九條有如次之規定：

第十六條　事業單位以其事業招人承攬時，其承攬人就承攬部分負本法所定雇主之責任；原事業單位就職業災害補償仍應與承攬人負連帶責任。再承攬者亦同。

第十七條　事業單位以其事業之全部或一部分交付承攬時，應於事前告知該承攬人有關其事業工作環境、危害因素暨本法及有關安全衛生規定應採取之措施。承攬人就其承攬之全部或一部分交付再承攬時，承攬人亦應依前項規定告知再承攬人。

第十八條　事業單位與承攬人、再承攬人分別僱用勞工共同作業時，為防止職業災害，原事業單位應採取下列必要措施：

一、設置協議組織，並指定工作場所負責人，擔任指揮及協調之工作。

二、工作之聯繫與調整。

三、工作場所之巡視。

四、相關承攬事業間之安全衛生教育之指導及協助。

五、其他為防止職業災害之必要事項。

事業單位分別交付二個以上承攬人共同作業而未

參與共同作業時，應指定承攬人之一負前項原事業單位之責任。

第十九條　二個以上之事業單位分別出資共同承攬工程時，應互推一人為代表人；該代表人視為該工程之事業雇主，負本法雇主防止職業災害之責任。

另在勞工安全衛生法施行細則第三十一條至三十三條亦有知次之規定：

第三十一條　本法第十八條之共同作業，係指原事業單位、承攬人或再承攬人等（以下稱相關事業單位）僱用之勞工於同一期間、同一工作場所從事工作者。

第三十二條　本法第十八條第一項第一款之協議組織，應由原事業單位洽商全體相關事業單位組織之，並定期或不定期進行協議。

第三十三條　本法第十八條第一項第一款之協調事項如下：

一、劃一固定式起重機、移動式起重機、人字臂起重桿、升降機、簡易提升機、營建用提升機等之操作信號事項。

二、劃一工作場所標識（示）事項。

三、劃一有害物質空容器放置場所之事項。

四、劃一警報事項。

五、劃一緊急避難辦法及訓練事項。

六、使用下列機械、設備及構造物時，應協調

使用上之安全措施：

1. 打椿機、拔椿機。

2. 軌道裝置。

3. 乙炔熔接裝置。

4. 電弧熔接裝置。

5. 電動機械、器具。

6. 沉箱。

7. 架設通道。

8. 施工架。

9. 工作架台。

10. 換氣裝置。

七、其他認有必要之協調事項。

(13-6) 結語

　　承攬作業安全管理坊間可供參考之書籍不多，筆者僅就個人工作經驗與既往曾發生災害案例之教訓加以整理、湊合、歸納出不成熟之意見，希望能拋磚引玉，提供承攬作業安全管理之參考，更希望識者能予斧正或提出更佳之管理方法，以促進承攬作業之安全。

Chapter 14
第十四章

電磁場之安全衛生管理

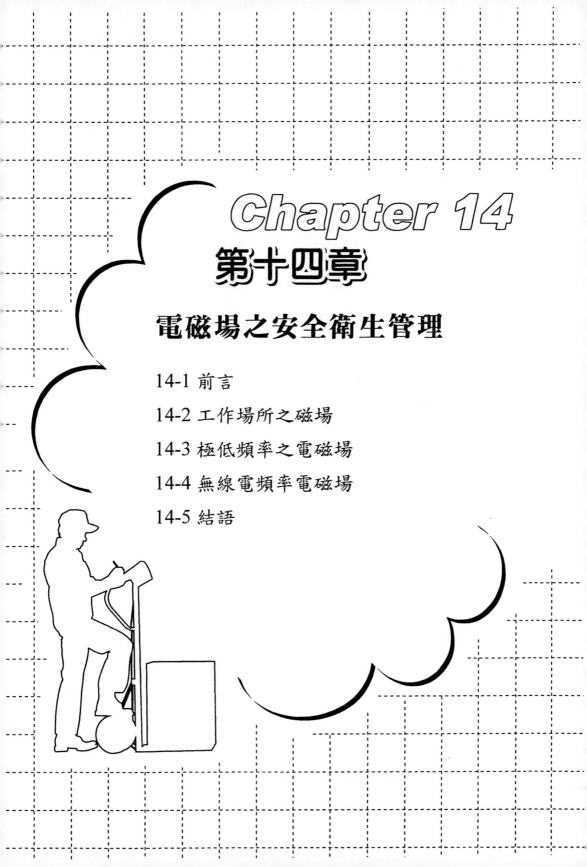

(14-1) 前言

在尚未討論電磁場時，先就名詞、單位予以定義。電場（Electric Fields）係由電壓（Voltage）所產生；磁場（Magnetic Fields）係由電流（Current）所產生。有關電場、磁場之測量單位如下：

電場（Electric Field, E）：

E ＝ V ／ M ＝伏特／公尺

磁場強度（Magnetic Field Strength, H）

H ＝ A ／ M ＝安培／公尺

磁通量密度（Magnetic Flux Density, B）

tesla（T, mT, nT）

gauss（G, mG）

B ＝ μo H

μo ＝ $4\pi \times 10^{-7} \doteqdot 1$ ／ 800,000

1gauss ＝ 0.1mT ＝ 80A ／ M

1mG ＝ 0.1μT ＝ 100nT ＝ 80mA ／ M

電磁場（Electric and Magnetic Fields, EMFs）通常出現在電線、電器設備、電機機械等。電磁場能獨自或組合式發生，電磁場接近發生源時會增強，當遠離發生源時會快速地降低。

即使現今人類已經對電場、磁場之存在，已經具有相當的認

識。但從最近的研究報告顯示，大多針對磁場對人體的內部潛在危害，特別是多數的流行病學研究（epidemiological studies）報告，皆指出暴露在磁場的作業環境中與致癌危害性之增加，由生物統計學上計算出有正相關之趨勢。至於電場對人體內部危害之研究報告，似乎要來得少些。

當然電磁場之大小亦受下列幾種頻率波之影響：

1. 超低頻（Ultra Low Frequency, ULF），0-3Hz。

2. 極低頻（Extremely Low Frequency, ELF），3-3000Hz。

3. 低頻（Very Low Frequency, VLF），3000-30000Hz。

4. 無線電頻率（RF），3kHz-3000MHz。

5. 微波頻率（Microwave Frequency, MWF），300MHz-300GHz。

14-2 工作場所之磁場

工作場所之作業勞工，在接近下列設備時，常會有暴露在高磁場之危害：諸如電動手工具和機械（電動鑽、電鋸、車床、熔接機械、電熱爐等）；辦公室設備（影印機、電動削鉛筆器等）。

磁場強度之大小，須視設備之設計及電流之流動情形而定，不是決定在設備大小、複雜性或電壓大小。通常一些設備型式或同時操作時，會產生不同頻率之電磁能量（electromagnetic energy）：諸如熔接操作能產生電磁能量，分布於紫外線（ultraviolet, UV）、可視光、紅外線（infrared）和無線電頻率之範圍；微波爐（microwave ovens）在GoHz產生電磁場，但微波爐若有良好的防護包裝措施，其要產生電磁場就要有較高之頻率才行。

(14-3) 極低頻率之電磁場

有關所謂極低頻率之電磁場，其焦點似乎集中在50或60Hz頻率波，其發生在電力之發電、供電運輸、使用之過程。近年來有關極低頻率之電磁場對人體的危害之流行病學研究報告，似乎常受爭議，因為報告指出人們居住在電力線分布區域，且暴露在5～10mG時，會有白血球過多症（leukemia）和改變血液中之化學性質（altered blood chemistry）。

交流電力（AC electric power）所產生之磁場會使人體內部產生微弱之電流，因此，電磁場影響人體健康之情事，逐漸形成注意的焦點。

14-3-1 極低頻率之電磁場量測

要量測極低頻率之電磁場，可經由作業場所之正常班或輪班勞工配戴小型的高斯計（gaussmeters）或電頻磁場計（power-frequency magnetic field meters），來自動記錄磁場之暴露情形。

量測前之儀器校正極為重要，另勞工若固定在電磁場發生源之足夠距離長度時，此勞工之暴露要比真實之暴露危害要來的低些。甚至於在作業場所如果有強而有力的電磁場來源時，皆會影響其量測大小。

14-3-2 極低頻率電磁每天暴露值

暴露極低頻率電磁行業（職業）之每天平均值及暴露範圍，見表 14-1。

表 14-1　暴露極低頻率電磁行業（職業）每天暴露值

行業（職業）	每天平均值（mG）	暴露範圍（90％勞工）
電機相關行業		
電機工程師	1.7	0.5～12.0
電視機修護技師	4.3	0.6～8.6
線路維修者	3.1	1.6～12.0
熔接者	8.2	1.7～96.0
電器設備使用者		
沒操作電腦之事務員	0.5	0.5～1.6
有操作電腦之事務員	1.2	0.3～6.3
生產線上勞工	2.5	0.5～35.0
電器技師	5.4	0.8～34.0
變電所勞工	7.2	1.1～34.0
下班後之勞工（居家，旅遊）	0.9	0.3～3.7
芬蘭之成衣工業勞工		
車縫機械操作者	22.0	10.0～40.0
工廠其他勞工	3.0	1.0～6.0

資料來源：美國職業安全衛生研究所。

14-3-3 電磁場發生場所之量測

電磁場發生場所之量測，見表 14-2。

表 14-2　電磁場發生場所之量測

職業和發生源	極低頻率電磁場（mG）	說　　明	其他頻率
使用在製造業之機械設備			
電阻式加熱器	6000～14000	手工具位於操作者之胸部	低頻
感應線圈式加熱器	10～460		較高之低頻

（續）表 14-2　電磁場發生場所之量測

職業和發生源	極低頻率電磁場（mG）	說　　明	其他頻率
手動式研磨機	3000		
研磨機	110		
車床、鑽床等	1～4		
電鍍作業			
整流區	2000～4600	電鍍金屬物件使用直流電	高靜電區
戶外電線和變電所	100～1700		
鋁精餾作業			
鋁存放區	3.4～30	鋁精餾作業	非常高靜電區
精餾區	300～3300	使用直流電	高靜電區
鋼鐵鑄造			
電極活化區	170～1300	在控制區座椅之操作員	ULF
電極阻化區	0.6～3.7		
電鍍區	2～1100		
電視轉播			
轉播攝影機	7.2～24	在 1 英呎外	VLF
錄影帶消磁區	160～3300		
光線控制中心	10～300	全區偵測	
播報區	2～5		
遠距離通信			
斷電器開關	1.5～32	離繼電器 2～3 英呎	ULF－ELF
電器開關室	0.1～1300		
地下電話線	3～5	金區	
醫療院所			
診療區	0.1～220	在護士的胸部區	VLF
麻醉看護區	0.1～24		VLF
磁共振處置	0.5～280	操作員之作業區	VLF 和 RF
政府機構			
辦公桌	0.1～7		
辦公桌接近電力中心	18～50	雷射印表機之尖峰值	
樓層中心	15～170		

（續）表 14-2　電磁場發生場所之量測

職業和發生源	極低頻率電磁場（mG）	説　明	其他頻率
電腦中心	0.4～6.6		
電動開罐器	3000	離設備 6 英呎之測量	
冷卻風扇	1000		
其他辦公設備	10～200		
電力供應裝置	25～1800		

14-3-4 極低頻率電磁場之危害

　　極低頻率電磁場之暴露所造成之健康危害，根據美國國家環境衛生科學研究學院（National Institute of Environmental Health Sciences, NIEHS），在 1998 年所提出的報告指出，暴露在極低頻率電磁場時，對人體的健康會有一些致癌的效應（carcinogenic effects）。至於哪些勞工易暴露在極低頻率電磁場之作業環境，大致上有電力工程師、電視和無線電修護工程師、電信電路修護者、變電所員工、熔接操作者等與電相關之職業。

　　遠在 1982 年就有研究報告指出從事與電有相關之作業勞工得到白血球過多症或腦癌的要比其他行業來得多。甚至也有一些實證研究報告指出，極低頻率電磁場會激發人體內致癌細胞之成長。

　　因此，極低頻率電磁場對人體的危害，除了前述之致癌危害外，當有下列幾種危害（其由流行病學研究顯示，並非藉由動物或人體實驗得知）：

1. 神經學上的效應（neurological effects）：極低頻率電磁場對神經行為、神經藥理學、神經心理學、神經化學上之影響

的證據，仍顯得薄弱一些，但暴露在極低頻率電磁場之作業環境下的勞工，似乎要比其他作業環境下的勞工，易產生頭痛或疲勞等症狀。

2. 阿耳滋海默氏症疾病（Alzeimer's disease）：阿耳滋海默氏症疾病具有進行性之一種老性精神病，會迅速成為癡呆，當然此論證仍有幾分不成熟。

3. 骨頭之修復（bone repair）：有關極低頻率電磁場對於人體骨頭之修復，或是新生之骨組織有著極大的影響。

4. 懷孕（pregnancy）：極低頻率電磁場對女性作業勞工之懷孕影響，尚得進一步確認，就如同從事終端機（Video Display Terminals, VDTs）作業，是否會使孕婦受到影響是一樣的道理。

5. 憂鬱（depression）：極低頻率電磁場之暴露下的勞工，若是長時期下，會有自殺或憂鬱之症狀發生，此乃根據美國北卡羅萊那大學在 2000 年 3 月 15 日所提出之報告。

除了美國環境衛生科學研究學院（NIEHS）對於極低頻率電磁場之危害研究外，美國職業安全衛生研究所（National Institute for Occupation Safety and Health, NIOSH）亦對其提出了一些論點，且從職業安全衛生之學術研究領域看之，似乎更要來得客觀些。因為美國環境衛生科學研究學院對於極低頻率電磁場之評估研究報告，焦點集中在可能會使人體致癌，其只依據流行病學之調查研究，卻沒有動物和細胞組織的實驗（animal and cellular experiments）研究

佐證，且暴露的勞工得到白血球過多症，有一些是從小孩時期尚未進到職場時，即有此種症狀。

美國職業安全衛生研究所和其他相關的研究學術機構，對於極低頻率電磁場對人體的危害，亦未很明確的加以證實，且保持著極為保留的論點，茲將其論點分述如後：

1. 因為許多的研究報告暴露在極低頻率電磁場之作業勞工有致癌之風險，美國職業安全衛生研究本於保護勞工之職責，除了予以瞭解並從事相關之實證研究，並加強宣導雇主及勞工之簡易量測及防護措施，以降低其暴露之危害。

2. 各領域之研究學者專家，皆只從單一領域來切入研究極低頻率電磁場之危害，可能會有一些主觀或偏見，如何借重整合電機、電子、職業醫學、衛生、環境工程等學者專家，來從事整合性之研究是有其必要性的。

如何降低極低頻率電磁場之暴露危害，有下列措施：

1. 教導及宣導雇主及勞工在作業場所之暴露危害，對人體可能造成之危害。

2. 發現危害之發生源是位於作業場所之位置。

3. 增加勞工之作業位置區域與危害發生源兩者之距離，勞工背離發生源，工作站至少離發生源 3 英呎以上之距離。

4. 降低接近發生源之時間。

5. 假使可行的話，使用降低此等危害之產品，或設計防護裝

置，以降低暴露所造之危害。

6. 至目前為主在美國和加拿大並無此等危害之國家標準。

7. 現今世上有關極低頻率電磁場之科學論證，並無法顯示或確認在何種程度是處於安全或不安全。

8. 國際輻射保護協會（The International Radiation Protection Association, IRPA）和國際非游離輻射保護委員會（The International Commission on Non-Ionizing Radiation Protection, ICNIRP），國際非游離輻射保護委員會是由四十個國家，共 15,000 位專精輻射科學研究人員所組成之組織。其有訂定勞工和一般公眾之此等電磁場暴露危害標準，ICNIRP 對於電磁場暴露之指引，見表 14-3。

表 14-3　ICNIRP 對於電磁場暴露之指引

暴露 50／60Hz	電場（KV／m）	磁場（G，mG）
職場勞工		
全天	10 KV／m	5 G（5000mG）
部分時間（2 小時）	30 KV／m	50G（50000mG）
非職場勞工		
全天	5 KV／m	1G（1000mG）
每天些許時間	10 KV／m	10G（10000mG）

資料來源：ICNIRP 1994。

14-3-5 極低頻率電磁場在人體上之醫學效應

根據美國食品和藥物管理局（Food and Drug Administration, FDA），電磁場的干擾會影響許多的醫療設備，包括電器式心臟調整器（electronic cardiac pacemakers）等。另外電銲或熔接設備、

發電廠之供輸電力線、軌道式輸送設備，亦會產生極低頻率電磁場，且其強度亦足以影響醫療設備。某些金屬製的醫療用插入管（或是銷、釘、螺絲和板子等）亦會受到磁共振裝置所發出之電磁場的影響。

有關極低頻率電磁場之最高容許暴露值（ACGIH訂定）：

1. 2T（或20000G），全身。
2. 5T（或50000G），四肢。
3. 0.5mT（或5G），穿戴醫療電子設施。

八小時容許暴露值：

1. 600mT（或600G），全身。
2. 600mT（或6000G），四肢。

因此，作業場所之勞工若有配戴電器式心臟調整器時，雇主應考慮作業場所之電磁場會影響到該調整器之正常運作，也會間接使勞工之生命健康受到威脅。最近從許多的研究報告顯示出，有關極低頻率電磁場之危害，似乎逐漸轉移到較高頻率電磁場之危害，諸如行動電話、無線電、無線式電腦、微波信號和微波視訊轉播等。

14-3-6 終端機作業之極低頻電磁場危害

作業場所之電腦終端機作業（Video Display Terminals, VDTs）勞工，距離螢幕五十公分或二十英吋，其電磁場之暴露值通常低於

3mG。目前在美國或加拿大並沒有關於終端機之電磁場暴露標準參考值。

瑞典政府目前訂定一個終端機之電磁場暴露標準參考值，距離螢光幕五十公分時，其暴露值為 2.5mG；另瑞典勞工工會（Swedish Labour Union），亦訂定一個標準參考值，距離螢光幕三十公分時，其暴露值為 2.0mG。

加拿大亞伯達省人力資源（Alberta Human Resources）和雇用者輻射健康與安全（Employment's Radiation Health and Safety）完成一系列有關電磁場暴露之研究報告，明確地指出終端機作業勞工每增加二十公分（或八英吋）時，作業勞工會減低三分之一的電磁場暴露，而且其是在無任何輻射遮蔽保護下所測得的數據。

(14-4) 無線電頻率電磁場

無線電頻率電磁場可以穿透人體，且在皮膚沒有任何反應下，被人體組織器官吸收。一般無線電頻率電磁場之來源大致上有：

1. 非傳導性的電熱器（dielectric heaters），其應用於木製品工廠之膠合乾燥作業。
2. 無線電頻率度量衡檢查器（RF sealers）。
3. 乙烯熔接器（vinyl welders）。
4. 無線電和電視轉播站（如天線塔台和傳輸器之維護）。
5. 行動電話（cellular phones）。

6. 感應線圈式火爐（induction furnaces）。

　　許多無線電頻率電磁場之發生源的控制，通常不被人重視，因為至今仍有許多人認其並沒有危害。甚至於有許多人認為微波輻射之危害遠大於無線電頻率電磁場。

　　暴露在無線電頻率電磁場（包括微波）之動物實驗性危害效應：暴露在高強度之無線電頻率電磁場下，會造成實驗性動物之肌肉組織或體溫升高1℃；另暴露在強度之無線電頻率電磁場下，實驗性動物之染色體或DNA也有改變之現象。此外，有許多壓倒性之實驗資料顯示，無線電頻率電磁場不會誘導有機體突變，而且其也不扮演著癌症之起爆劑的角色，因為對一百隻老鼠實施暴露，也沒有發生任何腫瘤。另也有對兔子及猴子的眼睛施以暴露，兔子每日實施暴露試驗，也沒有發生任何腫瘤。

　　暴露在無線電頻率電磁場（包括微波）之人體實驗性危害效應：有關流行病學之研究，已經明顯地表示暴露在無線電頻率電磁場，對人體無任何的健康危害效應。在一些人體實驗之自願者，所實施之研究報告，其能忍受之暴露恕值 $270 - 2000 \, W/m^2$（2-10GHz 範圍）。無線電頻率電磁場在 200MHz 和 6.5GHz 間，人體的耳朵可以聽到其嗡嗡聲。

14-4-1 行動電話之安全與健康議題

　　近年來行動電話之普及情形，幾乎達到人手一機，有關行動電話之安全與健康議題，逐漸受到大家的重視。本節擬對無線電頻率電磁場危害（RF EMF Hazards）、電器設施之效應（Effects on

Electronic Devices）、使用上之潛在爆炸性環境（Use in Potentially Explosive Atmosphere）、駕駛安全（Driving Safety）。

14-4-2 無線電頻率電磁場危害

最近新聞媒體對於使用行動電話可能遭受之安全與衛生危害的報導很多，諸如有長時間使用行動電話，會增加腦癌之罹患率。加拿大有關無線電頻率電磁場之暴露危害恕限值，在安全規章有規定 Safety Code 6"Limits of Human Exposure to Radiofrequency Electromagnetic Fields" 其頻率介於 3KHz 到 300GHz，並且建議降低動物和細胞組織之恕限值，以廣泛地保護作業場所之勞工，及公眾之暴露危害。若是在正常操作狀況上，手提式行動電話之暴露危害值會比容許恕限值來得低。且根據該安全規章之規定，並沒有明確地表示出行動電話會對健康造成危害。行動電話的使用者，目前對於無線電頻率電磁場之危害認知似乎要來得薄弱些，甚至不敢使用而採取能不使用就儘量不使用。

14-4-3 行動電話在電器設施之效應

一些電器式調整器設備對於無線行動電話所發出之無線電頻率電磁場，並無防護之作用。

美國心臟學院（The American College of Cardiology）研究顯示，並提出一些忠告：

1. 行動電話最好與電器設施保持最少六英吋之距離，而且行動電話不要放在上衣之胸前口袋。

職業安全衛生管理
Occupational Safety and Health Management

2. 接聽行動電話要在電器設備之反方向側邊。

3. 有察覺到干擾時應立即關掉行動電話。

4. 事業單位若發現其電器設施有無法改善之無線電頻率電磁場時，最好和原設施製造商討論，以找出有效的防範措施。

14-4-4 使用上之潛在爆炸性環境

有關在加油站打行動電話，是否會引起爆炸性危害，這是近來受人重視的話題。使用行動電話所產生的火花要點燃具爆炸性物質的危害不高。

在有潛在爆炸性環境時，必須關閉行動電話：

1. 燃料貯存區，如加油站。

2. 船的下層甲板。

3. 燃料或化工傳輸或貯存設施。

4. 交通運輸工具使用液化石油氣（liquefied petroleum gases）。

5. 發生爆破之區域。

14-4-5 行動電話之駕駛安全

根據加拿大多倫多大學（University of Toronto）對於駕駛者在駕駛中接聽或撥打行動電話，其發生車子碰撞為未使用行動電話之四倍。因為駕駛者使用行動電話時，會延遲其反應時間，或是分心，特別是使用一些功能特殊或操作具複雜性之行動電話，會延遲其剎車的反應判斷時間，或是疏忽道路上之交通號誌。有關使用行動電話所造成之車禍碰撞意外事故，常因精神渙散而撞到

前車或被後車追撞。所以開車時若使用行動電話，其行徑會猶如醉漢開車一樣。

加拿大亞伯達汽車協會（Alberta Motor Association）強烈地推薦下列駕駛安全守則：

1. 使用免持聽筒。
2. 駕駛中使用語音信箱。
3. 先予暫存記憶，或停車後再撥打接聽。

14-4-6 無線電和電視轉播天線之無線電頻率放射

無線電和電視轉播站在不同頻率之無線電頻率，會有所差異，而且通常有特定的頻率，如 AM 收音機之範圍在 550KHz 附近，超高頻電視站（UHF television stations）大約在 800MHz 附近。另外 FM 收音機（FM radio）和高頻電視站（VHF television stations）位於 550KHz 與 800MHz 之兩邊極端。在一般的電台（AM、FM）其操作電力有數百瓦，而電視站（UHF、VHF）則有達到幾百萬瓦。

電視轉播天線之區域通常被限制接近，美國政府機構曾對無線電頻率所造成之輻射水準予以表示，在被限制接近之區域其無線電頻率之電磁場對人體的確是會造成危害的。因此，維修作業之勞工在爬上電視轉播之天線結構物時，對於危害的防護不可忽視，一般維修作業時，其作業通常是在正常使用中，而非關閉電力專事從事維修作業。有關維修作業之預防之道：

1. 在作業時，暫時地降低電力。

2. 儘量在電視台沒有從事轉播時。

3. 在執行主天線之維修作業時,使用轉助天線。

4. 建立標準作業程序,並保持作業時之安全距離。

14-4-7 無線電頻率之危害在澳洲昆士蘭的工廠

澳洲政府之職業安全衛生部門,曾對昆士蘭省(Queensland)的二十九家工廠,實施無線電頻率之危害調查研究,並著手於危害之改善計畫,這二十九家工廠之產業分布為:

1. 強化塑膠纖維製造(Plastic Product Rigid Fibre Reinforced Manufacturing)。

2. 紡織產品之製造(Made-up Textile Product Manufacturing)。

3. 塑膠射出成型之製造(Plastic Injection Moulded Product Manufacturing)。

4. 鐵或鋼之鑄造和鍛造(Iron and Steel Casting and Forging)。

5. 塑膠滲出產品製造(Plastic Extruded Product Manufacturing)。

研究發現下列幾項結果:

1. 會產生無線電頻率之電器設備廣泛地使用在上述之五種製造行業,特別是塑膠之熔融、木製品之膠合和金屬熔融等作業。

2. 缺乏對於無線電頻率電磁場之遮蔽防護專業知識。

3. 大部分的工作場所對於無線電頻率電磁場之評估,常由一些非專業的人士,來實施危害評估。

4. 不到半數的工作場所實施過無線電頻率電磁場之量測,且其重點皆針對設備的輸出或傳輸之干擾。

5. 大多數的工作場所其電磁場之暴露皆超過恕限值,應使勞工每天的暴露少於四小時。

6. 大部分的工作場所係透過任務輪派之方式來降低暴露,且對暴露之承受程度不是基於定量的測量。

7. 有關無線電頻率電磁場對人體的危害部位,要以眼睛來得最為嚴重,且有關眼睛之防護遮蔽常被人忽視。

8. 大多數的量測位置皆不是操作會產生無線電頻率電磁場之電器設備之區域。

研究推薦下列防護措施:

1. 工作場所對於使用會產生無線電頻率電磁場之電器設備,對於電磁場應有正確的評估控制。

2. 有關無線電頻率電磁場之暴露危害評估之行政管理控制措施,應基於定量性的測量。

3. 雇主必須確認勞工之眼睛受到暴露危害之程度減到最小。

4. 對於會產生無線電頻率電磁場之電器設備維修應由專業且獲認證合格之人士擔當。

5. 雇主對於可能暴露在此電磁場危害之勞工,施予適當的防護訓練。

6. 雇主對於作業場所應實施電磁場之監測。

(14-5) 結語

　　有關暴露於電器設備所產生之極低頻電磁場（ELF EMFs）和暴露於行動電話所產生之無線電頻率電磁場（RF EMFs）之健康危害是極小的，但該等電磁場對人體之危害的爭論，似乎沒有一項定論。

　　當然各項科學的研究報告指出，的確使人們對於各種頻率電磁場之危害有了初步的認識，對於使用防護指施以降低暴露危害是有其必要的。

　　行動電話在駕駛安全上所造成之危害，根據研究其危害遠大於無線電頻率電磁場直接對人體所造成之危害。

　　另關於工業上設備之無線電頻率危害控制，目前似乎不適當，且有關無線電頻率電磁場之安全訓練課程的確是有其必要性。

參考文獻

① ANSI C95. 3-1991. American National Standard. Recommended Practice for the Measurement of Potentially Hazardous Electromagnetic Fields-RF and Microwave.

② International Commission on Non-Ionizing Radiation Protection. ICNIRP Guidelines: Guidelines for Limiting Exposure to Time-Varying Electric, Magnetic, and Electromagnetic Fields (up to 300GHz). Health Physics, Vol. 74, pp. 494-522, 1998.

③ International Labor Offices. Occupational Health and Safety Series NO. 71:

Safety in the Use or Radiofrequency Dielectric Heaters and Sealers-A Practical Guide, 1998 (Available from: the Publications Bureau, ILO, CH-1211 Geneva, Switzerland).

④ J. H. Bernhardt. Non-ionizing Radiation Safety: Radiofrequency Radiation, Electric and Magnetic Fields, Phys. Med. Biol., Vol. 37, pp. 807-844. 1992.

⑤ National Council on Radiation Protection and Measurements. NCRP Report No. 19: A Practical Guide to the Determination of Human Exposure to Radiofrequency Fields, 1993 (Available from: NCRP Publications, Bethesda, Maryland 20814, Tel. 1-800-229-2652).

⑥ O. P. Gandhi. ANSI Radiofrequency Safety Guide: It's Rationale, Some Problems, and Suggested Improvements. In Biological Effects and Medical Applications of Electromagnetic Energy. Ed. O. P. Gandhi, Prentice-Hall, Englewood Cliffs, pp. 28-46, 1990.

⑦ United Nations, Ionizing Radiation: Sources and Biological Effects, UNSCEAR 1982 Report (Available from: United Nations, New York).

⑧ World Health Organization. Environmental Health Criteria 137: Electromagnetic Fields (300Hz-300GHz), 1993 (Available from: WHO, Geneva, or Canadian Public Health Association, Ottawa, Ontario).

Chapter 15
第十五章

汞（水銀）對生態之污染及健康危害

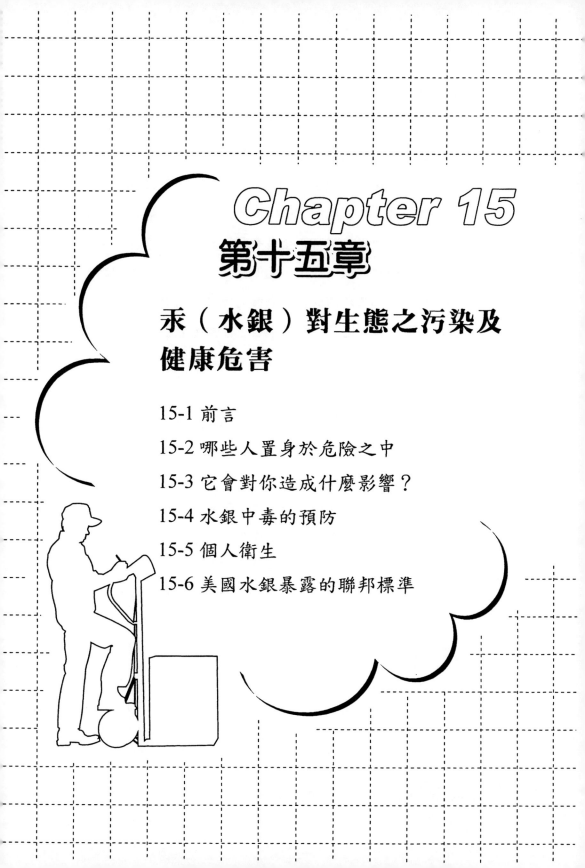

(15-1) 前言

案例一：有關汞（或稱水銀）對生態之污染及對人類健康之危害例子，實應追溯自 1953 年日本九州水俁（Minamata）地區，突然有一名大約五歲的女孩，因四肢麻木、走路時會跳動且步伐不穩、聽覺喪失、發音不全且有視野縮小之現象而就醫，醫生亦對此一怪病感到束手無策。相繼而來該地區之魚類陸續死亡、海藻枯竭、海鳥墜落海面、所飼養之家貓有抽搐等現象，逐漸引起全國乃至全世界之公共衛生學者之注意。直到 1959 年才發現罪魁禍首是為一家肥料製造廠，其在生產製程中使用氯化汞來作催化劑進而獲取氯乙烯，其工廠之廢水未經處理就排入河川、海灣，導致居民食用附近地區所捕獲之魚類後中毒。

案例二：1965 年日本新瀉地區又發生甲基汞中毒事件，病患都是阿賀野川的沿岸居民，因食用該地區之魚類。罪魁禍首是日本昭和電子公司所排放之廢水中含甲基汞。

案例三：我國石化工業的模範生台塑企業，1998 年 12 月台塑企業的汞污泥境外傾倒在柬埔寨，造成該國人民逃難的景象，亦使得汞污泥此等工業有毒廢棄物再度成為國際環保的注目焦點。

(15-2) 哪些人置身於危險之中？

水銀是人類最早知道的金屬之一。水銀在室溫下呈銀白色液

體，早在西元 350 年，水銀就被稱為「善變之銀」（quick silver）。甚至連古羅馬人也知道水銀是一種有毒的東西。

水銀是無所不在的。空氣、食物和水之中皆含有極微量的水銀。許多人常常經由醫療行為及牙齒的治療（如補牙用的材料中含有水銀成分）而暴露於金銀。沒有人能確定人體內的水銀正常含量是多少，但高含量的水銀是危險的，且會引發肉體及精神上的諸多問題。工作時暴露在水銀或與被水銀污染過的物質接觸，皆會使作業人員的身體大大的增加負擔。

美國衛生、教育、福利部門的職業安全衛生研究所（NIOSH）估計目前工作中可能會暴露在水銀的人員約 150,000 人。

現今使用水銀的主要工業包括：日光燈、助聽器電池及通訊器材等電氣設備的製造業以及利用水銀作電極的氯及荷性鹼的製造。氯鹼工業在設計上即要求，縱使每天皆有一部分水銀洩漏至空氣及廢水中，其水銀電極槽亦會存有 2,400 至 10,000 磅的水銀。水銀槽即使再如何密閉，水銀蒸氣同樣會因檢修或清潔水銀槽或因意外的洩漏而溢散到大氣中。據 NIOSH 的調查「氯鹼工人最主要的潛在危害是暴露於水銀」。

至少有 56 種不同的職業會使工人暴露於水銀之危害。這些人包括水銀礦工及精煉工、屍體防腐工、鍋爐製造工、消毒劑、殺蟲劑及殺菌劑的製造和使用者、包模鑄造工、電子設備製造工、電鍍工、量具製造工、炸藥及彈藥的製造和裝填工人、牙醫、化學及藥品實驗室工、紙、油漆、油墨及染料製造工、汞合金製造工、金、銀提煉工、皮革及皮草加工處理工、剝製師、木材防腐

工、攝影師及指紋檢驗師。

　　水銀於 10°F 就會蒸發，因此特別危險。這意味著水銀在被使用的當時，其無色、無嗅的蒸氣會充斥任何角落。當水銀被潑撒成小珠狀時，水銀會嵌入裂縫，滲入孔洞，與粉塵混合以及滲入像木材、磁磚、鐵管及耐火磚等多孔性的材料中。水銀會蓄積在作業場所或工作表面，特別像水質樓板，並對健康造成嚴重危害。水銀會黏附於衣服上（特別是編織纖維布）及鞋底，因此，工人很容易將健康危害隨著他自己而帶到家裡。

(15-3) 它會對你造成什麼影響？

　　愛麗絲夢遊仙境中的「瘋狂製帽人」（Mad Hatter），此一角色並非作者憑空想像的。此一角色所顯現出的特性，反應出製帽業在十九世紀不受歡迎的事實，因為毛質帽是將動物軟毛以水銀溶液和硝酸處理或染色後所製成的。工人吸入水銀蒸氣，使腦部受傷害，最後導致工人「瘋狂」的狀態。事實上，直到 1940 年皮草及毛帽工業利用其化學品取代水銀來處理動物軟毛以前，皮草及毛質帽工業仍是職業性水銀中毒的最主要根源。

　　水銀會經由肺、皮膚及消化系統而進入人體，但吸入水銀蒸氣是水銀中毒最常見的原因。短時間暴露於高濃度的水銀，會引發急性中毒，其症狀是胸口很緊及胸痛、呼吸困難、口部乃牙齦發炎、發燒及頭痛。

　　急性中毒一般是較少的。工人中最常見的是因長期暴露於低

濃度的水銀而引發的慢性中毒。雖然，身體會持續不斷的經由小便、大便及出汗而將水銀排出體外，但不斷的暴露會使水銀慢慢的累積體內，因而引發疾病，造成個性的改變以及變成殘廢。慢性中毒的症狀包括：口部及牙齦發炎、無力、唾液增加、食慾不振及體重降低，以及消化功能和腎臟功能的受損。水銀對中樞神經系統所產生的效應其顯現的現象是顫慄或抖動，尤其在手部更嚴重。像易怒、性情暴躁、激動、羞怯及優柔寡斷等常常被歸因於個性改變的現象，都可以說是水銀中毒的預兆。

另外，科學家們發現長期暴露於非常低濃度的水銀會減緩工人的反應速度以及干擾其完成精細工作的能力。

密西根大學的一個研究小組曾對 142 個志願者進行現代化的測試，此 142 個志願者是在 4 個使用水銀來製造氯或電子零件的工廠工人。這些工人平均有 5 年的時間暴露於水銀，他們被要求去完成像：以手指及腳趾輕敲、按按鈕、以手指輕彈鉛筆，以及以尖筆走迷宮等精密的運動神經工作。科學家將東西套在自願者手腕上，測試其支撐重量時肌肉顫抖的狀況。然後對未暴露於水銀的對照組進行相同的測試。結果顯示，暴露過水銀的工人對完成小的、快速的及反覆的動作較有困難，同時手指、腳趾輕敲的速率較慢且肌肉顫抖得較厲害。這表示，即使是很低濃度的水銀亦會影響大腦的運動控制中樞。

(15-4) 水銀中毒的預防

　　避免水銀對健康造成影響的方法是儘量少暴露於水銀。這可經由下列的方法來達到減少暴露：在處置水銀或水銀化合物的任何場所加裝排氣裝置，隔離水銀處置程序使之成為密閉系統、定期的偵測作業環境及定期監測工人的健康狀況、經由良好的整理、整頓來控制工作場所的水銀累積量。以及經由良好的個人衛生以防止衣服、食物及香菸受污染。在美國研究顯示，經由工程上的改善，可使工作場所空氣中的水銀含量減低至職業安全衛生署（OSHA）所訂的上限。例如，某一製造過程中會使用到水銀的公司，於裝置排氣系統後，其空氣中的水銀含量由每立方公尺 0.35 毫克（0.35mg／m^3）降為每立方公尺 0.03 毫克（0.03mg／m^3）。

　　雖然密閉製程或排氣系統等工程控制技術，可有效的降低工作場所的水銀含量，但良好的整理、整頓仍是有必要的。其一州立職業安全衛生實驗室，其員工多年來皆有精神上的問題存在。當建築物被拆除時，在實驗室的地板下，發現到有 7 磅的水銀。很顯然這是一個水銀含量慢慢累積的例子。例如，曾在某一醫院之健康檢查中，發現100名牙醫及牙科技術員中，有2／3以上的人發現其血液中的水銀含量頗高，很明顯的，這是因為他們在準備補牙材料時不慎打翻水銀，而吸入水銀蒸氣所造成的結果。水銀會嵌入牙醫室的地氈或地磚中，而不會於平常的清潔工作中清除掉。

在任何工作場所，含有水銀的所有設備，必須小心的維修保養，以防止水銀液體、蒸氣或粉塵跑出來。所有的水銀溢洩皆應立即予以清除乾淨，最好是用真空吸塵的方法。但真空吸塵器必須裝置可更換式的活性碳過濾器，如此，水銀蒸氣才不會溢散至空中。同時，應避免以掃除的方法來清除水銀，因為掃除時會引起粉塵飛揚且會將水銀弄成更小的顆粒，如此蒸發得會更快速。同時，不可用壓縮空氣來吹除設備或衣服上的水銀，因為如此會將水銀驅散到工作場所之外。

裝水銀的容器，應將蓋子緊密蓋好，以防止水銀蒸氣溢散出來。廢水銀及被水銀污染過的物質，在被處理前皆應存放在氣密的容器內。

為防止水銀的蓄積，水銀使用場所的所有地板及工作面皆應為非多孔性的材質且不可有裂縫及接頭。使用水銀的場所應與其他的工作場所分開；如可能，應限制工作人員直接的使用水銀。

不論工程控制作得多好或有良好的整理整頓，工作人員有時亦需使用呼吸防護具等特殊防護裝備。藥包式或濾罐式的呼吸防護具是設計用在低金銀濃度或限制濃度的場所。暴露於高水銀濃度時需使用供氣式呼吸器。不論如何，呼吸防護具不可長期使用，只能暫時使用或緊急狀況的短時間使用。呼吸防護具並不足以取代工作場所中各種控制水銀濃度的措施。

水銀是無嗅的，因此，定期的偵測工作場所空氣中的水銀濃度是非常重要的。即使已經有十分精密的工程控制系統運作，偵測同樣是必要的，因為它可以靈敏的偵測出是否有工人或管理階

層不遵守制度而使水銀跑到空氣中。要精確的瞭解有多少水銀被工作人員吸入體內的最好方法，是利用個人採樣器在工作人員的呼吸帶（接近工人的頸部）進行採樣以偵測空氣中的水銀含量。

為取得每位工人暴露於水銀的完整資料，必須實施健康監測。每一位暴露於水銀的工作人員，每年應至少定期作一次健康檢查，以瞭解是否有水銀中毒的任何徵候。水銀有蓄積於腎臟的傾向，以瞭解是否有水銀中毒的任何徵候。水銀有蓄積於腎臟的傾向，並影響腎功能，因此，驗尿可以幫助我們瞭解到底有多少水銀蓄積在工人的體內。此項健康檢查並不能取代工人呼吸帶的空氣採樣。

(15-5) 個人衛生

因為水銀會附著於衣服及其他東西上，因此，工人必須特別注意個人衛生。工人很容易經由衣服、手及指甲而把水銀帶回家。水銀會蒸發或被吃進體內，使工作人員的水銀暴露量增加且危害到其家人。

因此，每天更換衣服、鞋子、洗澡並換穿家用服才能回家是十分重要的事，且在飲食或吸煙前應徹底的洗手。水銀很難自皮膚上去除，因此洗澡或洗手時必定要使用肥皂。在有水銀的場所應禁止飲食或吸菸。

(15-6) 美國水銀暴露的聯邦標準

在美國 OSHA 針對特殊物質訂有管制標準，以保護工人遭受不安全的暴露。OSHA所訂的標準是不能有任何一位工人暴露量超過每十立方公尺的空氣中含 1 毫克水銀（亦即每立方公尺的空氣中含0.1毫克水銀）（0.1mg/m³）的最高容許濃度。

和 OSHA 的所有管制標準一樣，水銀的管制標準也是隨時在檢討修訂。最近，NIOSH 對 OSHA 提出建議，應再降低水銀的管制標準，使任何一位工人皆不致於暴露於超過八小時時量平均容許濃度。

NIOSH 亦對健康檢查提出建議，對於將要從事於水銀作業的新員工有必要作一次體格檢查，且工作後每年再作一次健康檢查，這些檢查應包括尿液檢查。健康檢查紀錄至少應保存至該員工停止水銀作業後的 5 年。

NIOSH更進一步建議：新標準中應包括水銀危害的警告事項，並需提供工作服及個人防護具，且需定期偵測工作場所空氣中的水銀濃度，以及特殊的工作方法，以限制暴露並在緊急狀況時可保護工人。

NIOSH 在建議中亦強調衛生設備是十分重要的，並建議雇主應每天對所有暴露於水銀的工人提供清潔的連身工作服或類似的全身式衣服、鞋子或鞋套，以及工作帽，以便在工作時穿戴。工作服在脫掉之前應先以真空吸塵器吸乾淨而且衣服在洗滌之前皆

應放在氣密容器內。工作服和便服應分開放在不同的衣櫃內,且應有冷、熱水的淋浴設備,以利工人淋浴清潔後再穿便服回家。

同時,禁止在工作場所準備食物、設置食物分配裝置(包括販賣機)、飲食及吸菸。洗手設備應包括冷、熱水、肥皂及擦手巾,且應設置於水銀作業場所的附近。

Chapter 16
第十六章

戴奧辛對生態之污染及健康危害

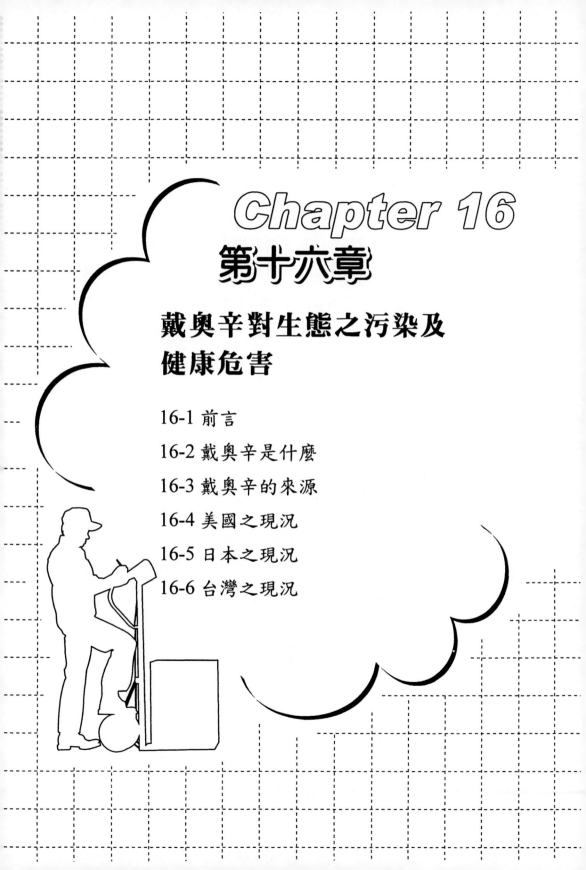

(16-1) 前言

　　相信大家都沒有忘記，發生在1999年1月18-19日比利時Verkest油脂精製廠的一部油罐車載送著遭受工業用油嚴重污染的動物油脂。而這些被污染的動物油脂供應給一些動物飼料公司，結果De Brabander公司發現該公司所製造出來的動物飼料含有高濃度的戴奧辛（dioxin）。同年六月，我國經濟部中央標準檢驗局建議行政院衛生署及經濟部國貿局，立即禁止歐洲乳製品輸入，這些乳製品包括乳糖、糖果、巧克力、麥芽精製品、調製奶粉、嬰兒奶粉、餅乾、蛋糕、麵食、冰淇淋、蛋黃醬、沙拉醬、肉類湯製品及乳酸飲料等四十一項食品。造成有些長時期使用來自比利時之前述乳製品的國人瞬時間不知如何是好。

(16-2) 戴奧辛是什麼

　　戴奧辛是由兩個氧原子聯結一對苯環類化合物之統稱，因氯化物及鍵結位的不同，所以戴奧辛是多氯三環芳香族的通稱，其共計約有二百一十種不同的異構物，包括七十五種多氯二聯苯戴奧辛（polychlorinated dibenzo-p-dioxins, PCDD）和一百三十五種多氯二聯苯呋喃（polychlorinated dibenzofurans, PCDFs），其中以2，3，7，8——四氯聯苯戴奧辛（2,3,7,8-TCDD）的毒性最強，其在土壤中的半衰期可達十二年之久，故有「世紀之毒」之稱。

職業安全衛生管理
Occupational Safety and Health Management

人類對於戴奧辛之暴露危害的主要途徑有經由呼吸、食物、水源等三種途徑,而經由暴露於食物之途徑為最主要的來源。同時,戴奧辛已經被許多的國際組織,例如,國際癌症研究中心(IARC)、美國環境保護署(USA-EPA)、世界衛生組織(WHO)歸類為人類確定致癌物或可能人類致癌物,而世界衛生組織在一篇戴奧辛對健康危害的評估:每日容許攝許量(WHO assessment of the health risk of dioxins: re-evaluation of the Tolerable Daily Intake, 1998)之報告中,對於戴奧辛之攝取容許劑量(TDI)修改為(1~4pg-TEQs／kg)。

　　由於戴奧辛在平常狀態下,甚至在熱、酸、鹼的環境中,其性質皆非常穩定,且不容易被分解。而且戴奧辛的生物濃縮性很高,很容易透過食物鏈轉移到人體,戴奧辛除了有致癌的危害性,在醫學的臨床上最常見的症狀,包括氯痤瘡、損害肝臟與免疫系統、影響酵素的運作功能、消化不良、肌肉及關節疼痛、孕婦易導致流產與產下畸型兒、男性荷爾蒙減少現象、色素沉積、多毛症、增加皮膚脆弱性、出疹、長水泡、視力受損及膽硬脂血症。根據許多工業先進國家的研究,在每天生活的日常環境中已經存在戴奧辛與多氯聯苯,因此從小寶寶一出生,人體就開始吸收這種污染物質,一直到成年為止,吸收量就會達到一定程度。以體重為六十公斤的正常人而言,每天暴露在這些污染物質的含量約為 1／pg／kg／day。

(16-3) 戴奧辛的來源

　　戴奧辛的產生，並非人類刻意要去製造，當然除了學術研究之外，因為戴奧辛的各式異構物，並無任何用途或是商業價值。

1. 化學劑五氯酚和四氯酚，它們用於木材防腐劑，含有六氯、七氯和八氯戴奧辛。2，4，5之三氯苯乙酸，作為除草劑，含有TCDD2，4 － D：作為除草劑，含有各種戴奧辛，化學劑如六氯苯也含有戴奧辛。

2. 廢棄物傾倒場或掩埋場：農藥製造公司廢棄物掩埋場及製造地，均有發現戴奧辛的案例，廢棄物掩埋場附近的雨水下水道沼泥亦有發現戴奧辛之情況。

3. 焚化都市一般廢棄物和產業廢棄物，如果燃燒溫度不足，而導致不完全燃燒，含產生微量戴奧辛，由都市廢棄物焚化爐出的灰，飛灰約占 10 ％，其餘都是底灰。大部分的戴奧辛吸附在飛灰上而為靜電焦塵器所去除，部分隨廢氣放至大氣中。

4. 都市垃圾焚化會產生戴奧辛，乃由於燃燒過程中產生鹽酸與碳氫氯化物起作用，形成氯化碳氫化合物包括戴奧辛，有時森林大火也是戴奧辛的來源之一。

5. 專業廢棄物焚化爐，在焚化氯化有機物時，其飛灰所含的PCDD，可能是都市廢棄物焚化爐的一千倍以上。特別是焚

化經氯化酚處理過的木材，其所產物的PCDD量可能更高。

6. 其他國內一些木造涼亭、欄杆等。其木材大都經過防腐處理，現場有人將剩餘之木材零料就地取材烤食物享用，可能中毒而不自知。

7. 自然生成燃燒未經污染的木材也可能產生微量的戴奧辛。

8. 特定工業製程的燃燒行為，例如，金屬冶煉、以廢棄物為燃料之水泥窯等。

9. 其他人為的燃燒行為，如露天燃燒垃圾、廢電纜等。

10. 工業原料製程的副產物，如用於木材防腐劑的五氯酚（pentachlorophenol, FCP）和 2，4，5 —— 三 氯 酚（2,4,5-trichlorophenol, 2,4,5 － TCP）。

(16-4) 美國之現況

美國在十幾年前，密西西比河氾濫做大水災時，密蘇里州的一個小鎮Time Beach，有一家生產柏油瀝青路面材料的工廠中，有兩桶戴奧辛被大水給沖走，污染全鎮，使得這小鎮人心惶惶，許多人紛紛搬離該鎮，頓時間該小鎮成為鬼城（ghost town）。因為戴奧辛可謂是世紀之毒，具有極強的致癌性，即使是超微量，亦多具有環境荷爾蒙（environmental hormone）效應之化學物質。所謂環境荷爾蒙的簡單定義為：凡是任何能流動在地面上（大氣或水源）的化學化合物質能與人體的激素（荷爾蒙）受體結合都稱為環境荷爾蒙，也就是說這些化合物有模擬荷爾蒙的功能，它會干

擾到人體的生理機能。

　　美國環境保護署與紐約州健康局之最新研究，郊區居民任意露天燃燒焚化垃圾，所產生的戴奧辛要遠多於垃圾焚化爐，究其原因為露天焚化垃圾時，由於焚化溫度不夠（850℃以上），已成為美國空氣中之戴奧辛的主要產生來源，故而美國大部分區域均已禁止露天焚化垃圾。

　　美國亦有在其境外製造戴奧辛的紀錄可稽，1970年代美國在越戰時，因越南多叢林，為使北越的士兵偽裝不易，而使用了大量含有戴奧辛的枯葉劑，越戰結束後，曾被噴灑枯葉劑的地區，有許多懷孕的婦女流產，且畸型嬰兒的比例增加。

(16-5) 日本之現況

　　日本曾於1968年在福岡縣某製造公司所生產之米糠油，以多氯聯苯為觸媒，製造過程中所產生之多氯二聯苯呋喃不慎滲入油中，造成兩千多人的米糠油中毒，中毒者引發皮膚、指甲變黑、全身出疹子、手腳痲痺。

　　日本政府自1990年即針對戴奧辛的主要發生來源，包括一般大型廢棄物焚化爐展開持續性的研究調查，並於1996年5月，成立「戴奧辛排放抑制對策」及「戴奧辛危害評估」兩委員會，對於日本環境中戴奧辛濃度分布狀況、戴奧辛產生源、排放情形，及抑制對策，定期召開會議並提出報告。

　　該等委員會發現，一般廢棄物焚化爐及事業廢棄物焚化爐戴

奥辛排放濃度之平均值分別為 33.2ng-TEQ／Nm³ 及 50.8ng- TEQ／Nm³，皆超出日本政府環境部門所公告的排放濃度甚多（既有焚化爐為 1～10ng- TEQ／Nm³、新設焚化爐為 0.1～0.5ng- TEQ／Nm³）。

　　而日本一般廢棄物焚化爐每年排放戴奧辛量為 4300g-TEQ，事業廢棄物焚化爐每年排放戴奧辛量為 707g-TEQ，若包括金屬煉製、石油添加劑、回收廢液鍋爐等燃燒產業、漂白工業、農業製藥業等，每年所產生之戴奧辛量高達 5300TEQ（平均每天 14.5g）。戴奧辛對人體危害恕限值為 5pg／kg／day。若以每一成年人平均體重 70kg 來加以換算，日本每年所產生之戴奧辛，若全部吸食至人體，足以使四千一百萬人遭受到危害。

　　根據聯合國環境計畫署的資料顯示，1995 年日本廢棄物焚化所產生的戴奧辛，約占全球排放量的 40％。日本廢棄物處理政策依重於焚化方式，而不重視減量、重複使用及資源回收，且不能同時要求產業界減少有毒廢棄物和使用化學物質，有關焚化所產生之戴奧辛仍然會是一項嚴重的環境課題。

　　此外，日本 Naoki Ikeda 和 Osamu Yagi 所著之《日本 Nose 的戴奧辛抗爭》，就是戴奧辛污染之最好案例：

　　Nose 鄉位於大阪郊區，人口 15,000，鄰接 27,000 人的豐野鄉。通勤到大阪上班的年輕人逐漸移入這個地區，但是傳統的農耕仍是 Nose 的主要產業。

　　1988 年 Nose 和豐野聯合興建了豐野清除中心，有兩座准連續式焚化爐，每日十六小時的處理量為 53 噸。其系統圖附於此報告。豐野清除中心與當地民眾協議承諾不會造成任何污染，包括

戴奧辛在內。建造者和實際運轉者為三井造船株式會社和其子公司（三井）。

豐野清除中心在 1988 年開始營運。當厚生省於 1990 年發布舊的戴奧辛管制規定時，豐野清除中心和三井知道此設施無法符合規定。由於政府並未認真的執行規定，雖然他們討論了改善的計畫，但是決定照舊繼續運轉。

然而，在國內外的壓力下，1997 年厚生省終於採用了更嚴格的戴奧辛管制辦法。三井和豐野清除中心做了幾次檢測，得知戴奧辛排放資料較新規定的最高排放量高出許多，而隱藏檢測的結果。後來資料被公布後，豐野清除中心被強制停止運轉。

為平息當地民眾的憤怒，豐野清除中心決定檢驗該焚化爐附近的土壤。檢驗的結果正和他們的想像相反，發現很嚴重的戴奧辛污染，於是在焚化廠區內的周圍進行一系列的特別調查。

廠區內戴奧辛污染最嚴重的地區，位於廠房屋頂的冷卻塔下面，每公克 52,000 奈克 —— 毒性當量。污染集中於離廠區 100 公尺以內。特別嚴重的污染在廢氣洗淨塔的循環水中；每公升 3,000,000 奈克 —— 毒性當量。

1999 年 6 月，厚生省的專家委員會結論說估計戴奧辛污染的原因如下：

1. 不完全燃燒產生戴奧辛：燃燒溫度經常低於 800 度，估計是不完全燃燒產生戴奧辛。

2. 廢氣處理的過程產生戴奧辛：靜電集塵器（煙塵過濾器）

入口的溫度約在 320～330 度，這個溫度估計為重新產生戴奧辛。

3. 戴奧辛混入廢氣洗淨塔的循環水中：這套系統有廢氣洗淨塔來去除廢氣中的氯化氫。在焚化爐和靜電集塵器產生的戴奧辛，混入用來清洗廢氣的水中，而水在廢氣清洗系統中循環，因此濃度很高。

4. 自廠房屋頂的空氣冷卻水塔散布出來：該報告同時也估計了該設施從 1988 年到 1997 年的戴奧辛總排放量如下：

自煙囪的排放量：114 公克。

自冷卻塔水霧的排放量：110 公克。

掉落在半徑 1 公里以內的土壤上的戴奧辛：40 公克。

Nose 的焚化設施及污染，對廠內工作人員健康有所威脅，有 146 人經確認在該廠從事有關焚化的工作，而勞工省做了 96 人的健康檢查，檢查結果對工作人員和當地居民都產生很大的震驚。血液中戴奧辛濃度最高者為每公克脂肪中有 805.8 批克 —— 毒性當量，此資料是一位清理廢氣洗淨塔和冷卻塔的工人的。12 個樣本的血液中戴奧辛高於每公克脂肪中 100 批克 —— 毒性當量。

勞工省的結論認為，這些工作人員現在的健康情況和高濃度的戴奧辛沒有關係，然而有些資料顯示對工作人員的免疫系統有可能會產生負作用。

2000 年 7 月，勞工省突然宣布，過去 9 個月中有 35 名和清理及拆除該污染設施的工作有關的人員，他們的血液中戴奧辛的濃

度出奇的高，數據如下：

　　最高：每公克脂肪中 5,360.6 批克 —— 毒性當量。

　　平均：每公克脂肪中 680.5 批克 —— 毒性當量。

　　最低：每公克脂肪中 52.4 批克 —— 毒性當量。

　　這些工人當時應該有戴口罩、穿防護衣、經過空氣浴，以及其他防護措施等完善的保護。現在勞工省正進行緊急調查，以確認這種二次污染的原因。

(16-6) 台灣之現況

　　其實台灣在八〇年代，高雄大發廢五金工業區及台南二仁溪流域，長年露天燃燒廢電纜等，所產生的戴奧辛，相信大家仍記憶猶新吧！當時環保意識亦不似今日高漲，加上民眾對戴奧辛之危害認知亦不夠，現今行政院環境保護署也依空氣污染防制法訂定「廢棄物焚化爐戴奧辛管制及排放標準」。而近來為因應垃圾量的增加所興建的焚化爐，若操作條件控制不當，其也是戴奧辛的主要產生來源。

Chapter 17
第十七章

地震之危害及安全衛生管理

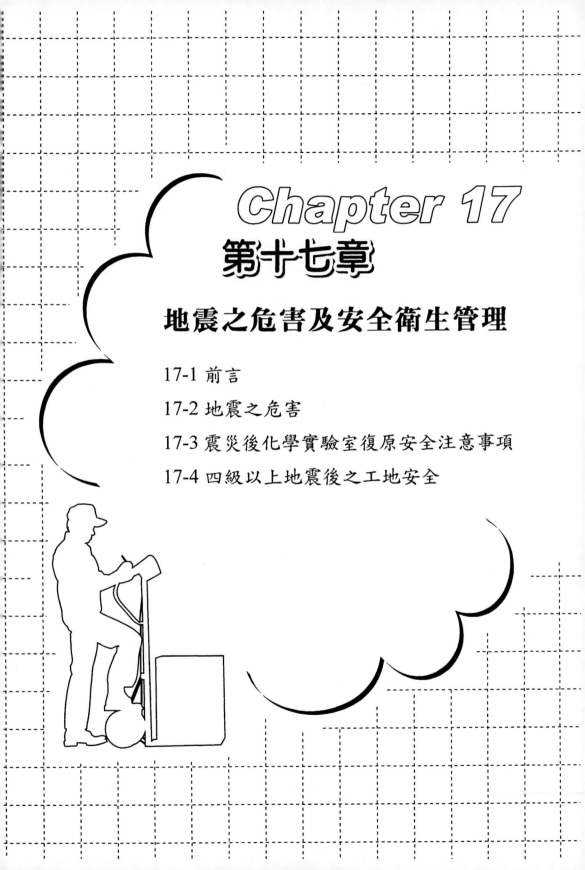

(17-1) 前言

　　自古以來台灣這塊稱為「福爾摩莎」、「寶島」的土地，似乎逃離不了地震和颱風這兩大天然災害的無情摧殘。根據交通部中央氣象局之二十世紀（1900～1999）台灣地區災害性地震之分析，在89件之地震災害中，地震震度達七級規模者達24件；並且造成7,973人死亡、房屋全毀51,477間。相同的，和我國同樣位於板塊地層之日本國亦曾於1995年發生規模七‧二的阪神大地震，這是僅次於1923年發生規模七‧九的關東大地震，而阪神大地震計造成死亡人數達6,000餘人，全倒的房屋11萬多間、避難之災民在顛峰時期達31萬人、高速公路及國道等共有27路線不通、新幹線則有219公里不通……等。日本對於阪神大地震之救災與重建，值得我國學習，因為921集集大地震之災害重建，似乎是執政者之燙手山芋，在日本一發生地震，技師馬上到災區進行建築物或公共工程之安全鑑定工作，救人與建築物鑑定是同時進行，因為遇到大地震後之餘震或下雨時，民眾可以進入貼有安全標識之建築物避難，否則災民心有餘悸，寧可在空地搭帳棚，反而是浪費資源。

　　本章擬就一些地震之危害、震災後化學實驗室之復原、四級以上地震後之工地安全等安全衛生管理予以探討。

職業安全衛生管理
Occupational Safety and Health Management

17-2 地震之危害

有關地震之危害程度，係以震度來表示，根據表 17-1 交通部中央氣象局地震震度分級表，震度分為 0～7 級，依序為無感、微震、輕震、弱震、中震、強震、烈震、劇震等，且依地動加速度，會使人的感受及屋內情形，有不同的危害。

美國疾病控制與預防中心（Centers for Disease Control and Prevention, CDC）與國家環境健康中心（National Center for Environmental

表 17-1　交通部中央氣象局地震震度分級表

震度分級		地動加速度範圍	人的感受	屋內情形
0	無感	0.8gal 以下	人無感覺。	
1	微震	0.8～2.5gal	人靜止時可感覺微小搖晃。	
2	輕震	2.5～8.0gal	大多數的人可感到搖晃，睡眠中的人有部分會醒來。	電燈等懸掛物有小搖晃。
3	弱震	8～25gal	幾乎所有的人都感覺搖晃，有的人會有恐懼感。	房屋震動，碗盤門窗發出聲音，懸掛物搖擺。
4	中震	25～80gal	有相當程度的恐懼感，部分的人會尋求躲避的地方，睡眠中的人幾乎都會驚醒。	房屋搖動甚烈，底座不穩，物品傾倒，較重家具移動，可能有輕微災害。
5	強震	80～250gal	大多數人會感到驚嚇恐慌。	部分牆壁產生裂痕，重家具可能翻倒。
6	烈震	250～400gal	搖晃劇烈以致站立困難。	部分建築物受損，重家具翻倒，門窗扭曲變形。
7	劇震	400gal 以上	搖晃劇烈以致無法依意志行動。	部分建築物受損嚴重或倒塌，幾乎所有家具都大幅移位或摔落地面。

註：1gal = 1cm/sec^2。

Health, NCEH）所出版之《地震──促進你個人健康與安全的預防守則》（*Earthquake: A Prevention Guide to Promote Your Personal Health and Safety*）書中指出，大地震發生時，你可以聽到愈來愈大聲的**轟隆聲**，也可以感受到剛開始是溫柔地滾動，但在經過一、二秒鐘內，會變得劇烈而且被猛烈地搖晃、難以站立或走動。要在地震發生中得以生存，並且減少受傷的機會，有賴於平時之防震演練。

美國加州緊急服務辦公室（Governor's Office of Emergency Services）所出版之地震應對手冊，有介紹各種有關地震前、地震時和地震後的應對知識。

✚ 地震之前

一般來說，您自身、您的家庭和住宅是否能免遭地震危害，往往取決於您是否預先做好了準備工作。您應該制訂一個家庭和鄰近地區的地震應變計畫。在制訂地震應變計畫時，你可以參考以下幾點：

1. 準備一個地震應急袋，袋中有食品、水和各種應急用品，如電筒、電池供電的手提式收音機、電池、食品、急救品、錢和衣物。

2. 記住每間屋子的安全藏身處如結實的飯桌和書桌下面，或緊貼內牆。

3. 遠離家中危險處──如靠近窗戶、鏡子、懸掛物體、壁爐以及高大而不穩固的家具。

4. 讓全家做幾次模擬演習，使每個家庭或成員都知道家中的

安全藏身處。

5. 為防止家庭成員在地震後離散，應事先商定家庭成員的散後會面地點及聚會方式。

6. 選擇一名住在其他州的朋友或親戚，以便家庭成員在離散後可將其所在地址和情況電話通知該聯絡人。從所在地紅十字會或其他社區組織處學習急救和人工呼吸方法（CPR）。

7. 學習如何關閉煤氣和水管，以及如何切斷電源，以防震後管道破裂（安全注意事項：千萬不要重新點燃煤氣母火。應該給煤氣和水電公司打電話，請其協助。）

8. 檢查煙囪、房頂、牆壁和地基的穩固性，緊固房屋與地基的連接縲栓。

9. 緊固熱水器和主要家用設備，以及高大沉重的家具、吊掛的植物、畫框及鏡子（特別是掛在床頭附近的鏡框）。

10. 將易碎物、重物、易燃或危險液體（油漆殺噴劑和潔劑）放在安全的櫃子內或架子的底層上。

11. 和鄰居們策劃如何在震後一段時間內進行自力求救。

✚ 地震發生時

1. 如果您在室內，可不必跑到戶外。您可以躲在書桌或飯桌下，或者站在牆腳處。

2. 如果您在戶外，應跑到沒有樹木、建築物、牆壁和電線的空曠地帶。

3. 如果您在高層建築，應遠離窗戶和外牆、躲在桌子下、不

要使用電梯。

4. 如果您在駕駛之中，應將車開到路邊停下。避開高架橋、輸電線。留在車內，等待地震結束後再出來。

5. 如果您在擁擠的公共場所，不要向門口擠。蹲下來，用雙手和肢臂護住頭。

✚ 地震之後

除非出現危及性命的危急情況，否則不要在地震後馬上使用電話。地震結束後，應採取以下措施：

1. 準備至少在三天之內自給自足。

2. 檢查煤氣和水是否洩漏、電線或下水管道是否破裂。如果發現損壞，應關掉總閘。馬上向煤氣和水電公司報告。檢查是否有電線落在地上，告知他人遠離事故現場。

3. 檢查房屋是否有裂縫和損壞，應檢查之處包括屋頂、煙囪和地基。

4. 打開手提式收音機，收聽新聞報導並遵循有關要求。為了顧全人身安全，您應該完全服從遵循警察、消防救護人員的指揮。

5. 除非出現緊急情況，否則不要開動車輛。使街道空曠，以便急救車暢通無阻。

6. 準備應付餘震。

7. 保持鎮靜並助他人救災。

8. 如果您在震後離家出外，應在家中留下訊息，使家庭成員

和其他人知道您的去向。如果您想學習更多的防震知識，請電詢您所在地的緊急事務辦公室或美國紅十字會。

✚ 您能在三天內自給自足嗎？

地震之後的七十二個小時最為關鍵。在這時間內，可能沒有電、煤、水和電話。另外，警察局和消防隊等公共安全部車將忙於搶險滅災。您應該準備地震後至三天內保持自給自足的狀態（即在沒有自來水、電和煤、電話及救護人員救助的情況下生存）。為此，您應在家中的適中地方存放下列物品：

1. 食品──足以供應七十二小時乃至一週的食物。

2. 水──足以在七十二小時乃至一週內供應每人每天一加侖水。水應存儲在空氣密封容器，並應每六個月換一次水。存放一些消毒劑，如Iodine片或漂白水（每加侖八滴），以便在必要時淨化存水。

3. 急救箱──急救箱內應存放各種急救用品，特別是紗布和消毒品。

4. 滅火器──滅火器應可撲滅各種火源。讓所有的家庭成員學會使用方法。

5. 手電筒──手電筒應配有備用電池。在床邊和其他幾個地方都有一個手電筒。地震後，在尚未確定是否有漏氣之前，千萬不要使用火柴或蠟燭。絕大多數的電話會在地震後出現故障或僅限於緊急狀態下使用。收音機將是您最好的訊息來源。

6. 備用毯子、衣服、鞋和現金。

7. 備用炊——存放一烤肉炊具或野營爐，以備戶外野炊之用。

   注意：在使用任何點火炊具前，應確保無漏氣現象，且不應在室內使用木炭。

8. 特殊物品——應為幼兒和有特殊需要的人存放至少一週的藥品和食物。

9. 工具——存放一活動管扳手，以便在必要時關煤氣閥門和水源。

(17-3) 震災後化學實驗室復原安全注意事項

　　大地震中，許多化學實驗室都遭到物品傾倒、容器碎裂、化學物外洩多多少少的損失，行政院勞工委員會勞工安全衛生研究所呼籲，如果要將化學實驗室復原時，請務必注意一些必要的安全程序，以免導致更嚴重的危害。但同時也提醒各實驗室人員，除了遵照本資料之程序進行外，仍須注意其他意外狀況，因為化學實驗室所使用之原物料及儀器設備各異，有許多未知情形，實在很難以簡單的文句完整加以涵蓋。

　　因化學實驗室在震災後可能發生許多不可預期之問題，而在清理時可能危害清理人員之安全與健康，甚至釀成火災爆炸，故行政院勞工委員會勞工安全衛生研究所草擬化學實驗室復原時應注意之事項，提供各實驗室參考，以增進清理復原人員之安全。

其中特別提示各實驗室在災後進入實驗室前，應攜帶必要之個人安全防護具，確認實驗室狀況安全無虞後，再行處理其他復原事項。基於目前各大專院校學生並未接受足夠之安全衛生教育，而在此次災後實驗室復原工作中必然會仰賴一些學生或研究助理來協助相關工作，故在此提醒各學校人員，請不要讓學生冒險清理實驗室，我們已經失去太多同胞，沒有必要再損失未來的社會菁英。以下是行政院勞工委員會勞工安全衛生研究所對於化學實驗室在復原時應該注意的事項。

1. 先設法瞭解建築物是否可以進入，如果可以進入再執行其他實驗室復原的工作。

2. 進入實驗室前應先與各實驗室負責人員聯繫，最好取得藥品櫃內存放物質化學物質清單及物質安全資料表，以便瞭解其中潛在之危害，看有沒有不相容的物質。

3. 進入實驗室前應該先準備全身式化學防護衣，至少也要氣管供氣式或者鋼瓶供氣式防護具，因為沒有一種濾毒罐是可以防護所有的有毒氣體，萬一硫酸容器與氰化物容器一起打翻，而且混合，將產生致命氰化氫，這只是一個例子。

4. 勘查人員安全帽、安全鞋、手套等應該是必要防護具。不要穿著尼龍等材質的衣物，因為那些材質一受熱就會黏在皮膚上增加燙傷的程度。

5. 進入實驗室前應該由樓層最安全之出入口進入，逐步清查各實驗室狀況，應該由最近入口處查起，因為有問題比較

來得及逃生。進入之前應先規劃好萬一發生事故時之逃生路線。

6. 實驗大樓水電應該先切斷，否則如果有易燃溶劑類物質已經洩漏，可能被電器火花點燃而發生火災或爆炸。日本地震時曾因供電過快而引起許多火災。人員在勘查時應儘量使用防爆型照明設備，如果沒有防爆型手電筒，可以用塑膠袋密封包裹手電筒來代替。

7. 先由少數穿著防護具人員勘查各實驗室，看有沒有不相容的化學物質已經混合，或者有沒有易燃物外洩，在進入實驗室時應該小心，不要將金屬門弄出火花，雖然小火花肉眼看不到，但是足以引燃易燃物之蒸氣或易燃氣體，在實務上最好攜帶可燃性氣體偵測器，如果測得可燃氣體已經超過爆炸下限，人員應避免進入，此時應請求消防隊支援。

8. 如果已經有易燃物洩漏，可以先噴化學泡沫防火，再輕輕打開門窗通風，注意不能用電扇，可能會引發爆炸。

9. 人員進入實驗室後，如果沒有發生火災之虞，應將所有儀器插頭拔除以免送電時損毀儀器。如果有濃烈可燃蒸氣，先確定插頭沒有接往電池等電源，再拔除插頭，以免發生火花。

10. 如果已知洩漏物成分，儘量尋找物質安全資料表，查看是否有特殊處理程序，以及中和危害或消除危害之方法。

11. 先逐步勘查各實驗室，由數人左右勘查同時記錄各實驗室狀況，勘查時應有在遠處監督的人員隨時保持聯絡，當整

層樓的實驗室完成勘查,再由最危險的場所(如藥品櫃及鋼瓶儲存場所等)開始處理,有爆炸或火災危險的、有劇毒物質洩漏的,必須先處理完畢,再處理其他問題。

12. 不明的化學物質不要以猜測來判斷成分,要把它當作是有危險的物質來處理。

13. 處理瓶瓶罐罐打破的善後時,要注意割傷、穿刺傷等,應該使用防割傷材質之手套以及安全鞋。各學校的老師應該趁此機會對學生施以安全教育。

14. 最好整層樓的問題實驗室都逐步處理完畢,安全無虞時,再處理單純的物件損毀。

15. 如果使用鋼瓶式呼吸防護具,請注意每個鋼瓶可以使用的時間。

16. 供水供電前應檢查牆壁中水電管線是否已經損毀。

17. 危險實驗室處理完畢,再逐樓各實驗室一一恢復供電,不要同時供電供水,儘量以小單位恢復供應為準,這樣才能逐一確認是否有問題。

(17-4) 四級以上地震後之工地安全

2001 年 9 月 21 日凌晨約 1 時 47 分左右,發生震撼全台灣,震央位於集集,規模 7.3 之大地震,全台遭受震度 4～6 級不等之地震影響,導致嚴重之傷亡和財產損失,地震發生之初,大家的眼光大部分都集中於災害現場的救災及既有建築物毀損之評估鑑定

及補強等，然隨之而起的災後復健工作將愈來愈重要，目前已有專家對興建中之建築物復工後之安全問題提出嚴重的警告，然除此之外，涉及大部分土木工程之擋土開挖作業、施工架及模板支撐作業、隧（坑）道開挖作業及既有之各類儲槽於四級以上地震後之安全問題，行政院勞工委員會勞工安全衛生研究所亦鄭重提出呼籲，注意工地復工後之安全問題。

由於近年來國內經濟及國家建設發展迅速，各種工程施工均相繼展開，但是在歷經此次大地震後，目前施工中的各類工程於復工時，時有必要對地震後之工地進行一次安全檢查，尤其是有關結構物基礎之擋土開挖作業、施工架及模板支撐作業及捷運、鐵公路工程等之隧（坑）道開挖作業，受到地震之影響，原有之土層遭受極大之錯動，而施工中之支撐亦可能產生鬆脫，未來復工時如未先行檢查，恐將導致土層鬆動產生倒、崩塌意外事故，不僅影響勞工之安全，亦可能降低施工之品質，對於未來使用之社會大眾更可能發生深遠的影響，不可不慎，如此次地震後許多大樓之倒塌，大部分與施工品質不良有極大之關係；而儲存各類石油、瓦斯、自來水或各類工業用有害或無害之氣體、液體等之儲槽，在地震過後，不僅可能產生裂縫，更有甚者發生傾覆，諸如此次媒體報導之酒類或穀類之儲槽均有意外之發生，如不慎產生洩漏或爆炸意外，對我國民生之影響至鉅。

行政院勞工委員會制定之「營造安全衛生設施標準」中，對地處地震帶之台灣而言，即已規定工地開挖於四級以上地震後應進行安全檢查，有鑑於比，行政院勞工委員會勞工安全衛生研究

所特別提供一擋土開挖作業、施工架及模板支撐作業及隧（坑）道開挖作業之安全檢查要項（見表 17-1），提供工地或勞檢單位作為立即安全檢查之用，而由於各種開挖之土壤種類、深度、斷面、支撐性質不一，該所過去亦曾進行相關研究，針對上列因素，訂定四級以上地震後之工地危險度分級資料供參，若有需要可向該所索取或透過該所網路下載（http://www.iosh.cla.gov.tw）。

表 17-1　四級以上地震後擋土開挖、施工架及模板支撐及隧（坑）道開挖工地安全檢查要項

項目	四級以上地震後擋土開挖工地安全檢查要項
1	坡頂之地表面及構造物是否龜裂、下陷、傾斜。
2	斜坡是否鼓起，若斜坡面含有排水管，則應檢查排水管之變形大小。
3	斜坡及坡底之地下水位狀態及有無湧水。
4	若斜坡面埋有傾斜管則應量測傾斜管之變形量。
5	基地四周是否堆積過大的超載重。
6	擋土壁頂之地表面及鄰近結構物是否發生龜裂、傾斜。
7	支撐表面是否屯積過大的載重。
8	支撐應力、擋土壁變形是否超出警戒值。
9	擋土壁是否漏水、是否需做止水措施。
10	開挖底面隆起量是否超出警戒值。
11	各階段開挖深度是否超挖。

（續）表 17-1　四級以上地震後擋土開挖、施工架及模板支撐及隧（坑）
道開挖工地安全檢查要項

項目	四級以上地震後施工架及模板支撐作業工地安全檢查要項
1	施工架或模板支撐之基腳是否隱固。
2	施工架及模板支撐是否有挫曲、變形或傾斜。
3	施工架及模板支撐之材料是否產生缺陷。
4	施工架及模板支撐之桿件是否鬆脫。
5	施工架之腳踏板或樓梯是否鬆脫。
6	繫牆桿是否斷裂或鬆脫。
7	斜撐材是否變形。
8	支撐材之頂部或續接部分是否鬆脫。
項目	四級以上地震後隧（坑）道開挖工地安全檢查要項
1	內空變位之檢查。
2	沉陷觀測之檢查。
3	應變計之檢查。
4	側傾變位之檢查。
5	襯砌龜裂、滲水之檢查。
6	伸縮觀測之檢查。
7	計測岩栓之檢查。
8	圓盤荷重儀之檢查。
9	地面有無沉陷、龜裂之檢查。

　　至於各類儲槽之安全問題，如目前較受矚目之六輕，即考慮
到強大地震之影響（設計水平加速度採 0.2g，垂直加速度水平加
速度之 1/3～2/3，地上結構物之安全係數為 2，地下結構物之安全
係數為 3），而目前世界各國對儲槽之設計皆有特定之規範，我國
之儲槽大部分參考美國或日本之規範設計，但是無論是美國或日
本之標準，其耐震設計之地震力均以其本國之潛在地震威脅為考
量，並不全然適用於我國，尤其台灣地區地質構造及地震環境與

美、日差異甚大，其地震係數與動力反應特性亦應有所區別，且在本次大地震後，可能台灣地震震區之劃分都有必要重新進行檢討，為找出適用於台灣地區儲槽基礎耐震設計之設計地震力，行政院勞工委員會勞工安全衛生研究所過去已研究並整理台灣地區之相關工程地震設計參數提供各界參考，有需要者可向該所索取研究報告或至網路下載。

　　總之大地震之後，百廢俱舉，在相關的救災工作告一段落後，接踵而來的復建工程，更需要大家關心，並確實做好災後重建工作，以免因一時之疏忽，造成未來更大的遺憾。

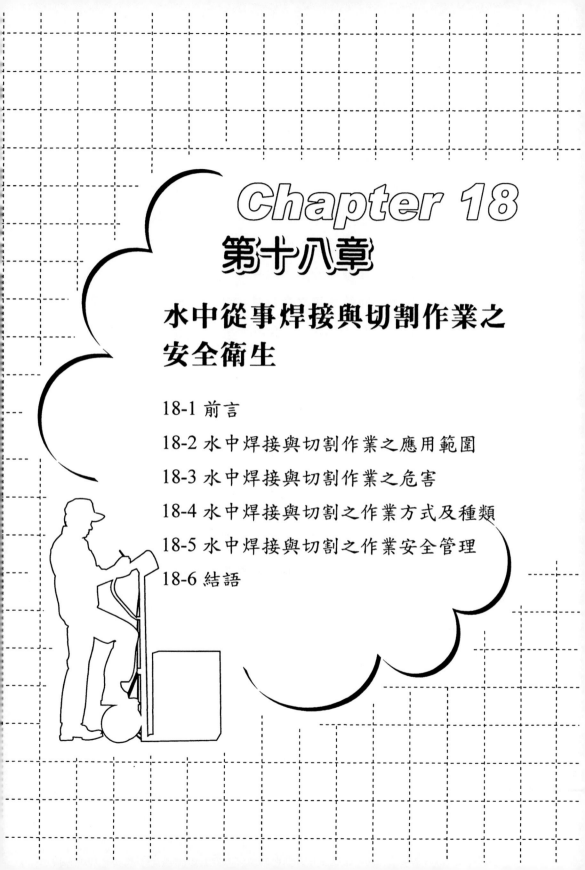

Chapter 18
第十八章

水中從事焊接與切割作業之安全衛生

(18-1) 前言

　　通常人們對於焊接與切割作業之概念，大多還停留在陸地上之作業方式。俗語亦說水火不相容，而且燃燒之火焰在水中不會熄滅嗎？所以人們實在是很難想像在水中也能從事焊接與切割作業。本文即針對其應用範圍、作業之危害、作業方式及種類、勞工安全衛生管理等部分來予以探討，另有關其焊接與切割之材料品質（如水中電弧焊接之含氫量較高，易發生氫脆、白點、冷裂紋等缺陷），本文則不予以探討。

(18-2) 水中焊接與切割作業之應用範圍

　　隨著材料科技之進步，水中焊接與切割作業之技術運用，其實用性在近年來已逐漸受到肯定，特別是海洋工程結構之興建或拆除（諸如海底油田的開採或探勘；海上鑽油平台、海底油氣管線、海底油庫、海底隧道、海上飛機場、港口設備之建造與維修等）。此外，船隻若在大海中發生觸礁時之緊急修理、棄船時設備之拆卸與遷移、移開沉船以清理港口及航道，水中焊接與切割作業皆扮演著極為重要且不可或缺之角色。

(18-3) 水中焊接與切割作業之危害

由於水中焊接與切割作業之危害，要遠比陸地上之作業來的複雜，除了焊接與切割本身技術外，還牽涉到異常氣壓作業危害、能見度差、火災爆炸、灼燙傷、感電、物體墜落倒塌等諸多因素，茲將其危害分述如下：

✛ 異常氣壓的影響

由於水中焊接與切割作業勞工在下潛過程中若加壓太快，會發生擠壓症（squeeze phenomenon）之意外事故；在水底期時，因水中呼吸恆壓的高壓混合氣體，當潛水時過久或過量的呼吸高壓混合氣體時，所呼吸的每一種氣體都可能引發其特有之中毒症狀，諸如缺氧症（hypoxia）、氧氣中毒（oxygen toxicity）、二氧化碳中毒（carbon dioxide toxicity）、一氧化碳中毒（carbon monoxide toxicity）等意外事故；在上升期若快速上升引起的減壓病（decompression sickness）或空氣栓塞症（air embolism）等意外事故；另亦隨時面臨低溫症、驚恐症、不自覺溺斃症、耳朵感染、海中生物之危害等。

✛ 能見度差

由於水對光線會產生吸收、反射、折射等作用，使光線在水中的傳播距離顯著地縮短，進而嚴重妨礙水中焊接與切割作業勞工技術之正常發揮。

✛ 火災爆炸

由於被焊接與切割結構物件常存有危害物質，致作業時形成

爆炸性混合氣體而引起火災爆炸。

✚ 灼燙傷

　　熔融金屬滴或回火所造成的灼燙傷。

✚ 感電

　　由於絕緣損壞造成漏電或直接觸及電極等帶電體而引起感電。

✚ 物體墜落倒塌

　　欲焊接或切割結構物倒塌之壓傷等。

(18-4) 水中焊接與切割之作業方式及種類

　　通常在水中實施焊接與切割（underwater welding and cutting）作業的熱源，主要係來自於電弧的熱量（如水中電弧焊接、電弧熔接、電弧氧氣切割等）以及可燃性氣體與氧氣的燃燒熱量（如水中氫氧焰切割）。水中焊接係利用熱能和壓力（或兩者同時併用），並且用或不用充填材料來將工件連接的方法；水中切割係利用可燃性氣體與氧氣混合燃燒所產生的預熱火焰，把欲切割之金屬加熱到燃點，然後將金屬切割的方法。

　　由於水中焊接與切割之作業方式，係屬極專業且具高危害性的操作技術，故目前事業單位大都委由一些專業公司來承攬該項作業，但由於以往大都不重視「勞動基準法」、「勞工安全衛生法」之承攬作業相關規定，因此極易發生危害事件。通常其作業方式大多由三人組成一組，包括專業潛水人員一名、焊接與切割作業勞工一名，另一名則是待在水面上使用有線及無線電話通信

職業安全衛生管理
Occupational Safety and Health Management

設備來和水中作業人員取得聯繫工作,並控制電源等工作。

有關水中焊接與切割作業之種類,可就水中電焊與切割予以區分,水中電焊可分為乾式及濕式焊接兩種,乾式焊接是將焊接部位周圍之水排除,在能控制大氣壓力之容器中進行完全或半乾燥之焊接,濕式焊接是在水中直接使用電焊條來進行焊接;水中切割最常用的有三種方法:氫氧氣、電弧氧氣、金屬棒電弧切割法。

⑱-5 水中焊接與切割之作業安全管理

✚ 準備工作之安全要求

焊割炬在使用前應針對其絕緣性、水密性和操作性能來實施定期保養,並且先在水面上進行前述性能之試驗,經確定安全無虞後,始可從事水中焊接與切割作業。由於焊割炬在使用時,常因漏氣、堵塞和機構零件之磨損而引起回火(back fire)或倒燃(flash back)現象,故氧氣軟管在使用前應當以 1.5 倍工作壓力的蒸氣或水來進行清洗軟管內外,以使其不黏附油漬。

供電電纜必須確實檢查其絕緣性能,所有水中接頭務必使用橡皮膠帶予以包裹以防止漏電。若是從事切割作業時氧氣、乙炔氣之供氣軟管和供電電纜應以每 0.5 公尺之間距予以捆綁牢固,以避免在水中搖晃造成作業上之不便。在從事水中焊接與切割作業前,應確實調查作業區域之周圍環境,並瞭解作業區域之水深、水文、氣象和被焊接或切割物件之結構等情形。

應讓從事潛水焊接與切割作業之勞工有一個合適的工作位置,

嚴禁在懸浮狀態下進行操作。作業勞工可停留在被焊接或切割之工作物件上，或事先安裝設置操作平台。

水中作業之勞工應備有通話品質良好之通訊設備，以便能隨時向水面上的監視人員取得聯繫，不允許在沒有任何通訊聯絡情況下進行水中焊接與切割作業。作業勞工在進入水中後，應禁止在其作業點的水面上，及相同水深的區域內禁止同時進行其他作業。

從事水中焊接與切割作業前應仔細檢查整理供氣軟管、供電電纜、設備、工具和通訊設備等，在任何情況下都不得使這些裝備和作業勞工處於熔渣濺落和流動的動線上。應當移去作業點周圍之障礙物，將自身置於最有利的安全位置上，然後向水面上的監視人員報告，在獲得同意後方可開始操作。水中焊接與切割作業點所處的水流速度每秒在超過 0.1～0.3 公尺、水面風力超過六級時，應立即停止作業以確保作業勞工之安全。

✚ 預防爆炸之安全要求

在從事水中焊接或切割作業前，必須先清除被焊接或切割之結構內部所存在之可燃性或爆炸性物質。

若是從事水中切割作業時，因其係利用可燃性氣體與氧氣的燃燒火焰進行作業，由於水中切割作業時往往會有產生未完全燃燒的剩餘可燃性氣體與氧氣溢出水面上，進而再排至大氣中，如遇阻礙則會聚積在金屬結構內，並達到爆炸界限之範圍。故而作業勞工在開始作業前，應審慎考慮所欲切割之部位以避免形成爆炸界限，作業時應先從距離水面最近點著手，然後再逐漸加大作業的深度。水面上的監視人員與水面下之作業勞工，在任何時間

都要注意防止可燃性氣體與氧氣的洩漏，並在作業區域之水面上積聚，若是遇到點火源則會引起水面著火。

　　進行密閉容器、儲油罐、油管和儲氣罐等水面下焊接與切割工程時，必須先按照一般在陸地上之燃料容器之安全要求採取技術措施（諸如在容器內先行實施惰性介質置換、可燃性氣體的採樣分析化驗等）後，始可實施焊接與切割作業，禁止在無任何安全保障的情況下進行焊接與切割作業。焊接與切割密閉容器時，應事先在容器上開設防爆孔，以防止發生爆炸事故時可當成洩爆用。

✚ 預防灼燙傷之安全要求

　　水中焊接與切割作業過程中，所產生之高溫金屬熔滴往往可以濺落到相當長的距離（大致上可達 1 公尺長）。故當溶滴濺落到作業勞工之潛水衣或供氣軟管時，常會造成燒穿損壞之情形，亦有可能把作業勞工之裸露部位燒灼傷。與陸地上所使用之焊割炬相較，為了彌補焊接或切割部位消耗於水中的大量熱量，水中焊接與切割作業所使用之切割炬的火焰應明顯地加大。因此，水中焊接與切割作業之勞工必須更加格外地小心，以避免由於作業勞工自身活動的不穩定而使潛水裝備遭到高熱火焰或電極的燒毀。

　　焊割炬可在水面上利用點火器點燃後再帶入水面下之作業點，除非有特殊情況，否則禁止在水中利用點火器點燃焊割炬來從事切割作業，水中焊接與切割之作業勞工應避免在自己的頭頂上從事作業。

　　水中切割的回火常發生於點燃焊割炬時，或更換鋼瓶（氧氣鋼瓶、可燃性氣體鋼瓶）和作業勞工在潛水下降過程時。後兩種

情況都會造成燃燒混合氣體之壓力與焊割炬承受的水柱靜壓力間會失去平衡，亦即更換鋼瓶時氣體壓力短時間內的下降，和作業勞工帶著焊割炬在潛水下降過程時，導致水壓超過大氣壓，迫使火焰返回焊割炬而造成回火現象。回火往往會導致供氣軟管著火，此時作業勞工若將供氣軟管夾在腋下或兩腳間以控制被水流沖動之軟管，常會導致潛水裝備之損壞或燒穿。

水中焊接與切割之作業勞工應當細心謹慎地保護好供氣軟管和潛水裝備被燒壞而造成危險。

為了防止水中切割之作業發生回火可能造成之危害，除了應在水面上之供氣總管處安裝回火防止裝置（back fire arrestor）。還應在焊割炬與供氣軟管之間安裝防爆閥（其由逆止閥和火焰消除器所組成），逆止閥係為阻止可燃性氣體之回流，以免在供氣軟管內形成爆炸性混合氣體，火焰消除器能防止一旦火焰流過逆止閥時會引燃供氣軟管之可燃性氣體。

從事水中切割作業時，作業勞工在操作過程中不得將焊割炬放在泥土上，以防止噴嘴被泥沙堵塞住。每日作業完畢後要用清水來沖洗焊割炬。

❖ 預防遭受物體打擊之安全要求

在從事水中焊接與切割作業時，應事先評估的結構物件有無發生倒塌之虞。在水中進行裝配焊接作業時，必須確實查明是否有焊接牢固，在無發生倒塌危險後，方可通知水面上之監視人員放下安裝吊索。焊接臨時性吊耳和拉板時，其應採用與被焊接之構件相同或焊接性能相似之材料，並運用焊接與切割工藝技術，

以確保焊接與切割之品質。

在進行水中切割作業時，當被切割工件或結構在將要割斷時，尤其是在實施水中仰割或反手切割操作時，作業勞工應給本身留出足夠的退避位置，並且通知同時在附近水中作業之勞工退避後，才可實施切割工件或結構物。作業勞工在任何作業期間都要有警覺性，以避免被切割工件或結構物的墜落或倒塌壓傷作業勞工本身及潛水裝備、供氣軟管。

✚ 預防感電之安全要求

在任何情況下都禁止利用油管、船體、纜索或海水等來作為電焊機回路的導電體。在帶電結構上進行水中焊接與切割操作時，應先切斷結構上之電流來源。要特別注意接地線之位置不要使自己位於工作點和接地線之間，電焊機必須接地，另其接地導線之頭端應有防蝕處理。

水面下電弧剛一形成，周圍的水便會蒸發產生氣泡。由於水的冷卻和壓力作用，水面下引弧所需的電壓遠較陸地上要來的高。從勞工之作業安全考量下，水中焊接與切割操作所使用之電源必須採用直流電，禁止使用交流電。

水中焊接與切割操作之設備和電源裝置應具有良好的絕緣和防水性能，絕緣電阻不得小於一百萬歐姆（$1M\Omega$）。並且應具有抗鹽霧、大氣腐蝕和抗海水腐蝕性能。所有設備機殼及本體部分都應有水密保護，所有之接觸點及接頭都應進行防腐蝕處理，從事水中焊接與切割作業之勞工在水面下有直接接觸之焊接設備和工具，都必須確實地包敷絕緣護套並且水密。

從事水中焊接與切割之作業時，因為經常需要更換焊條，但由於在水中更換焊條是一項極為危險的不安全動作，極易造成感電之職業災害。

目前從事水中焊接與切割之作業時，大致上可分為濕式焊接及乾式焊接（局部乾式焊接）兩種。濕式焊接的電路中應安裝焊接專用的自動開關箱，乾式焊接的電路控制系統中應安裝事故警報系統和斷電系統。

水中焊接之電極應徹底絕緣和防水，作業勞工在從事焊接作業時必須戴絕緣手套和潛水衣。

在焊接與切割作業時，電流一旦接通切勿背向工件的接地點，把自身置於工作點與接地點之間，而是應面向接地點把工作點置於自身與接地點之間，這樣才可避免潛水裝備受到電極作用而遭受損壞。

(18-6) 結語

一、由於水中焊接與切割作業係屬異常氣壓作業，常要在水深超過十公尺之水中作業，必須使用潛水器具之水肺或水面供氣設備，必須確實遵照我國「異常氣壓危害預防標準」之相關規定。

二、由於水中焊接與切割作業，係屬特別危害健康作業。為保護水中焊接與切割作業勞工之健康，必須依照我國「勞工健康保護規則」之相關規定。

三、有鑑於事業單位常將水中焊接與切割作業，委由一些潛

水作業之公司來承攬，為防止職業災害之發生，必須遵照勞工安全衛生法中，有關承攬作業之相關規定來確實執行。

　　四、由於水中焊接與切割作業係屬高危害作業，故事業單位應使作業勞工加強作業機械與設備之自動檢查工作，以增加作業勞工之潛在危害風險觀念，並防患災害於未然。

參考文獻

① ANSI/AWS D3.6-92: Underwater Welding.
② E. D. Nicholas(1983). Friction Welding. Underwater Welding Proceedings of the international conference held at Trondheim, Norway.
③ H. C. Cotton(1983). Welding. Underwater and in the Splash Zone-a Review. London, Welding in the World, Vol. 21.
④ K. Masubuchi, A.V. Gaudiano (1983). Practices of Underwater Welding. Underwater Welding Proceedings of the international conference held at Trondheim, Norway.
⑤ UL676-1993: Underwater Lighting Fixtures.

Chapter 19
第十九章

燃料容器檢修焊補之安全衛生

(19-1) 前言

　　本章所提及之燃料容器（包括桶、箱、槽、罐和塔等）其在工廠企業之生產製造流程中常因承受所盛裝介質的壓力、溫度、化學反應與電化學腐蝕的作用，或由於本身的結構設計、製造材料及焊接技術上的缺陷（如夾渣、氣孔、熔化不良和焊縫的延遲裂紋等），以致於在生產過程中燃料容器可能因裂縫或穿孔，使得內部的盛裝介質流出，嚴重影響作業場所的環境品質，甚至造成火災爆炸事故。因此，在生產過程中的不定期巡視和定期檢修時，常常會遭遇到盛裝可燃易爆物質的容器與管道需要實施動火焊補作業，且由以往的職業災害案例可以得知，事業單位在實施動火焊補作業時，常因人為疏忽而造成火災爆炸事故或缺氧中毒的情事發生。本文即針對燃料容器檢修焊補的種類及操作方法、職業、安全衛生等來予以探討。

(19-2) 種類及操作方法

　　有關燃料容器的焊補種類，大致上有置換動火及帶壓不置換動火焊補兩種，其操作原理及安全措施，將分述如后：

19-2-1 置換動火安全

　　置換動火的焊補作業，目前是業界最常使用的作業方式，由

職業安全衛生管理
Occupational Safety and Health Management

於其只須以惰性物質來置換容器內做可燃性物質，即可動火操作，雖然操作原理簡單，若不按照標準作業程序，常會發生災害。

✚ 置換動火的焊補原理

置換動火的焊補原理為在焊補前必須嚴格實施惰性介質來予以強制置換，將原有的可燃性物質排出，使容器內的可燃性物質不致於形成爆炸性混合物，以確保焊補作業的安全。

✚ 置換動火的作業安全

為防止燃料容器在焊補作業發生火災爆炸之災害，在實施置換動火時，必須採取下列安全措施。

1. 目前較常使用之置換介質有二氧化碳、氮氣、水蒸汽或水等。若以氣體當成置換介質時，其需用量不能以超過被置換介質容積的幾倍來計算，必須以氣體成分化驗分析合格為準。若以水為置換介質時，只要將容器灌滿即可。

2. 未經置換處理或雖置換但尚未分析化驗氣體成分為合格的燃料容器，均不得隨意動火焊補。

3. 通常燃料容器與管道在停工後，必須採用盲板（blind flange）將與之連接的出入管線全部截斷，使焊補的容器管線與生產的部分能完全隔離。為了有效防止爆炸災害之發生，盲板除必須保證嚴密不漏氣外，還應保證能耐管線的工作壓力，以避免盲板受壓而產生破裂情事。因此，在盲板與閥門之間應加設壓力錶，並派專人看守，否則應將管線拆卸。在一些短時間的動火檢修工作可用水封（water bosh）切斷

氣源，但必須派有專人在現場看守水封溢流管的溢流情形，以防止水封失效。

4. 焊補前可採用水蒸汽處理，接著使用置換介質吹淨等方法將容器內部的可燃性物質和毒性物質置換出來。在置換過程中須實施採樣分析，以嚴格控制容器內的可燃性物質含量，容器內部的可燃性物質含量不得超過爆炸下限的五分之一。如果需進入容器內操作，除應確定可燃性物質不得超過上述的含量外，並應予適當換氣以保持作業場所空氣中氧氣濃度在18％以上，換氣時不得使用純氧；另毒性物質含量應符合我國「勞工作業環境空氣中有害物容許濃度標準」之相關規定。

5. 置換作業後，容器的內部及外表都必須仔細地清洗，特別應當注意有些可燃易爆物質被吸附在容器內表面上，抑或外表面的保溫材質中，由於溫度差異和壓力變化的影響，即使置換後也還會陸續散發出來，導致焊補操作中容器內之可燃性氣體濃度發生變化，形成爆炸性混合物而發生火災爆炸之災害。

6. 動火焊補時應打開容器的入孔、清掃孔、檢查孔等，對於未設孔洞之密封容器應嚴禁焊補。

7. 若是在容器內使用氧乙炔來實施氣焊動火，焊矩之點燃或熄滅操作均應在容器外部進行，以防止屬可燃性氣體之乙炔氣聚積在容器內。

8. 採用碱片清洗時，應先在容器中加入所需數量的清水，然

後以定量的鹼片分批逐漸加入，同時緩慢攪動，待全部
片均加入並溶解後，方可通入蒸汽。必須注意通入蒸汽的
管道末端應伸至液體的底部，以防止通入蒸汽後有鹼液泡
沫濺出傷人。此項操作不得先將鹼片預放在容器內然後加
入清水，特別是溫水和熱水，因為鹼片溶解時會套生大量
的放熱反應，會使鹼液濺溢出容器外，並造成操作勞工灼傷。

9. 在無法使用鹼片來清洗時，若在容器外焊補動火應儘量多
   灌裝清水，以縮小容器內可能形成爆炸性混合物的空間。
   容器頂端須留出與大氣相通的孔口，以防止容器內壓力的
   上升。此外，在動火時應不斷進行通風換氣，以稀釋可燃
   性氣體和空氣混合物的聚積。目前較常採用之惰性氣體防
   護維修法就是將氮氣的泡沫吹入容器內，使容器的內側表
   面覆蓋上厚厚的氮氣泡沫，這樣便可在容器未經清洗乾淨
   的情況下進行焊接或切割等高溫動火作業，以確保在設備
   外部進行操作時的安全，並節省原本的操作時間，此法主
   要應用於化工設備、儲槽、大型油船的焊補作業。

10. 檢修動火開始前半小時，必須從容器內外的不同地點取混
    合氣樣品來進行化驗分析，經檢查合格後才可以實施動火
    焊補。在動火過程中，還要使用儀錶監視有無可燃性氣體
    的發生。因為除了上述可能從保溫材料中陸續散發出可燃
    性氣體外，有時雖經清水或鹼水清洗過，焊補時也還會爆
    炸，這往往是由於焊接的熱量把槽底的殘油趕出來，受蒸
    發作用產生可燃性蒸汽而爆炸。

11. 在檢修動火前必須訂定詳細的焊補計畫，計畫中應包括進行檢修動火作業的程序、安全措施和施工草圖。施工前應和生產人員、安全衛生人員及救護人員聯繫，並通知廠內消防隊待命。

12. 檢修動火前除應準備必要的材料、工具外，還必須準備好消防器材。在夜間工作或照明不良的場所，應有足夠的照明設備，並準備好具有防護罩的手提低壓電燈等。

13. 在工作地點周圍十公尺內應停止其他動火作業，並將易燃物品搬移到安全場所。電銲機二次回路線及氧乙炔氣焊設備、乙炔氣軟管要遠離易燃物質，以防止操作時因線路發生火花或乙炔氣軟管漏氣而引起火災爆炸。

19-2-2 帶壓不置換動火安全

　　帶壓不置換動火是指在不需要置換容器內原有的可燃性氣體，甚至在不停車的情況下即可進行容器外的焊補作業，以縮短作業時間，有利生產。帶壓不置換動火在燃料容器的焊補是一項新技術，經理論及實務上的印證極為可行，但因爆炸因素比前項之置換動火時變化多，較不易掌握，且須要有專業的操作水準，稍不注意就會發生火災爆炸事故。它要求必須做好嚴密的組織工作，要有專人進行控管及統一指揮，作業時安全衛生人員、生產人員及值班人員都要在現場。另控制系統壓力和氧氣含量的單位，以及可燃性氣體之採樣化驗人員要有專責負責人員，消防部門亦應密切配合。此焊補方法較不適用於企業安全衛生管理不健全、技

術能力不夠的小型工廠或企業。

✚ 帶壓不置換動火的焊補原理

帶壓不置換動火的原理是在燃油和燃料容器與管道的檢修焊補之前，嚴格控制氧氣的含量，俾使可燃性氣體之濃度達遠超過爆炸上限，進而不能形成爆炸性混合物。並且在正壓條件下讓可燃性氣體以穩定不變的速度，從容器的裂縫處擴散溢出，與周圍空氣形成一個燃燒系統，並點燃可燃性氣體。只要以穩定的條件保持此一擴散燃燒系統，即可確保焊補作業的安全性。

✚ 帶壓不置換動火的作業安全

1. 帶壓不置換動火焊補之前，必須進行容器內氣體成分的分析，以保證其氧氣的含量不超過安全值。爆炸性混合氣在不同的管徑、壓力和溫度等條件下，有不同的爆炸極限範圍，不能將常溫常壓下測得的數據與理論計算的數據應用於不同情況下，同時尚需考慮檢測和儀錶的誤差等。

2. 在實施動火前和整個焊補過程中，自開始至結束都要穩定控制系統中含氧量的多寡，必須低於安全數值。當發現系統中氧氣含量增高時，應儘快找出發生的原因並迅速地予以排除。

3. 動火前和在整個焊補操作過程中，容器必須始終維持穩定的正壓狀況。

4. 壓力大小應控制不使猛烈噴火為宜。因為焊補前要引燃從裂縫溢出的可燃性氣體，以形成一個穩定的擴散燃燒系統，

如果壓力太大就會使氣體流速變大，噴出的火焰就會很猛烈，焊條的焊滴容易被大氣流吹走，給焊接操作者造成操作上的不便。而且穿孔部位的鋼板，在火焰高溫作用下易發生變形或使熔孔擴大，進而噴出更大的火焰，造成災害事故。如果壓力太小，易使空氣滲入形成爆炸性混合氣體。因此，壓力一般可控制在 150～500 毫米水柱之間，以保持正壓而又不猛烈噴火為原則。

5. 無論在室內或室外來進行容器的帶壓不置換動火焊補時，還必須分析動火周圍的可燃性物質的含量，以小於爆炸下限的五分之一為宜。

6. 焊補作業前引燃從裂縫溢出的可燃性氣體時，實施焊補作業的勞工不可正對動火點，以免發生燒傷事故。

7. 電銲機的電流大小要預先調節好，特別是壓力在 1kgf／cm² 以上和鋼板較薄的容器，焊接的電流過大容易造成穿孔，在介質的壓力下將會產生更大的孔和裂紋，易造成災害事故。

8. 遇到動火條件有變化，如系統內壓力急劇地下降到所規定的限度，或氧含量超過安全值等，都要立即停止動火，待查明原因並採取相應對策後，方可再進行焊補。

9. 焊補過程中如果發生猛烈噴火時，應立即採取消防措施。在火未熄滅以前不得切斷可燃性氣體的來源，也不得降低系統壓力，以防止容器吸入空氣而形成爆炸性混合氣體。

10. 焊補作業的勞工要有較高的技術水平，焊補操作要均勻、迅速，其亦需預先經過專門的技術訓練，以避免人為疏忽

所造成的災害。

(19-3) 結語

一、燃料容器的焊補作業，雖然是在生產製造流程中無法避免的情事。但根據或然率的理論，只要是動火作業，就會有發生火災爆炸之風險。所以有關燃料容器之自動檢查（Seef-Inspection）必須嚴力實施，以達防患於未然的效果。

二、有鑑於燃料容器之焊補作業，並不只涉及電銲及氣焊作業安全，除了加強動火許可制度外。有關安全衛生之規定亦應加以重視，諸如燃料容器之密閉空間，因有缺氧或中毒之虞，應參照我國「缺氧症預防規則」來訂定入槽許可制度及標準作業程序。

三、由於燃料容器內之可燃性物質常是導致火災爆炸的元兇，有關其含量或濃度應確實採樣分析，對於測定儀器應定期校正，以避免因誤差而造成災害。

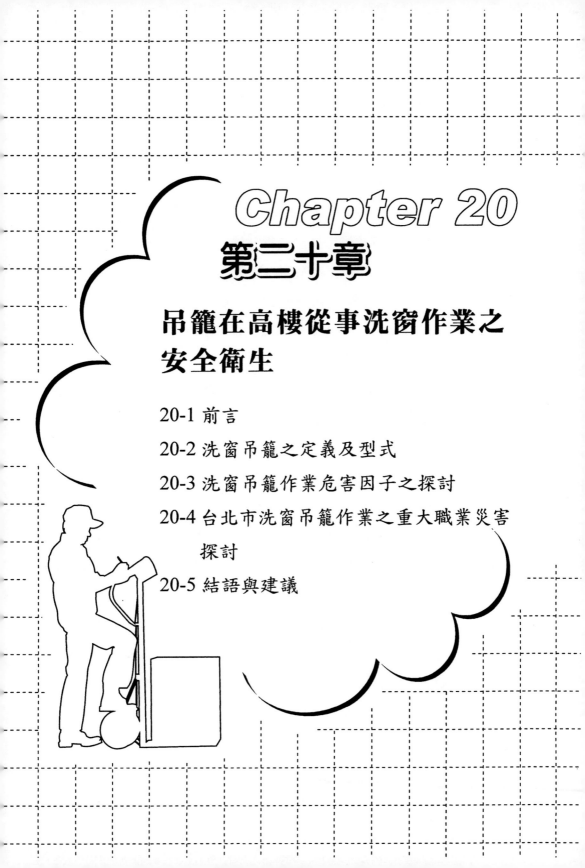

Chapter 20
第二十章

吊籠在高樓從事洗窗作業之安全衛生

(20-1) 前言

　　吊籠為懸吊式施工架、升降裝置、支撐裝置及其附屬裝置所構成，專供升降施工架之設備，其主要用途為建築物工程施工用，諸如建築物外牆之防漏水處理、粉刷、整修、清潔等，可是目前在台灣大都將其使用於建築物外牆之清潔用。台北市 1981 年至 1993 年中，因從事洗窗吊籠作業所造成的重大職業災害事故實例共計有9件，造成了作業勞工 12 人死亡、4 人輕重傷；路人 1 人死亡，1 人輕傷。至於虛驚經事故更是不斷傳出，不僅危害勞工之作業安全，也造成了公共安全問題。

　　有鑑於國內洗窗吊籠的使用情形愈來愈普遍時，洗窗吊籠作業的安全也就不得不加以重視，因為勞工在從事洗窗吊籠作業時，由於架設或固定不當、操作不當、保養不佳及安全衛生管理不善等諸多因素，發生了多起的重大職業災害事故，或是所謂的虛驚事故使得勞工的生命安全與健康無法受到合理的保障，所以這群勞工可謂是蜘蛛人或是高空玩命者。依據勞工行政機關所編印之職業災害事例專集資料予以統計分析，顯示台北市自 1982 年至 1993 年中，因從事洗窗吊籠作業所造成的重大職業災害事故實例，共計有9件，造成了作業勞工 12 人死亡、4 人輕重傷；路人 1 人死亡，1 人輕傷。從這些實例中甚至可以發現連在路旁的公車站牌下等候公車的行人，亦曾遭受到墜落的洗窗吊籠所壓傷，而造成了死亡或輕傷。另外，也有人會被莫名其妙從天而降的清洗用之清

洗液淋濕情形等，故有關洗窗吊籠之危害並不局限在作業勞工本身，也連帶的造成了公共安全問題。

由以往的職業災害統計資料顯示，有關洗窗吊籠作業所產生的重大職業災害，可以說幾乎都發生在國內的首善之都台北市。但最近幾年在政府的區域均衡發展原則下，國內的其他城市，亦都陸續地興建玻璃帷幕高樓，並且也有洗窗吊籠作業的重大職業災害發生，所以對於洗窗吊籠作業的安全要求，應該是要擴及到全國性的層次。

(20-2) 洗窗吊籠之定義及型式

20-2-1 美國

依照美國國家標準協會（American National Standard Institute, ANSI A120.1-1970）對於吊籠稱為 Powered Platforms，其基本型式有 F、T 型兩種。

1. F 型吊籠（Type F Powered Platforms）：F 型吊籠設備之基本要求，至少有四條鋼索被用來懸掛吊籠之工作台，而且應設計成有任何一條鋼索斷裂時，其工作台之強度不會改變，或是偏離其原來之作業位置。

2. T 型吊籠（Type T Powered Platforms）：T 型吊籠設備之基本要求，至少有二條鋼索被用來懸掛吊籠之工作台。當有任何一條鋼索斷裂時，其工作台不可掉至地面，但是工作台

在其原來之作業位置，將會形成傾斜現象。勞工在 T 型吊籠上作業時，必須穿戴安全帶（safety belt），安全帶應連結於固定在建築物之救命索（lifelines）上。

20-2-2 歐體委員會

依據歐洲標準（EN: TC98 WG7 － 1992）中載明，將吊籠稱為 Suspended Access Equipment，並且依照吊籠之用途，可分為下列兩種型式。

1. 建築物維護用吊籠（Building Maintence Unit, BMU）：建築物維護用吊籠之設計主要是專為建築物外表之檢查、清潔及維護而裝設之永久性的設備。建築物維護用吊籠之結構，包括工作台或稱作業床（working platform），及其懸吊鋼索與屋頂機具（roof rig）。工作台具有可上升、下降以及左右橫行移動或轉動之操作。吊運車（trolley）可裝設於鋼軌或混凝土軌道上；亦可固定於建築物之單軌懸吊。連接工作台之屋頂機具亦可為一個固定結構。建築物維護用吊籠之操作動力可為電力、手動或是兩者共用。升降裝置（hoisting equipment）可安裝於屋頂機具或工作台上。

2. 臨時性吊籠（Temporary Suspended Platform, TSP）：臨時性吊籠是裝設於建築物或結構體上，並於施工結束後拆除。其通常用於建築物、橋樑、煙囪及其他結構體上從事塗裝及絕緣隔溫、金屬覆面（cladding）、噴砂、維修、粉刷等工作。臨時性吊籠之結構，包括工作台及其懸吊鋼索、屋頂機具。

工作台具有可上升、下降，有些亦設計成可以左右橫行移動。其操作動力可為電力、手動或是兩者共用。捲揚裝置（hoist）通常裝設於工作台上，但也有裝設於屋頂機具者。

20-2-3 日本

日本「勞動安全衛生法施行令」第一條第十一號對於吊籠所下之定義為懸吊擱腳工作台、昇降裝置等其他裝置，及附屬於上述設備的其他配件所構成，而該懸吊擱腳工作台，能藉專用昇降裝置上升或下降者。另依據日本勞動省勞動基準局安全衛生部安全課所編定之《吊籠的操作特別教育手冊》中指出洗窗吊籠在構造上，可分為台車型、單軌型（mono rail）、床型（deck）及坐椅型（chair），又台車型可再分為懸臂（arm）俯仰型、懸臂固定型及懸臂伸縮型。

1. 台車型吊籠

（1）懸臂俯仰型吊籠：懸臂俯仰型吊籠係具有承接懸吊吊籠之工作台的鋼索之懸臂，可俯起伏，把懸吊自建築物屋頂的作業床，越過機體上方移到相反方向之機能者。其走行或移動方式有軌道式及非軌道式兩種。人員在進入工作台時，需跨過建築物之女兒牆，故有關勞工之安全性必須加以注意，此型常做為高樓窗戶之清潔用。

（2）懸臂固定型吊籠：懸臂固定型吊籠之懸臂是固定且不能俯仰者，其餘皆與懸臂俯仰型吊籠之功能相同。

（3）懸臂伸縮型吊籠：懸臂伸縮型吊籠之懸臂具有前後伸縮，及朝工作台之水平方向移動之機構。

2. 單軌型吊籠：單軌型吊籠係在高樓屋簷或建築物之工字鋼上設置單軌，並裝電動滑輪，由電動滑輪伸出鋼索以懸吊工作台者，可沿著單軌移動工作台，並能昇降。

3. 床型吊籠：床型吊籠又稱為可搬式吊籠，是目前台北市從事洗窗吊籠之業者所廣泛使用的機型。其升降操作係以設於工作台上之捲揚裝置來控制，有手動式及電動式兩種。

4. 坐椅型吊籠：坐椅型吊籠係以設置在椅子下之升降裝置來進行升降操作。

此外，依照行駛方式可分為軌道式與無軌道式，依動力種類分為電動式、空氣式及手動式。有關吊籠之種類及型式，如表 20-1 所示。

表 20-1　吊籠之種類及型式

構造		用途	行駛方式	動力種類
台車型	懸臂俯仰型 懸臂固定型 懸臂伸縮型	常設型	軌道式	電動式 空氣式
單軌型 床型 坐椅型		可搬型	 無軌道式	手動式

資料來源：日本クレーン協會，《ゴンドラの操作》（平成元年6月），頁1。

20-2-4 香港

香港職業安全健康局（Occupation Safety & Health Council）將吊

籠稱為吊船（gondolas），並定義其為一種升降機，主要用來載人從事高樓外窗清潔，和建造、維修工程用。並將吊籠分為常設型及臨時型兩種。

1. 常設型（Permanent Installation）：常設型吊籠主要使用在高樓之洗窗作業上，其裝設於屋頂上，利用屋頂機具之絞盤裝置（winch）來升降工作台（platform）。較早之懸吊鋼索為兩線式（two suspension wire ropes），兩邊各有一條鋼索分別捲繞在單一之絞盤。目前所使用的吊籠其懸吊鋼索為四線式（four suspension wire ropes），兩邊各有兩條鋼索分別捲繞在屋頂機具之兩分離的絞盤。

2. 臨時型（Temporary Installation）：臨時型吊籠主要使用在高樓外牆之維修、帷幕牆之安裝及玻璃之清潔工作。其工作台之升降方式分為絞盤式吊籠（winch-gondolas）及捲揚式吊籠（endless-winder gondolas）兩種。捲揚式吊籠的優點為只要一小段長度的懸吊鋼索，捲繞在捲揚機上即可升降工作台；絞盤式吊籠其懸吊鋼索全部捲繞於工作台上。懸吊鋼索係利用固定架設在高樓建築物之女兒牆（parapet wall）之支稱架（roof brackets）上。前述之臨時型的捲揚式吊籠，目前洗窗業者大多使用此種型式，其又可分為下列兩種類型：

   （1）兩線式系統（two wire rope system）：兩線式系統由兩條鋼索構成，工作台兩邊之捲揚機分別有一條懸吊鋼索捲繞其中。

（2）四線式系統（four wire rope system）：四線式系統，為增加懸吊鋼索之安全性，並為防止懸吊鋼索斷裂、剎車裝置及電器開關等之故障，而在懸吊系統中增加安全鋼索（safety wire rope）和下墜防止裝置（fall arresters）。工作台兩端之捲揚機有主索（primary rope），亦即兩線式之懸吊鋼索，及具有安全鋼索功能之副索（secondary rope），其並和下墜防止裝置相連接，故其在捲揚機上會有兩個懸吊點，故主索若是斷裂時，副索仍可懸吊吊籠之工作台，以防止墜落或傾斜之情事發生。

20-2-5 我國

有關我國吊籠之定義，依照 1976 年 4 月 22 日所公布之「起重升降機具安全規則」第九條之規定，所謂吊籠係指由懸吊式施工架、支稱裝置及其附屬裝置所構成，專供升降施工架之設備。由法令規定來看，像吊籠此種危險性機械的主要用途，應為建築物工程施工用，諸如建築物外牆之防漏水處理、粉刷、整修、清潔等，可是目前在台灣大都將其使用於建築物外牆之清潔用。至於本研究之環境清潔服務業所使用的移動式施工架，中央主管機關亦有解釋令將其歸屬於前述之吊籠。但由於使用吊籠來從事洗窗作業在我國尚屬新興行業，故目前所使用之洗窗吊籠種類，並沒有明顯之分類，但依照 1980 年 4 月 8 日公布之「吊籠安全檢查暫用構造標準」，文中有軌道式吊籠、捲筒式吊籠、椅式吊籠，及

走行式吊籠等名詞出現。

20-2-6 綜合分析

各國對於吊籠之名稱及型式分類雖有不同，但其本質仍不脫離常設型及可搬型兩種。美國與香港在常設型均要求須有四條懸吊鋼索，而移動型須至少有兩條，且勞工必須穿戴安全帶及救命索。歐體之洗窗作業較偏向於使用常設型，可搬型大多是使用在建築之維修上，我國及日本在洗窗清潔作業較常使用可搬型洗窗吊籠。有關各國對吊籠的名稱及型式之綜合分析，如表 20-2 所示。

表 20-2　吊籠的定義及型式之綜合分析

國別	名稱	型式
美國	Power Platforms	F 型吊籠（Type F Power Platforms） T 型吊籠（Type T Power Platforms）
歐體	Suspended Access Equipment	建築物維護用吊籠（BMU） 臨時性吊籠（TSP）
日本	Gondolas	依構造、用途、行駛方式、動力種類來區分，如表 20-1 所示
香港	吊船（Gondolas）	常設型吊籠（Permanent Installation） 臨時型吊籠（Temporary Installation）
我國	吊籠	無明顯之型式分類

20-3 洗窗吊籠作業危害因子之探討

有關洗窗吊籠之危害情形，依據香港職業安全健康局之統計資料顯示，在（1987 － 93）共計發生 30 件吊籠意外事件，其中有 5 件重大職業災害（fatal accidents）。這些意外事件皆為使用懸吊

鋼索為兩線式之可搬型吊籠，其主要原因為：

1. 升降裝置之驅動機構（driving mechanism）失效。
2. 懸吊鋼索（suspending wire ropes）斷裂。
3. 工作台過度負荷（overloading）。
4. 固定架設點（anchorage point）錯誤。
5. 不當的防護（improper guarding）。
6. 人為錯誤（human error）。

此外，歐洲標準委員會之歐洲標準（EN: TC98 WG7 － 1992）亦將洗窗吊籠作業的危害分為下列四種：

1. 機械性危害（mechanical hazards）。
2. 電氣危害（electrical hazards）。
3. 機械設計因忽略人因工程而引起之危害（Hazards generated by neglecting ergonomic principles in machine design）。
4. 因動力來源停供、機件損壞或其他功能障礙所引起之危害等（Hazards caused by failure of energy supply, breaking down of machinery parts and other functional disorders）。

本章將對洗窗吊籠之固定架設作業、鋼索、升降裝置、電氣設備、走行軌道、危害標示及工作台等危害因子予以探討，並提出作業上之注意事項。

✚ 固定架設作業

有關洗窗吊籠的固定架設作業僅限於可搬型洗窗吊籠，而架

設固定之良否往往決定洗窗作業安全的重要因素，目前洗窗業者對於可搬型洗窗吊籠之固定架設亦頗感困擾，因為每棟建築物之外型差異很大，且建築物根本沒有預留固定架設之基本措施，故洗窗業者常須自行想辦法來克服。日本對於可搬型洗窗吊籠之架設已訂有相關作業規範。反觀我國至今仍無相關法令規範可資遵循。

有關固定架設作業，常見之危害有：

1. 可搬型洗窗吊籠之工作台長度選用錯誤（吊籠工作台之長度大於建築物之長度）。
2. 跨座式突樑之間隔小於吊籠吊心間隔。
3. 跨座式突樑之台座不穩定。
4. 固定架設場所選定錯誤（如架設在排風口、冷卻水塔等）。
5. 上面支持配件選用錯誤或使用方法不正確。
6. 固定基礎鋼索之圓環腐蝕。

✚ 鋼索

鋼索在洗窗吊籠機具上是一項重要的設備，因為在升降或懸吊洗窗吊籠時，均要使用到鋼索。由於鋼索是屬於消耗品，一般人往往疏忽其定期更換之週期，所以對於鋼索的使用或管理都未加注意。由國內發生過之重大職業災害中，可得知因為管理不善或使用不當而造成了鋼索斷裂之事故，其不僅使機器設備受到嚴重的損害，有時甚至引起勞工死傷的不幸，故我們應明瞭鋼索之構造特性常識，更要熟悉正確安全的使用方法，以期確保工作安全。

目前國內洗窗吊籠之懸吊用鋼索的股線，一般而言，可搬型

大都使用四線，常設型大都為六線。有關鋼索之損傷程度，必須視鋼絲所接觸物料的材質、硬度、表面之粗細及鋼絲繩的載荷大小與使用方法、保養維護等情形而不同，其原因大致如下：

1. 鋼絲斷面積的減少：摩損或腐蝕。
2. 鋼絲的變質：表面硬化、劣化或腐蝕。
3. 鋼絲的變形：鋼絲的鬆散或受外力壓壞。
4. 運轉操作：衝擊或超過張力。

✤ 升降裝置

升降裝置若發生故障，會使工作台產生傾斜現象，並造成勞工傷亡之重大職業災害。目前最為環境清潔服務公司所使用的兩線式懸吊鋼索之可搬型洗窗吊籠，其升降裝置（俗稱捲揚機）所造成之危害有：

1. 因失去牽引力而使工作台產生打滑、緩緩下降、墜落等現象。
2. 捲揚機捲入異物，間接使懸吊鋼索被切斷。
3. 捲揚機常有兩邊升降步調不一致，或單邊作動之情形，而造成工作台發生傾斜之現象。

✤ 電氣設備

由國內以往所發生之重大職業災害案例中，可知電氣設備危害之原因不外乎觸及高壓輸配電線、絕緣抗阻不良等所造成之感電事故。目前可搬型或常設型洗窗吊籠之電源為三相交流 220 伏特、50（60）Hz。有關供應電源之設置，常設型洗窗吊籠之電源裝

置通常分段設置於軌道上，其雖較為安全，若不小心會有扯斷電線情形發生。而移動型洗窗吊籠之電源係就地利用屋頂樓梯間的開關，通常是予以臨時搭接，有時會因電線掉落或短路而造成供電中斷，常會使勞工留滯於工作台上、吊籠不必要之移動或控制系統失效。

✚ 走行軌道

目前國內常設型吊籠的行駛方式絕大多數為軌道式，而軌道的設計施工必須配合建築物外型，才能使吊籠的功能發揮最大極限。但由於國內之建築法規中，並無吊籠走行軌道之設計施工的法令規定，故對其結構安全常被忽視。我國「吊籠安全檢查暫用構造標準」中，對於吊籠之走行軌道應以確實可靠方法固定於建築物上，各軌條並應以魚尾板或其他方法連接之；軌道不得有足以影響吊籠安定性之橈曲或腐蝕、傷損。雖然國內並無因軌道故障而發生過重大職業災害，但日本岡山縣曾於平成三年（1991）發生過常設型洗窗吊籠，因軌道方向轉彎之轉折點系統（point system）故障，造成整部吊籠從屋頂上墜落地面，造成勞工兩人死亡，路人一人受重傷。

且因國內常設型吊籠安裝在建築物之屋頂上，並無適當的防護措施，經年累月地風吹雨淋，吊籠機具本身（roof car）及附屬裝置極容易銹蝕，嚴重影響使用安全性，並造成保養維修之不便。

✚ 危害標示

由於洗窗作業勞工常因忘記配戴安全帶或救命索、未檢查鋼索、誤算鋼索之長度、作業中未調整同步切換開關等，而造成墜

落等意外災害；或是不清楚吊籠機具之操作程序，而不當操作造成故障等。故為防止此等因人為疏忽所造成之意外災害，應在吊籠機具上提供危害標示以提供勞工之緊急危害處理。

✤ 工作台

由於工作台是勞工之主要作業場所，工作台之材質、尺寸設計、結構安定性及剛性等，均會影響工作台之安全性。有關工作台所造成之主要危害有工作台發生搖晃、超負荷情形，及使用含引火性物質之清潔劑而造成火災等。

(20-4) 台北市洗窗吊籠作業之重大職業災害探討

由以往曾發生於台北市之 9 件洗窗作業的重大職業災害，分別由行業種類、災害類型、媒介物、罹災情形、災害發生原因及勞工安全衛生管理等六個項目，來加以分析探討。

✤ 行業種類

有關以往所發生之 9 件洗窗作業的重大職業災害，皆是環境清潔服務業使用兩線式懸吊鋼索之可搬型洗窗吊籠所造成。

✤ 災害類型

災害類型有 8 件為墜落災害，1 件為感電災害。

✤ 媒介物

媒介物方面有 8 件為吊籠機具本身，1 件為高壓輸配電線。

✚ 罹災情形

有關罹災情形，以往所發生之9件洗窗作業的重大職業災害，共計造成洗窗作業勞工12人死亡、2人重傷、2人輕傷。而在勞工之工作經歷死傷與傷亡情形，由表20-3可以很明顯地發現，勞工之工作經歷皆在三年以下，特別是工作經歷在三個月以下及不詳者，所造成之勞工傷亡情形（輕傷1人、重傷2人及9人死亡）較為嚴重。故對於新進及在職勞工之教育訓練應予以加強。

表20-3　洗窗作業勞工之工作經歷與傷亡情形

工作經歷 傷亡情形	0～3 （月）	3～6 （月）	6～9 （月）	9～12 （月）	1～2 （年）	2～3 （年）	其他	合計
輕　傷	1	0	0	0	1	0	0	2
重　傷	0	0	0	0	0	0	2	2
死　亡	4	0	1	0	1	1	5	12

註：工作經歷欄中之「其他」代表勞工之工作經歷不詳。

✚ 災害原因

有關洗窗吊籠作業之9件重大職業災害原因如下：

1. 固定架設作業不當有3件，分別為：
   （1）架設固定於屋頂之排風管。
   （2）伸臂與女兒牆側面之夾鉗深度不夠。
   （3）固定於女兒牆之凸狀尖端。
2. 吊籠之工作台傾斜有4件，分別為：
   （1）勞工遭氫氟酸清潔液濺到眼睛，未將切換開關切回同步位置。

（2）自行改裝操作結構。

（3）未先調整同步切換開關。

（4）升降裝置之鋼索長度不夠。

3. 懸吊鋼索觸及高壓輸配電線有1件。

4. 洗窗作業勞工站立於窗檯上不慎失足墜落地面有1件。

✚ 勞工安全衛生管理

　　洗窗吊籠作業之勞工安全衛生管理方面，有 8 件勞工未配戴安全帶及安全索等個人防護用具、9件為雇主未設置勞工安全衛生管理人員實施自動檢查、6件為吊籠機具未經檢查合格、8件為雇主未對勞工施以從事工作所必要之安全衛生及預防災變之教育訓練、4件為雇主未訂定勞工安全衛生工作守則。

⑳-5 結語與建議

20-5-1 結語

　　本文之研究目的從台北市歷年來所發生的洗窗吊籠作業之重大職業災害事故實例分析，以找出重大職業災害事故的發生原因。大樓業主和環境衛生服務業的勞工安全衛生承攬作業管理。洗窗吊籠機具本身的機械構造部分、電氣部分、安全裝置等，可能造成的不安全問題。探討有關洗窗吊籠作業的勞工安全衛生法令，進而對現行的法令提出建議，或是訂定保護此項作業勞工安全與健康之管理策略。

本文之研究範圍，為就台北市歷年來所發生之洗窗吊籠作業之重大職業災害為例加以歸納分析，並就環境衛生服務業中有使用到洗窗吊籠從事高樓洗窗作業者，針對其承攬作業、吊籠機具的自動檢查、作業勞工的教育訓練等項目來加以探討。本研究則主要以環境衛生服務業中，使用到常設型及移動型吊籠從事高樓建築物之玻璃帷幕或外牆清洗工作。

　　本研究主要發現：

1. 洗窗作業勞工之作業編組，大多由兩位或單獨一位勞工在工作台上從事清洗作業，且無設置監督人員以防止突發狀況之處置。同時在作業場所下方並無標示禁止其他人員進入之標示。

2. 清潔劑之使用業者有時為節省工時及成本，常使用強酸（如氫氟酸等）來清洗，嚴重影響勞工作業安全及破壞周圍環境。且勞工所使用之清潔劑常無危害通識，根本不曉得其成分是何物，更不用說是防範對策。若是清潔劑具有引火性，常會造成工作台發生火災。

3. 某些清潔服務公司在使用吊籠從事洗窗作業時，常因僱用未參加受訓合格之臨時操作人員（工讀生、外籍勞工等），或是使用未經檢查合格之吊籠機具等，而將作業時間選在星期例假日，以逃避勞工檢查機構之檢查。

4. 某些清潔服務公司為逃避職業災害之補償責任，常將洗窗作業轉包給其他清潔公司或勞工本身，並由其自行負責作

業安全。

5. 至於國內之洗窗吊籠作業的危害類型，由第四章之歷年來台北市重大職業災害可知，主要為固定架設作業不當、升降裝置之捲揚機故障造成工作台傾斜、懸吊鋼索觸及高壓輸配電線及人為因素等。

6. 洗窗吊籠之設置情形（統計資料至 1995 年 7 月底為止），台北市之檢查合格數為 152 座（移動型 57 座、常設型 95 座）。使用兩線式懸吊鋼索者為 107 座，四線式懸吊鋼索者為 45 座。

7. 由於環境清潔服務公司所使用之吊籠機具，常為租賃公司或大樓業主所擁有，有關吊籠自動檢查或保養維修之措施，環境清潔服務公司有時怕損害租賃公司或大樓業主之洗窗吊籠，常使用自備之移動式洗窗吊籠。

8. 有關洗窗吊籠之危害因子有固定架設作業、鋼索、升降裝置、電氣設備、走行軌道、安全標示及工作台所造成之危害。

20-5-2 建議

綜合上述各章之研究，為有效防止吊籠災害事故發生，及保障勞工作業安全，茲就政府有關機關、吊籠製造廠商及吊籠使用業者等四方面，分別提出整體性之改進建議。

✤ 政府方面

1. 增訂吊籠之安全規章：目前由政府機關公布之有關吊籠安全標準及規章，有行政院勞工委員會 1994 年 1 月 15 日發布

「勞工安全衛生設施規則」第四章危險性機械設備及器具，內政部1980年4月8日台內勞字第3536號令發布之「吊籠安全檢查暫用構造標準」，行政院勞工委員會1990年3月7日發布「起重升降機具安全規則」，有關吊籠之結構部分、機械部分、安全裝置、強度計算、鋼索、材料、施工、檢查等安全事項皆有原則性之規定。但對於安全裝置（極限開關、過捲預防裝置、超速制止裝置等）；移動式吊籠之固定架設作業應訂定相關規範；常設型吊籠之走行軌道之結構設計等仍無國家標準或相關法令可遵循，故應儘速訂定頒布，以供製造、使用和檢查時之參考依據。

2. 增訂建築相關法令：由於新建大樓之高度有愈來愈高之趨勢，為避免使移動式吊籠所引起之危害，建築主管機關應增訂大樓高度達幾公尺時，應設置固定式吊籠，對於走行軌道之結構強度設計也應有所規定。

3. 訂定相關之檢查表格：儘速訂定吊籠積載荷重試驗、安全性試驗及強度計算書之檢查表格等。因為國內業者所使用之吊籠大多由國外進口，然後在國內組裝、測試及使用；甚至自行拼裝者。為避免事業單位與檢查機構互異，應有統一格式。

4. 加強環境衛生服務業之專案檢查：目前勞工檢查機構對於環境衛生服務業，均將其列為新增行業之專案檢查。但檢查內容僅限於一般勞動條件檢查，對於環境衛生服務業有否使用吊籠機具之檢查常無法有效掌握。因此，危險性機

械檢查應與一般勞動條件檢查互相配合，並且辦理勞工安全衛生宣導工作，才能達到保障洗窗作業勞工之安全與健康。

5. 建立機具之檢查識別標識：目前政府機構為能迅速識別事業單位危險性機械或設備有無竣工（使用）、清查或定期檢查合格使用，以增進檢查效能。但有鑑於吊籠機具有易拆卸及組裝之特性，為確保吊籠原有之安定性及剛性，應倣效其他危險性機械設備之打鋼印設施，可在吊籠機具之工作台欄杆及安全裝置（上極限開關）焊接一小塊之檢查合格之編號。此外，對於升降裝置（捲揚機）之號碼均應予以登記。

6. 加強吊籠機具之清查檢查：有鑑於清潔業者所使用之吊籠合乎檢查規定，但為未申請檢查者，應積極輔導其辦理清查檢查。對於經檢查發現違規使用者，應即予以禁止使用。

7. 建立吊籠之全國檢查通報系統：由於目前事業單位所使用之危險性機械設備數量很多，加上勞工檢查機構之人力有限，但由於吊籠機具常有廢用、停用、遷移、轉售等現象。故為確實掌握吊籠機具之檢查工作，勞動檢查機構應將其資料通報給代行檢查機構。

8. 宣導吊籠作業安全之重要性：由於洗窗吊籠常存在著承攬作業，勞工普遍存有「生死有命，富貴在天」之宿命論心理，應加強宣導事業單位在使用吊籠從事洗窗作業時，應確實遵守勞工安全衛生法之相關規定。

職業安全衛生管理
Occupational Safety and Health Management

✤ 吊籠製造廠商方面

1. 提供安全之吊籠機具：由於吊籠機具具有易組裝及拆卸之特性，所以吊籠製造商，應該保證機具之使用安全，不可因本身之商業利益而購置國外一些舊品來拼裝出售。

2. 設計製造與現場安裝部門應分開：對於常設型洗窗吊籠之走行軌道安裝，吊籠製造廠商通常由設計製造部門來施工，但因為須涉及建築施工方面技術，為避免結構施工錯誤，或造成建築物之強度減低，應成立安裝部門。

✤ 吊籠使用業者方面

1. 選購適宜之洗窗吊籠機具：使用業者應選購專業製造之洗窗吊籠機具，目前固定式吊籠一座約 400 萬至 1,500 萬之間，價格雖然昂貴，但其安全性良好；移動式吊籠其價格較便宜，每座約 25 萬至 100 萬左右。業者在選購時應仔細評估，並考慮本身之需求。

2. 實施自動檢查與保養：由於吊籠機具光靠政府檢查機構之檢查，及製造廠商之保養維修仍然不夠，業者必須指派專門技術人員實施自動檢查，以防患災害於未然。而勞工在每日作業前也應確實做好檢點工作。

3. 確實配戴安全帶及救命索：有時勞工為貪求工作便利，常未配戴安全帶及救命索，以致於吊籠機具發生鋼索斷裂、升降裝置故障、工作台傾斜時，發生墜落意外災害。

4. 操作人員應有良好之教育訓練：依「勞工安全衛生教育訓練規則」第十一條規定雇主於勞工使用吊籠從清洗、維修、施工等特殊作業人員應實施特殊安全衛生教育訓練課程。業者應嚴格要求未參加受訓合格人員，不得從事洗窗吊籠作業。

5. 訂定操作安全手冊：雖然環境清潔公司均依勞工安全衛生法訂定工作守則，其內容通常是概括性，且偏重於一般清潔作業之危害防範，應針對洗窗作業另行訂定安全手冊，使勞工能瞭解設備或環境中之危害因子，並且予以消除。

參考文獻

①內政部（1980，4月）。《吊籠安全檢查暫用構造標準》。台北：內政部。

②王啟東（1994，8月）。〈危險性機械或設備清查、檢查總動員系列宣導〉。《起重月刊》，第80期。中華民國起重機協會。

③中華民國起重機協會（1994，7月）。辦理起重機及吊籠自動檢查人員訓練工作簡述。《起重月刊》，第79期。

④台北市政勞工局勞工檢查所（1994，4月）。《吊籠檢查程序流程說明書》。台北：台北市勞工局。

⑤台北市清潔服務商業同業公會第十一屆第二次會員代表大會特刊（1995，3月）。

⑥行政院勞工委員會（1988，12月）。《升降機具檢查資料彙編》。台北：行政院勞工委員會

⑦行政院勞工委員會（1989，1月）。《起重機與安全檢查》。台北：行政院勞工委員會。

⑧行政院勞工委員會（1990，3月）。《起重升降機具安全規則》。台

北：行政院勞工委員會。

⑨行政院勞工委員會（1990，10 月）。《環境衛生機構安全衛生宣導資料》。台北：行政院勞工委員會。

⑩行政院勞工委員會（1993，3 月）。《吊籠定期自動檢查基準》。台北：行政院勞工委員會。

⑪行政院勞工委員會（1993，3 月）。《勞動檢查參考手冊》。台北：行政院勞工委員會。

⑫行政院勞工委員會（1994，2 月）。《升降機具檢查程序及判定基準》。台北：行政院勞工委員會。

⑬行政院勞工委員會（1994，3 月）。《升降機具檢查資料彙編》。台北：行政院勞工委員會。

⑭行政院勞工委員會（1994，3 月）。《起重升降機具檢查法令暨解釋令彙編》。台北：行政院勞工委員會。

⑮行政院勞工委員會（1994，3 月）。《起重升降機具檢查構造標準彙編》。台北：行政院勞工委員會。

⑯行政院勞工委員會（1994，7 月）。《申請案例範本》。台北：行政院勞工委員會。

⑰行政院勞工委員會（1994，10 月）。《危險性機械或設備檢查法令彙編》。台北：行政院勞工委員會。

⑱行政院勞工委員會（1995，3 月）。《危險性機械設備檢查基準彙編》。台北：行政院勞工委員會。

⑲行政院勞工委員會。《起動機升降機檢查資料彙編（第一輯）》。台北：行政院勞工委員會。

⑳旭騰股份有限公司。捲揚機（EW-3）使用說明書。

㉑吳鎮州（1986，1 月）。〈台灣地區工廠起重機安全之研究〉。台北：中國文化大學勞工研究所碩士論文。

㉒林江風（1995，8 月）。〈加強危險性機械或設備檢查為民服務工作〉。《台灣勞工》，第 30 期。

㉓周登春（1991，12 月）。〈代行檢查制度之研究〉。台北：中國文化大學勞工研究所碩士論文。

㉔施學楷（1994，7 月）。日本可搬型吊籠設置安全基準有關技術規範。

《起重月刊》，第 79 期。中華民國起重機協會。

㉕施學楷（1995，9 月）。〈漫談危險性機械設備檢查之過去未來〉。
《勞工行政》，第 89 期。

㉖翁憲忠編譯（1988，9 月）。《現代建物清潔維護手冊》。瑩華出版
社。

㉗鄭邦政（1995，3 月）。舊有危險性機械設備檢查問題之探討。《勞
工行政》，第 83 期。台北：行政院勞工委員會。

㉘潘玄雄（1989，6 月）。《清潔劑與有機溶劑的製造》。新竹：國興
出版社。

㉙"Code of practice for permanently installed suspended access equipment",
BS6037: 1990.

㉚"Facade Lift Systems with Motor Driven Lifting Gear, "Mannesmann Anla-
genbau, April, 1975.

㉛"Facade Maintenance Installations," Nihon Biso Co., Ltd, 1985.

㉜"Powered Platform, Manlifts, and Vehicle-Mounted Work Platforms," 29
CFR Ch. XII, Occupation Safety and Health Admin., Labour, July 1, 1993.

㉝"Safety in the Use of Gondolas," Hong Kong Occupational Safety & Health
Council, March, 1993.

㉞"Safety Requirements for Powered Platforms for Building Maintenance,"
ANSI A120. E-1992.

㉟"Safety Requirements for Window Cleaning," ASME A39. 1, 1995.

㊱"Suspended Access Equipment," EN: TC98 WG7 November, 1992.

㊲ Fumikatsu Tokiwa (1983). "Surfactants," Kao Corporation. Tokyo, April.

㊳日本クレーン協會（1985）。〈吊籠配件架設參考資料〉。《クレー
ン》，第 23 卷 4 號。

㊴日本クレーン協會（昭和 62 年，4 月）。《ゴンドラ安全規則、ゴン
ドラ構造規格》。

㊵日本勞動省勞動基準局（平成元年，6 月）。《安全衛生部安全課ゴ
ンドラの操作》。

㊶日本ビソー株式會社（昭和 61 年，2 月）。《ゴンドラ取扱い作業必
攜》。

㊷日本ビソー株式會社。《本設ゴンドラ》（ビソーゴンドラシステム）。

㊸日本ワイ・イー・ドライブ株式會社。《AG ブレーキモータ取扱説明書（UAAGE-5 形）》。

㊹日本クレーン協會（平成 6 年，4 月）。〈ゴンドラ構造規格の製定〉。《クレーン》，第 32 巻 NO.4。

㊺日本クレーン協會。《クレーン年鑑平成元年〜六年》。

國家圖書館出版品預行編目資料

職業安全衛生管理 / 曾傳銘著. -- 初版. --
臺北市：揚智文化, 2004〔民93〕
面；　公分. -- （工業叢書；19）

ISBN　957-818-585-5（平裝）

1.工業安全　2.工業衛生

555.56　　　　　　　　　　　92020937

職業安全衛生管理

工業叢書 19

著　　　者☞ 曾傳銘
出 版 者☞ 揚智文化事業股份有限公司
發 行 人☞ 葉忠賢
總 編 輯☞ 林新倫
執行編輯☞ 吳曉芳
地　　　址☞ 台北市新生南路三段 88 號 5 樓之 6
電　　　話☞ （02）23660309
傳　　　真☞ （02）23660310
郵政劃撥☞ 19735365　戶名：葉忠賢
登 記 證☞ 局版北市業字第 1117 號
印　　　刷☞ 偉勵彩色印刷股份有限公司
法律顧問☞ 北辰著作權事務所　蕭雄淋律師
初版一刷☞ 2004 年 4 月
定　　　價☞ 新台幣 450 元
ＩＳＢＮ☞ 957-818-585-5
網　　　址☞ http://www.ycrc.com.tw
E-mail ☞ service@ycrc.com.tw